苏格拉底哲学快车

14位哲学家精选一日生活思辨课程

The Socrates Express:
In Search of Life Lessons from Dead Philosophers

[美] 埃里克·韦纳 Eric Weiner —— 著

中国青年出版社

图书在版编目（CIP）数据

苏格拉底哲学快车：14位哲学家精选一日生活思辨课程 / (美) 埃里克·韦纳著；毕延英译. -- 北京：中国青年出版社, 2025. 2. -- ISBN 978-7-5153-6563-3

Ⅰ. B

中国国家版本馆CIP数据核字第2024WY0563号

苏格拉底哲学快车：14位哲学家精选一日生活思辨课程

作　　者：［美］埃里克·韦纳
译　　者：毕延英
策划编辑：翟平华　宋希晔
责任编辑：宋希晔
美术编辑：佟雪莹
出　　版：中国青年出版社
发　　行：北京中青文文化传媒有限公司
电　　话：010-65511272 / 65516873
公司网址：www.cyb.com.cn
购书网址：zqwts.tmall.com
印　　刷：大厂回族自治县益利印刷有限公司
版　　次：2025年2月第1版
印　　次：2025年2月第1次印刷
开　　本：880mm × 1230mm　1 / 32
字　　数：201千字
印　　张：11
京权图字：01-2020-6008
书　　号：ISBN 978-7-5153-6563-3
定　　价：59.90元

献给莎伦

“迟早有一天，生活会让你我都成为哲学家。”

——莫里斯·赖斯灵（*Maurice Riseling*）

Contents

目录

前言

出发

我们是饥饿的。虽然我们吃了又吃，但还是很饿。

有时，这种饥饿感并不强烈；但也有一些时候，当世界被颠倒，恐惧不知不觉地漫步在我们周围时，这种饥饿感便膨胀起来，似乎要吞噬掉我们。

这时，我们会拿起手机。手指轻轻一碰，我们便可以获得人类所有的知识：从古埃及到量子物理。面对这些知识，我们狼吞虎咽，但依然感觉饥饿。

这种无法满足的饥饿感究竟是什么呢？我们其实并不想要我们自认为想要的东西。我们自认为想要信息和知识，但其实不是。我们想要的是智慧。知识和智慧是不同的。信息是一堆混杂的事实，知识虽然有条理，但仍然是混杂的。智慧则会整理这些事实，使它们变得有意义，而且重要的是，智慧知道如何最好地利用这些事实。正如迈尔斯·金顿所言："知识就是知道西红柿是一种水果，智慧就是不把它放在水果沙拉里。"知识是看到的世界的"像"，智慧是看世界的眼睛。

知识与智慧之间的不同是种类间的差异，而非程度的差异。拥有更多的知识并不一定能转化成更多的智慧。事实上，更多的知识会使我们变得不那么聪慧。我们能知道很多东西，但是我们知道的这些东西也有可能是错误的。

知识是你所拥有的东西，智慧是你做的事情。像其他技能一样，智慧是一种你可以通过学习来获得的技能，但是需要努力才行。希望靠运气来获得智慧如同希望靠运气就会拉小提琴一样不靠谱。

但这正是我们在做的事情。生活中，我们磕磕绊绊地前行，希望能在某个地方捡到点智慧的碎屑。与此同时，我们很困惑，我们误把紧急之事当作重要之事，把冗长之言当作真知灼见，把流行之物当作美好之物。我们“错误地生活着”。

我也很饥饿——比多数人的感觉都要强烈。我怀疑，这和一直围绕着我不曾消散的忧郁有关。多年以来，我尝试了很多方法来满足这种饥饿感：宗教、心理治疗、自我救助的书籍、旅行以及一个简短的实验，即食用一种能够引起幻觉的蘑菇，但是效果并不理想。每种方法都可以减轻这种饥饿感，但是持续的时间都不长，更不曾完全消除。

在一个周六的上午，我冒险进入了地下世界：我的地下室。我把那些不适合放在客厅的书都放到地下室了。那里，在诸如《我们排泄的气体》和《傻瓜的个人理财》等书中，我发现了威尔·杜兰特（Will Durant）的书，《哲学的故事》。这本书真的很重。我打开封皮时掀起了一股灰尘，把它擦干净之后我读了起来。

杜兰特的语言并不会带来惊雷般的启示，也不会有通往大马士革的激动。虽然如此，还是有某些东西促使我一直读下去。这本书展现出的热情比它蕴含的思想更具有吸引力。杜兰特明显是一个陷入爱恋中的人。但是他和谁呢？和什么事物呢？

“哲学家”一词来自拉丁语philosophos❶，意思是“爱智慧”。这个定义丝毫没提及如何获得智慧，就像《独立宣言》没提及应该如何获得幸福一样。你可以爱你不曾拥有也不会拥有的东西，但是追求才是最重要的。

当我写下这些话时，我正在一列火车上。在北卡罗来纳州或者南卡罗来纳州的某个地方，我不确定。在火车上容易迷失方向，也容易失去时间意识。

我喜欢火车，更确切地说，我喜欢乘坐火车。我不是“起泡剂”❷——一个看到SD柴油电动机车会兴奋得起泡的人，我一点儿也不关心吨位等级或者轨距表。我喜欢的是坐火车的经历：只有乘火车旅行时才能体会到的那种辽阔与舒适。

火车内部有一种类似于羊膜的东西：舒适的温度，柔和的灯光。火车把我带向一种更加快乐的潜意识状态。那时还没有个税申请表❸，没有大学储蓄计划❹，没有牙科计划❺和交通问题，也没有《与卡戴珊一家同行》❻。

我的岳母正处于帕金森病晚期。这种疾病很残忍，使她丧失了生活能力和记忆力。她忘记了很多东西，但是仍然记得童年时在纽约州北部乘火车的生动景象：从奥尔巴尼到康宁再到罗彻斯特，然后

---

❶“哲学家”的英语表达是philosopher，该词来自拉丁语philosophos。

❷ Foamer：本意是“起泡剂，发泡剂”的意思，英语中铁路员工用来形容铁路爱好者。

❸ 正式名称为 Form 1040，个人所得税申报表，适用于所有以个人身份报税的美国纳税人。

❹ 美国大学“529”大学储蓄计划，命名来源于美国国家税收法第529条，它是一种父母针对小孩未来的大学学费的预付投资计划。

❺ 美国专门针对牙齿保险的计划，类似于医疗保险。

❻《与卡戴珊一家同行》，美国2007年播出的一档真人秀电视连续剧。

再回到奥尔巴尼。旅途中的场景、声音和味道如潮水般涌来，就像发生在昨天一样。所以，和火车相关的某些事情会一直陪伴着我们。

哲学和火车搭配得很好。我能在火车上思考，但是不能在公交车上思考，一点儿都不能。我猜想这和不同的感受有关，或者它们之间是相关的：公交车使我想起小时候去学校或者夏令营的事，我不想去这些地方；火车带我去我想去的地方，而且是一旦想去就可以马上出发的那种。

但是现在哲学和火车都会带给我一种无力感：生命中曾经很重要的部分已经成为优雅逝去的过去。现在，如果人们有其他选择，很少有人会乘火车。同样的，如果父母能帮助他们，很少有人会学哲学。像乘坐火车一样，人们只有在没有更好的选择时才会学哲学。

我订阅了一本名为《今日哲学》的杂志。每隔一个月我都会收到一本放在棕色马尼拉信封里的杂志。最近有个文章是“世界是一种幻觉吗？”还有一个标题是“真实和真理一样吗？”当我把这些读给我妻子听时，她不屑地翻白眼。对她而言，像多数人的看法一样，这样的文章概括了所有的哲学谬误。哲学总是问那些荒谬的，没有答案的问题。只有在字典里，“哲学”才和“实用的”出现在一起。

科技诱惑我们不再相信哲学的重要性。当我们有了算法，谁还需要亚里士多德呢？数字科技可以解决的生活问题越来越精细——我在博伊西[1]的什么地方能找到最好的玉米煎饼？到办公室最快的路线怎么走？——于是我们以为数字科技也能解决更大的生活问题。但是它解决不了。Siri可能会在发现那个卖煎饼的街角时闪烁，但是当你问它如何才能好好享受这个煎饼时，它脑中一片空白，无话

[1] Boise：美国爱达荷州首府。

可说。

或者我们来考察一段火车之旅。科学能够告诉你火车的速度、重量、质量，以及为什么车上的无线网络一直无法连接。但是科学不能告诉你是否应该乘火车去参加高中同学聚会，或者去看望卡尔叔叔，一个总是惹你生气但是如今病重的人。科学也不能告诉你伤害那个一直尖叫着踢你座位的孩子在伦理上是否是被允许的，科学更不能告诉你窗外的风景究竟是美丽的还是陈旧的。哲学也不能明确地告诉你这些，但是哲学能够让你从不同的角度看这个世界，这样的效果意义重大。

在我们当地的书店，我注意到两个部分："哲学"以及相邻的"自我转化"。在"古雅典巴诺系列丛书"中，这两部分是合在一起的。哲学曾经就是自我转化。因为哲学是实用的，有治愈效果的，是灵魂的良药。

哲学的治疗方式和热石按摩的治疗方式不同。哲学并不简单，也不友好，而且不会减轻人们的痛苦。和温泉浴场相比，哲学更像体育场。

法国哲学家莫里斯·梅洛-庞蒂（Maurice Merleau-Ponty）称哲学为"激进的反思"。哲学家曾经主宰着世界的想象，他们曾经是英雄，他们曾经愿意为了哲学而牺牲自己，比如说苏格拉底，他确实这么做了。当今时代，只能在争夺教职的史诗式斗争中找到哲学式的英雄主义了。

现在，多数学校教的不是哲学，只是和哲学相关的东西。他们不会教学生如何哲学式地思考。哲学不同于其他学科，它不是一套知识体系，而是一种思维方式——一种在世界上生活的方式，不是“是什么”或者“为什么”的问题，而是“如何做”的问题。

“如何做”这一问题在今天并没有得到足够的重视。在文学界，有关“如何做”的书就像那个虽然成功但是却笨拙的堂兄弟般，处于一种尴尬的境地。严肃的作家不会写关于“如何做”的书，严肃的读者也不会读这些书。（至少他们不会承认读过这些书。）现在很少有人会在深夜思考诸如“事实的本质是什么？”或者“为什么总会有一些事物存在而不会荡然无存？”这个“如何做”的问题——如何生活？——紧紧抓住我们不肯松手。

不同于科学，哲学是规定性的。哲学不仅描述世界存在的样子，还包括世界能够是的样子，从而让我们看到各种可能性。作家丹尼尔·克莱茵（Daniel Klein）谈到古希腊哲学家伊壁鸠鲁时说的话适用于所有优秀人物：最好把他们当作“提高生活之诗”来读，而不要当作哲学来读。

过去的几年里，倚在某个靠窗的火车座位上，我一直在思考中慢慢汲取这些诗歌的精华。不管去哪里，只要可以，我都会乘坐火车旅行。我去过那些历史上的伟大思想家进行沉思的地方，我在纽约市F号火车上待的时间比任何人都要久。这些旅行让我得以休息，放松一下奔波于各种哲学实践中的双腿和思想。这些旅行让我得以停顿一下，慢慢思考。

如果你在谷歌上搜索“哲学家”，会发现成百上千的人。但是

我选了14个人。为什么呢？注意，虽然思考方式不尽相同，但他们都是明智的人，在智慧方面有不同的品位。他们生活的时间跨度很大——苏格拉底生活在公元前，西蒙娜·德·波伏娃生活在20世纪。同时，他们的生活区域也分布得很广——从希腊到中国，从德国到印度。这14位哲学家都已经去世，但是优秀的哲学家从未离开过我们，他们一直存在于他人的思想中。智慧是轻便易携的，它可以穿越时空，历久弥新。

这些人中虽然有很多欧洲人，但不是只有欧洲人。智慧并不是西方独有的。我了解的一些哲学家，例如尼采，著作颇丰。有些哲学家，例如苏格拉底和爱比克泰德（Epictetus），一个字都没写过。（幸运的是，他们的学生记录了他们的思想。）有些人一生都享有盛誉，有些人直至逝世都籍籍无名。有些人会被人们当作哲学家，有些人，比如甘地，一般不被认为是哲学家。（他是哲学家。）有几个人可能并不被人们所熟知，比如日本的女官和作家清少纳言（Sei Shōnagon）。这些都不是问题。最终，我的标准可以归纳为：这些思想家热爱智慧吗？这种热爱会传染吗？

我们通常认为哲学家的思想是没有实体的，但这些人不是这样的。他们是有形体的活跃着的生命。他们会跋山涉水，纵马驰骋。他们也会英勇奋战，啜饮美酒，享受生命。对男性和女性而言，他们都是实践式的哲学家。他们感兴趣的不是生活的意义，而是怎么过有意义的生活。

他们并不完美，有各种小毛病。苏格拉底有时会顾自出神好几个小时，卢梭有几次在公共场合走神，叔本华甚至会和他的贵妇犬聊天。（更不要说尼采做过什么了。）所以就这样吧！智慧很少会像看起来那样端正。

我们总是需要智慧，但我们在不同的人生阶段需要不同的智慧。对于一个15岁的人来说重要的是“如何做”的问题，而对于一个35岁或75岁的人来说重要的却不是这些问题。在生命的每个阶段，哲学都会给予关键的指导。

我发现，这些阶段都过得飞快。太多人哼着歌，操心那些琐碎和愚蠢的事情，好像我们有无穷尽的时间一样。但其实没有，我没有。我乐于认为，自己还是中年人。但是，最近我十几岁的女儿，我称她为一个数学奇才，她说，除非我能活到110岁，否则严格来讲我已经不是中年人了。

所以，当我写下这些文字时，虽然我乘坐的火车行驶缓慢，但有一种紧迫感催促着我。那是一种还没有好好生活，所以不想就这么离开的紧迫感。我暂时还不用考虑生命的问题。但是我感受到了时间呼吐在颈上的热情，而且一天比一天强烈。趁还来得及，我想——哦不——我需要知道什么是重要的，什么是不重要的。

法国思想家莫里斯・赖斯灵（Maurice Riseling）说：“迟早有一天，生活会让你我都成为哲学家。”

几年前我第一次听到这句话时，那时的世界比现在要幸福。流行病只是历史书的素材和好莱坞银幕需要的东西。现在我因雷斯林的话而感动。甚至在几年前，我就怀疑过，我是否在错误地生活。

带着一股动力和在我身上很少出现的先见之明，我想，“为什么要等待呢？为什么要等到生命成为一个问题呢？趁着还有时间，为什么不在今天，现在，就让生活把我变成一个哲学家呢？”

Chapter 1

第一章

黎明

1
如何像马可·奥勒留一样起床

7:07，北达科他州的某个地方，乘铁路公司的“帝国建设者号”[1]列车从芝加哥驶向俄勒冈州波特兰市的途中。

早上的阳光透过窗户照进车厢里来了。我很想说它温柔地唤醒了我，但事实是，我并没有睡着。我感觉脑袋好像被烘干了似的，太阳穴处隐隐作痛，并向全身蔓延开来。大脑被一股厚重的毒气包围，我的身体虽然在休息，但并没有休息好。

说到睡眠，大致可以将人的态度分为两类。第一类人认为睡眠是个麻烦事儿，因为它打断了人们的生活，很不方便。第二类人将睡眠看作生活中最纯粹的快乐。我属于后者。我几乎没有不能打破的原则，但有一条：不要打扰我睡觉。铁路打扰到我了，我很不高兴。

如同大多数关系一样，火车旅行和睡眠的关系很复杂。火车的摇晃的确会让我更容易进入梦乡，但是随之而来的还有各种其他的晃动——包括但不限于，侧面的碰撞，突然的震动，以及起伏不定的翻滚（又名波浪）——整个晚上都不断地把我磕醒。

太阳像温柔的教官一般唤我起床。但是我们的恶魔不会在夜里缠着

[1] 帝国建设者号（Empire Builder）列车，是由美国国铁营运，运行在美国中西部和西北太平洋地区的长途客运城际列车。

我们，而是在早上展开攻击。我们刚刚醒来时恰恰是最脆弱的时候，因为这时记忆席卷而来，我们又会记起我们是谁，为什么会在这个地方。

我翻个身，拽过浅蓝色的毛毯盖在身上。当然，我能够起床——真的能——不过为什么要起来呢？

“大家早上好！”

我本来在打盹儿，但是被吵醒了，不是被侧面的碰撞或者突然的震动碰醒的，而是声音，清脆活泼的声音。

那是谁呢？

“我是奥利弗小姐，我将为您提供咖啡。但是如果您需要奥利弗小姐提供服务，请确保穿戴好鞋子，衬衫——以及友好！”

天哪，现在不能再睡了。因为不想让毛毯滑落，我小心地伸向双肩包摸索着找书。找到了《沉思录》。很薄的小册子，不到150页，页边还很宽。书的封面突出了一个男人的雕像，他留着胡子，形体健壮，横跨在马上。他的眼神平静有力，不需要刻意证明什么。

马可·奥勒留（Marcus Aurelius），罗马皇帝，掌管着一支将近万人的军队，统治着一个占全世界五分之一人口的帝国，从英格兰到埃及，从大西洋沿岸到底格里斯河两岸。但是马可·奥勒留（我们都是直呼其名）并不是一个早起的人。他赖在床上不起，一般在下午，午睡之后，才会开始工作。这样的作息使他和同时代的罗马人合不来，因为他们多数人都会在黎明之前就起床。黎明到来之前，在黑漆漆的罗马大街上，睡眼惺忪的孩子们已经去上学了。多亏了马可·奥勒留的精英背景，他才能在自己家上学。他可以一辈子都睡过头，事实也确实如此。

马可·奥勒留掌管着一个面积相当于半个美国大陆的帝国，而我只能勉强维持着半个办公桌那么大的地方，我跟他之间差距太大。我永远在各种难以控制的物品之间周旋，包括商业名片、杂志订阅通知、猫毛、放了三天的金枪鱼三明治、猫、佛教小饰品、咖啡杯、过期的《今日哲学》、狗、表格，然后又是猫，以及一些不清楚为什么会出现的东西，比如我住的地方距离最近的海滩也有240公里，但在桌子上还会看到沙子。

当我读马可·奥勒留时，这些不同之处竟然消失了。他和我情同手足。他统治着一个帝国，不断和帝国的恶魔作斗争；而我要喂猫，和我自身的恶魔作斗争。我们有一个共同的敌人：清晨。

清晨会奠定一天的基调。即使并不总是这样，但是多数情况下糟糕的清晨会带来糟糕的一整天。灰色寒冷的周一早上会让人觉得，生活毫无意义，羽绒被更是让人难以起床。

清晨能够激发各种有力的，冲突的情感。一方面，清晨带有希望的味道。每个黎明都是重生。罗纳德·里根不会为了“美国的傍晚”这样一个口号而战，为了“美国的清晨”这样的口号而战，他才能获得成功。类似的，伟大的思想不会出现在黄昏，而是降临于黎明。

对某些人来说，清晨透露着的是绝望感。如果你不喜欢你的生活，那你多半不会喜欢清晨。对于一种不幸福的生活来说，清晨就像《宿醉3》[1]的开场一样，带有一种不祥的预感。

清晨是过渡的时刻，过渡从来都不是容易的。我们要离开一种意识状态，即睡眠，进入另一种意识状态，清醒。用地理术语来说，

---

[1]《宿醉3》（*The Hangover Part III*），2013年美国喜剧电影。

清晨是意识领域的边界小镇，相当于头脑里的提华纳[1]，带着一丝危险的气息，容易让人迷失方向。

就像根据其他方面对哲学家进行分类一样，也可以根据对待清晨的方式将他们进行分类。尼采黎明时分就会醒来，用冷水洗个脸，喝一杯温热的牛奶，然后一直工作到上午11点。但是和伊曼努尔·康德相比，尼采简直像个懒鬼。早上5点，柯尼斯堡[2]的天空还是墨黑色，康德就起床了，喝一杯淡茶，抽一斗烟——只一斗，从来不多抽——然后就开始工作。万幸的是，西蒙娜·德·波伏娃在上午10点之后才起床，然后开始品尝她的意式浓缩咖啡。而马可·奥勒留，啊，他没有这样的奢侈享受：他出生的时候，距离咖啡的出现还有1200多年。

法国存在主义学者阿尔贝·加缪说，自杀是“一个真正严肃的哲学问题”。生活是否值得过呢？其他的问题只是一些在形而上学方面哗众取宠的东西。简单来说就是，如果没有哲学家，那就没有哲学。

从逻辑上来看，加缪的观点很可靠，但是在我看来也许并不完整。一旦你开始思考他说的自杀问题并且得出结论，即生活是值得过的（暂时是这样；存在的问题总是根据情况不断变化的），就会面临另一个更伤脑筋的问题：我应该起床吗？我相信，这个问题才是真正严肃的哲学问题。如果一种哲学不能把我们从床上拉起来，它有什么

[1] 提华纳（Tijuana），墨西哥北部城市。
[2] 今俄罗斯加里宁格勒州首府加里宁格勒。

用呢?

这一“伟大的起床问题”，像其他一切重要的问题一样，其实包括了很多问题。让我拉上被子来想一下。在某种程度上，我们问的是我们是否能起床。除非你身体残疾，否则答案就是能，你能起床。我们问的也是起床是否有什么好处，而且更重要的是，我们应该起床吗？现在，问题变得棘手了。

苏格兰哲学家大卫·休谟思考了很多这样的问题，虽然并不是在床上思考的。任何问题都被他分成两部分：“是”的部分和“应该”的部分。“是”的部分是观察性的。我们观察但是不做判断。从经验来讲，起床有很多好处，比如加快血液循环，提高收入潜力。

“应该”的部分包括了道德判断，即不是起床的好处问题，而是我们为什么应该起床的问题。休谟认为我们从“是”到“应该”的过程太快了。一个道德上的“应该”从来都不曾直接来源于事实性的“是”。（这也就是为什么“是与应该之间”也被叫作“休谟的断头台”，因为他将“是”与“应该”分开了，并且坚持认为两者之间有明显的界限。）从老板那里挪用公款似乎会产生不好的结果；所以你不应该这么做。

休谟说，不一定得出这样的结论，不应该从事实陈述走向道德声明。起床可能是健康的，有好处的，但这不意味着我们“应该”这样做。可能我们不想更好地循环血液和提高收入潜力。也许我们觉得盖着被子躺在床上挺好的。我认为，就是这个烦人的“应该”解释了我们面临的困境。我们感觉应该起床，所以如果我们不起床，那我们一定是有问题的。

起还是不起呢？盖着被子，温暖舒适，各种冲动以苏格拉底式对话的精神来让想法互相竞争。你会对自己说“或者看一下有线电视新闻也不错”，赖床不起的阵营提出了有力的理由。在床上既暖和又安全，虽然不像胎儿在子宫里一样舒服，但是也很接近了。生活是美好的。一个不亚于亚里士多德的哲学家说过，美好生活是最重要的。相反，外面那么冷而且还会发生不好的事情，如战争，瘟疫。

赖床不起的阵营似乎有绝对的理由这样做。但是在哲学方面没有什么事情是绝对的。总有一个“但是”。整个哲学体系，认知的上层建筑，高耸的思想大厦，都基于那个简单的词：但是。

但是，外面的生活在招手。我们在这个世界的时间宝贵且短暂。难道我们真的想这样一直躺下去吗？不，我们不想。我们虽然已到中年，有些超重，但是还不算肥胖。生命的力量——疲惫血管里跳动着的脉搏——肯定有足够的力量把我们从床上拉起来。难道不是吗？

自从有了被子，人们可以躲在被子下面，这个有关起床的问题就以某种方式在被子下发生了。自罗马时代以来，我们已经取得了巨大的进步。但是这个“伟大的起床问题”一直都没变。总统或平民，著名的厨师或者星巴克的咖啡师，罗马皇帝或者神经过敏的作家，都要面对这个问题。我们都受制于相同的惰性定律，处在休息状态的身体，都等待着某个外部的力量使我们行动起来。

我闭上眼睛，马可·奥勒留出现了，就像昨天的那种塑料咖啡杯突然出现在我的小床边一样真实。在格兰河边的罗马露营地，他裹着毛毯在自己的私人帐篷里，这些画面清晰地出现在眼前。我能够想到，天气又冷又潮，他的精神也比较低落。战争并不顺利。日耳曼部

落袭击了他们的补给线，军队士气低落。但是这能怪他们吗？毕竟五万多罗马士兵已经战死沙场了。

马可·奥勒留肯定想念罗马了，尤其想念他的妻子，福斯蒂娜，马可·奥勒留过去的十年并不容易，不仅被烦人的日耳曼部落袭击，还有卡西乌斯策划的以失败告终的叛乱。然后还有他的孩子们。福斯蒂娜至少生了13个孩子，但是只有不到一半能够渡过童年。

马可·奥勒留是一个罕见的人：一个哲学王。究竟是什么促使这个世界上最有权力的人学习哲学呢？作为一个皇帝，学或者不学哲学，完全可以看他的心情。为什么在百忙之中他都要抽出时间来读经典作品，思考生活中那些没有答案的问题呢？

他早年的经历提供了一些线索。他拥有最珍贵的童年：快乐的童年。他非常喜欢读书，比起去看马戏团，他宁愿读书。在罗马，他的爱好使他属于学生中极少见的那一类。

后来，他迷恋于希腊的生活方式，他甚至睡在僵硬的地面上，只盖一件披肩，一个哲学家穿旧的斗篷。直到他母亲训斥他并坚持让他放弃“这一派胡言”，睡到正常的床上之后，他才停止这样的生活方式。

罗马人看待希腊哲学的方式就像我们看待戏剧一样：哲学或者戏剧是值得看的也是美好的，我们确实应该经常去，但是这两者都不好理解。此外，谁有那么多时间呢？相较于实际的哲学，罗马人更喜欢哲学的理念。所以他们不认可马可这个真正的哲学家。即使他是皇帝，人们也会在背后偷偷嘲笑他。

马可是因为偶然的机会当上皇帝的。他从没想过当皇帝。是因为前一任皇帝，哈德良（Hadrian），策划实施了一系列事件，最终使马可在公元前161年被加冕为皇帝。那时他已经40岁了。

马可度过了一段愉快的时期，但是只有六个月。之后罗马就爆发了洪灾、瘟疫，以及外部的入侵。除了这些战争，马可手上没沾多少血。这确实证明了，绝对权力并不总是导致腐败。对于逃亡或者违背法律的人，马可会常规性地下发从轻处罚的判决。当帝国面临经济危机时，马可拍卖掉了皇宫的一些东西——皇袍，高脚杯，雕像以及绘画——而不是提高税收。其实有一件事尤其令我感动，马可下令让那些走钢丝的人，多数是年轻的男孩，在厚实的海绵床垫上表演。

马可在战争中的表现很勇敢。但是像传记作者弗兰克·麦克林恩（Frank · Mclynn）说的那样，马可最勇敢的壮举是“不断努力控制天生的悲观情绪”。我认同这个说法。我也一直和消极力量作斗争，这些力量总想把我变成一个消极的人。对于我们这些想要成为乐观主义者的人，有半杯水就比连玻璃杯都没有要好，更比摔碎杯子并割破大动脉要好。这完全是视角的问题。

马可有入睡困难，因为他的胸部和胃会莫名地疼痛。他的医生，伽林（Galen），一个骄傲自大但成就斐然的人，研制了一种糖浆（可能加入了鸦片）来助他入睡。

像我一样，马可也渴望成为一个能够早起的人。但是，真正做到早起的人和渴望早起的人之间有一条巨大的鸿沟。躺在这里，感受着火车轻柔的晃动，毯子盖在身上也很暖和，这些就是那道让人觉得不可逾越的鸿沟。

你可能会认为没什么事比起床更容易了。把一只脚放到地上，然后放另一只脚，再垂直站立就可以了。但是我现在站不起来，斜倚着起来都做不到。我这是怎么了呢？马可，帮帮我吧。

《沉思录》和我读过的其他任何一本书都不一样，它的文体是看似没有前后联系的箴言体。它是一些劝告、警醒和鼓励的集合。最令马可·奥勒留恐惧的不是死亡，而是遗忘。他不断提醒自己要活得圆满。他并没想过要发表这些内容，因为在当时只有完整论述的文章才被视作哲学作品的完美形式，这都是写给他自己的。与其说你是在读他的书，不如说是在偷听他说话。

我喜欢我听到的话，喜欢他的真诚，喜欢他把自己赤裸地展示在纸上，暴露他的恐惧和脆弱。这个世界上权力最大的人坦言他会失眠，正遭受着疼痛的折磨以及作为一个伴侣，他最多算敷衍了事的表现。他从未忘记斯多葛学派的训诫，即所有哲学都从认识人们的弱点开始。

马可·奥勒留没有构建宏大的哲学体系以供世世代代认真的研究者们来梳理他的思想。但是他扮演了医师和患者的双重角色，带来了具有治愈作用的哲学。如《沉思录》的译者格雷戈里·海斯所言，这本书是“一本真正的自助之书”。

马可·奥勒留一次又一次地劝告自己不要再思考了，要行动起来。不要再描述好人是什么样子的，而是要做一个好人。哲学与谈论哲学的区别就像喝酒与论酒一样。与多年潜心的酿酒研究相比，一小口恰到好处的黑皮诺能够告诉你更多关于酿酒的信息。

马可·奥勒留的思想并不是仅仅成为现实而已。任何一位哲学家的思想都不会这样。他虽然属于斯多葛学派，但是并不排斥其他学派的思想。他不断学习别人的思想：包括赫拉克利特，苏格拉底，柏拉图，犬儒学派以及伊壁鸠鲁派。像所有伟大的哲学家一样，马可·奥勒留是一个智慧的拾荒者。重要的是某种思想的价值，而不是思想的来源。

阅读《沉思录》就是在观看一场哲学行为的真人秀。马可·奥勒留以自己的生活来实时展示他的思想，无保留地展示。我在看"一个人训练他自己成为人的过程"，古典主义学者皮埃尔·阿多如是说。

《沉思录》中的多个条目都以"当你起床困难时……"开头。随着阅读的深入，我突然想到这本书的大部分其实像一篇论文一样讨论了"伟大的起床问题"，不仅是如何起床的问题，更重要的是为什么要起床。加缪的自杀问题也被裹在这蓬松的羽绒被中。马可·奥勒留在对立的观点之间不断摇摆，和自己辩论。

"如果我要做生来就应该做的事——我来到这个世界上要做的那些事情，那我有什么好抱怨的呢？"

"或者说这就是我生来要做的事吗？温暖地蜷缩在毯子下面吗？"

"但是这里真的很舒服……"

"所以你生来就是感受'舒服'的？而不是要做点事情并且体验它们吗？"

他就这样来来回回地和自己辩论。毯子下的哈姆雷特。他知道他能够做一些伟大的事情，思考伟大的思想。

只要他能够起床就行。

"各位乘客早上好！不要躲藏啦，我看到你喽！咖啡仍然开放供

应哦!”

奥利弗小姐回来了，比往常更让人腻烦了。

好吧，我现在真的考虑起床了，随时都会起。我看了一下那个塑料咖啡杯，注意到了智慧碎片。杯子的一边写着“改变你看待这个世界的方式”，另一边写着“品味更美好的世界”。我承认这两句话并不怎么精妙，但是有一种如孩童般的简单可爱。

桑娅，我13岁的女儿，像我一样不愿意起床。有一天她宣布，“我承认自己是一个懒惰的人”。工作日的时候，要把她从床上撬起来，得有诺曼底登陆时的司令那样足智多谋才行。但是在周末或者下雪天时，她自己就生龙活虎地从床上爬起来了。当我问起为什么会有这么大的差别时，她给了一个哲学性的解释：“让我起床的是活动，而不是闹钟。”

她是对的。当我挣扎着起床时，让我起不来的不是床，甚至也不是外面的世界，而是我的假想。躺在被子下面，我想象了一个充满敌意的要摧毁我的世界，就像马可·奥勒留想的那样。确实，他的世界以好战的野蛮人、瘟疫和殿堂起义著称。但障碍是相对而言的。一个人凌乱的书桌就是另一个人面临的野蛮侵犯。

也许最大的障碍物就是他人。马可·奥勒留没有像法国哲学家让-保罗·萨特一样走得那么远，但是他的思想已经和萨特的“他人即地狱”很接近了。“当你早上醒来时，告诉自己：你今天打交道的那些人将是一些指手画脚、不知感恩、狂妄自大、嫉妒心强而且阴沉乖戾的人。”在这方面，与马可·奥勒留生活的时代相比，现在并没有什么变化。

对于那些难以对付的人，马可·奥勒留主张去权力化，在你的一生中吊销他们的许可证，使它们不能再指手画脚。他人不能伤害你，因为“别人头脑里的想法伤害不到你”。当然，按照定义，思考完全发生在他人的头脑里，而非我的头脑，所以我为什么要关心别人是怎么想的呢？

我总是怀疑，我之所以不能起床，是因为我心里有一种阴险的自我厌恶感，但是我又不清楚这种感觉究竟是什么。马可·奥勒留比我勇敢，他知道是什么。“你不够爱自己，”马可·奥勒留这样说，似乎已经走到自我同情的边缘。但是，仅仅一两页之后，他又开始攻击自己的观点了。“够了，不要再可怜巴巴地抱怨了，像猴子的生活一样……本来你今天就可以过得很好，但是你选了明天。”这种攻击还不是最尖锐的，他攻击自己的自私时最尖锐。“当我躺在床上，像现在一样，我想的只有我自己。”经过一系列分析，待在被子下面的行为，是自私的。

这种领悟使马可·奥勒留开始行动。起床是他的义务。是“义务”而不是“责任”，两者是不同的。义务来自内心，责任来自外界。当我们出于义务感行动时，我们自愿做某件事来提高自己和他人；当我们出于责任感行动时，我们做这些事是为了使自己免受某些影响，而且只为我们自己。

马可·奥勒留意识到了这种区别，但是，像往常一样，他需要提醒自己。“黎明时分，当你起床困难时，告诉自己：‘作为一个人——我必须去工作。’”不是作为一个斯多葛学派成员或者一个皇帝，甚至不是作为一个罗马人，而是作为一个人。

“滴—答，滴—答，奥利弗小姐来了。我说过咖啡吧已经开放了吧？期待见到每一位乘客哦！滴—答。”

好吧，我要起床了。

我剥掉身上的毛毯，它并没怎么抗拒。站起来。我开始想，那些牢骚和无情的自我审视算什么呢？那什么都不是！

我正要庆祝我在重力方面取得的微小但决定性的胜利时，一个侧倾——或者是突然的颠簸，我不确定——使我在震惊中重新摔倒在床上。

这就是烦人的“伟大的起床问题”。仅仅回答一次是不够的。这个问题就像去健身房或者养育后代一样，它需要不断地被重复并且持续地付出努力。

2
如何像苏格拉底一样思考

10:47，从基亚托[1]驶往雅典的列车上。

思绪——一个脱口而出的表达，甚至已经成为老生常谈，但这的确是个不错的表述。我们的思想就像货运列车上一节节的车厢一样，一个连着下一个，每一个思想的产生都依赖于上一个思想提供的动力。每一种思想，不管是关于冰激凌圣代还是关于核聚变，都是在上一段思想的推动和下一段思想的牵引中活动的。

情感也是以列车的形式穿行的。在我身上周期性出现的忧郁感似乎是毫无缘由的，但是当我停下来考察这些情绪的来源时，我发现了潜在的因果关系：我的悲伤是被之前的想法或者感觉触发的，而之前的那个想法或感觉又是被它之前的某个想法或者感觉触动的，那个想法或者感觉来源于我母亲在某年说的某些话。情感和思想一样，从来都不是凭空出现的，而总是被某个火车头般的东西牵引着。

我点了一些糕点和一杯咖啡，思路也慢了下来。我什么都不想，也不去感受，但也不能说我是麻木的。我既不经历快乐，也不经历悲伤，更不去经历两者之间的广袤之物。我只是通过一种不错的方式放空自己。与混乱的车厢不同，这列火车轻微的摇晃恰好让我好好品尝我的咖啡，

[1] Kiato：位于希腊伯罗奔尼撒半岛科林西亚北部的一个小镇。

不仅是咖啡的味道，还有手握杯子的感觉——温热的杯子，不轻不重，舒适地靠在手中，使焦虑感暂时离我而去。看着红色屋顶和蓝色的爱奥尼亚海在眼前划过，好像不是我在动而是它们在动。我望着窗外，并不特意看什么，但是我很惊讶。

"我惊讶"，这几个字虽然简单，但是它们是所有哲学以及更多东西的萌芽。所有伟大的发现和个人的突破都从这几个字开始——我惊讶。

如果你足够幸运，在一生中会有那么一次或者两次难得的机会，你会遇到一句令你驻足的话，它的意义如此饱满，因此你不再感到寒冷。我发现了这样的一句话，它隐藏在一本叫作《哲学之心》（*the heart of Philosophy*）的书里，这是雅各布·尼德曼（Jacob Needleman）写的一本怪异的书。之所以说它怪异，是因为那个时候我认为哲学都是属于大脑的，并不知道哲学还与心有关。

那句话是这样的："我们的文化通常倾向于在没有经历问题的情况下试图解决问题。"

我放下书本，在脑海中反复琢磨这句话。我知道它蕴含了一个重要的事实，但却说不上来是什么。我很疑惑。一个人如何经历问题呢？况且解决问题又有何不妥呢？

那句话深刻又令人迷惑。几周之后，我见到了写这句话的人，雅各布·尼德曼。他是旧金山州立大学的一位哲学教授。他已经初显老态，声音变得有些尖利，皮肤像绉纸般带着细纹，但是他的头脑依旧敏锐。雅各布说话之前会先思考一会儿，而且和多数的哲学教授不同，他说的都是日常语言，像"问题"和"经历"一类的词。但是他组合这些词的方式却是不同寻常的。

我们坐在他的露天平台上，眺望着奥克兰群峰，喝着伯爵茶和柠檬水。我用了这么多话来问雅各布：你疯了吗？我们问问题，有时会提出问题，也许还会揪着问题不放，但是我们不会经历问题，即使在加利福尼亚也没有这种情况。

雅各布沉默了很久，久到我都担心他是不是已经睡着。最后，他动了一下，用极低的声音开始说话，我只有靠近他一些才能听清。

“经历问题的情况是很少见，但也是有可能发生的。苏格拉底就是在经历问题。”

当然，又是这个难以理解的又避不开的苏格拉底。哲学的守护神，问题领域的国王。苏格拉底没有提出新的问题，但是他改变了我们提问的方式，反过来，也改变了问题的答案。即使你对他一无所知，但是你的思维和行动都因苏格拉底而改变。

要了解苏格拉底并非易事。人们为他建立的底座太高了，以至于居于其上的苏格拉底成了一个斑点，不再那么容易被人看到。他是一种思想，而且是那种模糊的思想。

这真是一种耻辱！苏格拉底不是一个斑点，也不是一种思想，他是一个人！一个会呼吸、行走、排便、做爱、抠鼻子、喝酒、讲笑话的人。

他容貌平凡，他的鼻子又宽又平，嘴唇饱满多肉，凸出的眼睛，矮小的身体，挺着个大肚子，他还秃顶。他的眼睛像螃蟹一样，两只眼睛隔得比较远，这使他可以很好地观察周围的情况。和其他雅典人相比，苏格拉底知道的可能比他们多，也可能并不多（他坚称自己什么都不知道），但是他看到的肯定比别人多。

苏格拉底吃得很少，也不怎么洗澡，而且总是穿着同一件普通的单衣。他到哪里都是赤脚而行，即使在寒冬也不例外。他走路的方式很奇怪，比鸭子摇摇摆摆的样子好一点，但又不是大摇大摆，介于两者之间的样子吧！他可以连续几天不睡，也可以一直喝酒而不醉。他能听到声音——是一个声音。他称之为他的守护神。在他被指控亵渎神明和腐化雅典青年的审判中，他解释说："你们听过我提到的一个神奇的喻示或感觉吧，在麦力图斯那里就给丑化得不成样子了。就是从我还是个小孩子的时候，我就经常有这种奇怪的感觉，那是一个声音，他总是在我做一些事的时候告诉我不要去做，但是这个奇怪的声音不会告诉我应该去做什么。"

总体来看，苏格拉底别具一格的样貌和生活习惯使他超凡脱俗。"他似乎是从外部参与到人类的'伟大对话'中，就好像从其他星球来的。"当代哲学家彼得·克雷夫特如此说道。

我认为，所有哲学家都是这样的。他们就像外星人一样，拥有一些异类的特征。即使是马可·奥勒留，那位罗马皇帝，也觉得与周围环境格格不入。第欧根尼，建立犬儒主义的人，也是一位极其古怪的哲学家。他住在木桶里，他认为世人都是半死不活的，大多数人只是半人。在中午，光天化日下，他打着一盏点着的灯笼穿过市井街头，碰到谁就往谁脸上照。他们问他何故这样，第欧根尼回答："我想试试能否找出一个人来。"

有些异类特性是有意义的。哲学其实就是质疑各种假设，破坏良好社会秩序的行为。船长很少会摇晃他们的船，因为他们要考虑太多利益关系了。但是哲学家不需要，他们置身事外，他们是外星人。

阿尔西比亚德这样描述他的老师——苏格拉底："他会谈论驴

子、铁匠、鞋匠和皮匠，而且他好像总是在重复同样的内容，所以那些不习惯他的风格或者无法快速吸收他的思想的人，自然会认为他的话荒唐至极。”但是，阿尔西比亚德的总结是，花费一些时间真正听苏格拉底的讲话，就会意识到他的话绝对不荒唐。

又倒了一杯伯爵茶后，雅各布讲述了他经历的第一个问题。他记得很清楚。那时雅各布11岁。在他们居住的费城社区，他和他的朋友埃里亚斯·巴尔霍迪坐在矮石墙上。他们每周都会来几次，即使当石墙被冰雪覆盖时也不例外。

埃里亚斯比雅各布大一岁，就他的年龄而言，他个子很高，“他有一张圆圆的大脸，眼睛乌黑，炯炯有神”。他们喜欢讨论重要的科学问题，从电子的运动到梦的本质，他们都会讨论。这些问题引起了雅各布的兴趣。但是就在那一天，埃里亚斯提出一个问题，把雅各布问住了：“谁创造了上帝？”

雅各布记得，他盯着埃里亚斯那“伟大的、光滑的额头，好像要试图看到他的大脑一样”，然后他意识到，“当埃里亚斯问这个问题的时候，他并不是要挑战我，而是挑战整个宇宙。这个问题让我感到前所未有的自由。而且我记得我对自己说，这是我最好的朋友”。

对这种重大问题的提问和经验，给雅各布带来了意外的喜悦，他为此着迷。

苏格拉底的故事与雅各布的经历相似。当然，他们的背景不同——雅典简陋的街巷，而不是费城——但是故事轨迹相似。他们都有一个关键点，由此转向全新且未知的方向。而且，都有一个可靠的朋友。在苏格拉底那里，这个朋友是一个名为凯勒丰的年轻人。有一天，凯勒丰去拜访德尔菲神庙的祭司者，他问了祭司这样的一个问题：在雅典，有人比苏格拉底更有智慧吗？

“没有，”祭司回答，“一个都没有。”

凯勒丰把祭司的话告诉苏格拉底之后，苏格拉底很困惑。竟然没有人比他更有智慧？怎么可能呢？他只是一个石匠的儿子，他什么都不知道。所以苏格拉定决定去调查一下。他力求与那些受人尊敬的雅典人促膝长谈，包括从诗人到将军的每一个人。很快，苏格拉底发现，这些人并不像他们自己认为的那么智慧。将军说不出什么是勇敢，诗人也没有办法定义诗歌。他去的每个地方都能碰到那些“不知道自己不知道”的人。

苏格拉底得出结论，也许他确实比其他人拥有一种智慧，知道自己不知道的智慧。对苏格拉底来说，最糟糕的无知就是那种伪装成智识的无知。广泛而诚实的无知比狭隘且令人怀疑的智识更好。

正如哲学家卡尔·雅思贝尔斯（Karl Jaspers）所言，苏格拉底介绍的这种无知，这种“全新的不可思议的天真”，是他对人类求知做出的最伟大的贡献，这一贡献直到今天还推动着人们不断产生哲学式的冲动。

苏格拉底不是第一位哲学家。在他之前就出现了很多哲学家，举几个例子来说：毕达哥拉斯、巴门尼德、德谟克利特，以及泰勒斯。这些人关注的是天上的事情。他们尽最大努力来解释宇宙，想要穿透自然世界的神秘面纱，努力去寻找各种各样的结果。在许多方面都很优秀的泰勒斯认为，宇宙间所有的事物都是水造就的。这些哲学家像苏格拉底一样，也会提问。但是他们的问题主要是“是什么”和

"为什么"的问题。事物是由什么东西组成的？为什么星辰到了白天就消失了？苏格拉底对这些问题不感兴趣。他认为，这些问题是无法回答的，而且最终，这些问题并不重要。宇宙也许引人遐想，但它并不是一个很好的健谈者，而谈话是苏格拉底最渴求的东西。

"每个问题都是理解这个世界的尝试。"宇宙论者卡尔·萨根（Carl Sagan）如是说。苏格拉底却不会完全同意这个说法。他认为，每个问题都是理解我们自身的尝试。苏格拉底感兴趣的是"如何做"的问题。我如何才能过一种更加幸福的，更加有意义的生活呢？我怎么才能践行正义呢？怎么才能认识我自己呢？

苏格拉底无法理解为什么与他同时代的雅典人没有对这些问题更加感兴趣一些。既然他们热衷于改进，那么无论是为了更好地制作雕像还是更好地实践民主，思考这些问题都会对他们有所帮助。在苏格拉底看来，雅典人不辞辛劳地改善一切——除了他们自己。他认为这种情况需要改变，并将其作为自己一生的使命。

这标志着哲学的一个重大转向。它不再是对宇宙的各种模糊推测，它关乎生活，关乎你的生活，关乎如何充分过好你的生活。它是可行的，必不可少的。就像罗马政治家兼哲学家西塞罗（Cicero）所言："苏格拉底是第一个将哲学从天堂召唤而来，将其建立在城镇之中，并将其引入寻常人家的人。"

苏格拉底并没有按照人们普遍认同的哲学家应有的方式来行事。他对于积累自己的追随者这件事并不感兴趣。（当学生们向他咨询其他哲学家时，苏格拉底会欣然指导他们。）他没有留下任何体系性的知识，没有留下任何理论或教条。他一本书册都没有发表。其实，他一个字都没有写过。我们今天能了解苏格拉底，多亏了那些古代的资料，那些资料多数是他的学生柏拉图写的。

其实根本没有“苏格拉底的思想”这种东西，有的只是苏格拉底的思考。苏格拉底思考的都是方法，而不是目的。我们之所以记得雅典的牛虻，不是因为他博学，而是因为他设法求知。他更关心的是方法而非知识。知识不会长久有效，但是方法可以。

学者们用了很多精致的术语来描述苏格拉底的方法：辩证法，反驳论证，归纳推理。我更喜欢这个简单的说法：谈话。我意识到这个说法听起来不复杂，而且应该也不会把我推向诺贝尔奖，但这个说法很真实。苏格拉底和人们交谈。当代哲学家罗伯特·所罗门（Robert Solomon）称苏格拉底的谈话为“有知识的胡说八道”。我喜欢这个说法，苏格拉底的聊天将哲学带回到现实，同时又提升了它。

审视生活是需要距离的。我们必须暂时从自身抽离出来，才能看清自己。获得这种视角的最佳方式就是谈话。对苏格拉底来说，哲学和谈话几乎是同义词。

苏格拉底会和各种各样的人交谈：政治家，将军，工匠，还有女人，奴隶，以及孩子们。他谈论的主题也包罗万象，但都是重要的主题。苏格拉底不太喜欢闲聊。他知道生命短暂，也不会在琐事上浪费一分一秒的时间。“我们在思考如何才能过有可能实现的最好的生活，”被触怒的苏格拉底和名为高尔吉亚（Gorgias）的诡辩家说，“对于一个有头脑的人来说，还有什么问题比这个问题更重要呢？”

我认为，苏格拉底如此热爱谈话，他已经把谈话视为必不可少的工具。而他所有启发性的聊天都有一个共同的目标：认识他自己。通过与他人交谈，他学会了如何与自己对话。

哲学也许是提出问题的艺术，但问题是什么呢？苏格拉底肯定会喜欢这个问题！找一个每个人都知道的词，每个人都认为他们知道，然后考察这个词，探究这个词，从多个角度看它的意思是什么，用明亮而不可饶恕的光照射它。

距离这位雅典哲学家的时代已经有24个世纪之久了。当时他光着脚走在弯曲泥泞的街道上，不断提问着。和那个时代相比，我们已经取得了很大进展：室内管道，杏仁乳，宽带。我们有2000多年的时间来打磨各种定义。从包含了将近万个词条的《韦氏第三版新国际英语大辞典》可以看出，我们很擅长研究各种定义。我们甚至不需要再用手指来翻页了，不管是纸质版的还是电子版的，因为我们总是可以求助于可靠的助手：SIRI[1]。

“你好，Siri。”

“嗨，埃里克。”

“我有一个问题。”

“问吧，你会得到答案的。”

“问题是什么？”

“埃里克，这是个有趣的问题。”

然后就是沉默，什么都没有。我晃了一下手机，还是什么都没有。很明显，Siri认为我在破解它的算法，它一点也不喜欢。我试了一种更书面化的表达方式。

---

[1] SIRI是Speech Interpretation & Recognition Interface的首字母缩写，原义为语音识别接口，是苹果公司在iPhone、iPad、iPod Touch、home pod等产品上应用的一个语音助手，用户利用Siri可以通过手机查找信息、拨打电话、发送信息、获取路线、播放音乐、查找苹果设备等。

“Siri：怎么定义问题？”

“一个句子，它的用词和表达是为了引出信息。”

我想这个回答是正确的，但遗憾的是，这个回答并不完整。苏格拉底是不会满意的，他在寻求定义时非常顽固。他会马上发现Siri的回答太宽泛，也太狭窄了。根据Siri的定义，“你见过我的钥匙吗？”和“生命的意义是什么？”是同一层次的问题。两个问题都是要引出某种信息——而且两个问题都很难回答，至少在我家里是这样——但是它们寻求的信息差别很大，完全不是同一种信息。问题越大，我们对于仅仅提供信息的答案越不感兴趣。什么是爱情？为什么会有恶？当我们提出这些问题时，我们渴望的不是信息，而是某种更广大的东西：意义。

问题不是单向的；它们至少沿着两个方向运动。它们寻找意义，同时也传递意义。在对的时间向朋友提出对的问题是一种同情和爱的行为。但是，我们经常把问题当作武器，用问题攻击他人——你以为你是谁？包括对我们自己的攻击，为什么我什么都做不好？我们把问题当作借口——这么做有什么用？稍后还会用问题为自己辩护，我还能做什么呢？通往灵魂的窗户是问题，而不是眼睛。正如伏尔泰所说，对一个人最好的判断是看他提出的问题，而不是看他给出的答案。

Siri的回应丝毫没有抓住每个出色的问题里所蕴含的魔力。古希腊人认为“所有哲学都始于惊讶”。苏格拉底认为，惊讶不像金发或雀斑一样，是人们生来就有或者没有的东西。惊讶是一种技能，一种所有人都能够学习的技能。他决定向人们展示怎么学习。

“惊讶”是一个很棒的词。人们大声说出这个词时，不可能不带着微笑[1]。这个词来源于古英语“wundor”，指的是“不可思议的事物，奇迹，令人惊奇的东西”。在某种层面上，惊讶意味着像Siri一样，搜寻信息。我很惊讶，想知道在哪里能找到一些黑巧克力呢？在另一个层面上，惊讶就是悬置疑问，至少暂时是这样的，只是单纯地关注。我很惊讶，好的比利时巧克力，加了海盐和杏仁的那种，为什么会让我的大脑翩翩起舞，让我的心为之欢唱呢？

提问时，手头的主题往往会限制我们。任何超出这个主题的问题都是不必要的，因此也是不被鼓励的。设想一下，一个律师会因为转向“非实质性”的问题而被责骂，或者某个高中生会因为一直“偏离主题”而被老师训斥。

惊讶是开放性的，广袤无垠的。惊讶使我们成为人之所是。这是事实。自从第一个住在山洞里的人惊讶于一起摩擦两根棍子会怎么样时，或者一块大石头砸在他的头上会怎么样时，这种惊讶就使他成为一个人了。只有尝试了才会知道，而只有感到惊讶才会尝试。

我们经常把惊讶和好奇合并在一起。确实，两者都有效地解决了淡然无趣的问题，但是两者的方式不同。在某种程度上，惊讶来源于个体感受，但好奇不是。你可以很冷静地，不带任何感情色彩地好奇，也可以这样来提问，但是不会这样惊讶。好奇是焦躁不安的，它总是会不断追逐下一个出现在视野中的耀眼之物。惊讶不会这样，它会逗留在一个地方。惊讶是好奇停歇时的样子，慵懒地躺着，双脚朝上，手里拿着酒杯。惊讶从来不会追逐耀眼之物，所以更不会因为过度好奇使自己受伤。

---

[1] “惊讶”的英文表达是“wonder”，作者这样写应该是因为发音时，“wonder”的口型与微笑的口型相似。

感到惊讶是需要时间的。就像享受美食与美好的性爱一样，感受惊讶也不能操之过急。这也是为什么苏格拉底的谈话从来都不曾匆忙。即使他的谈话对象已经开始厌倦这段对话甚至已经怒气冲冲时，苏格拉底都会坚持将谈话正常进行下去，而不会匆匆结束。

苏格拉底是最原初的治疗师。他倾向于用一个问题来回答另一个问题。不同于传统治疗师的地方在于，苏格拉底不会按照时间来收费（他从未因自己的谈话收过一个德拉克马[1]），也从未说过“恐怕我们没有那么多时间了”这样的话，他总是有更多的时间。

即使苏格拉底独自一人时，他也喜欢在某个地方徘徊。他的一个朋友在“会饮篇”里描述了一段这样的情景。“有时，苏格拉底走着走着会突然停下来，站在任何一个他刚好走到的地方。”另一位朋友讲述了一段苏格拉底更不寻常的经历，那是他和苏格拉底一起服役于波提狄亚战争时发生的事情。

有一次，在黎明的时候，苏格拉底站在一个地方开始思考一些事情，一直站在那里思考。当他没有找到解决办法时，他没有离开，而是继续站在那里探询。然后到中午了，人们开始注意到一直站在那里的苏格拉底。大家对此很惊讶，彼此之间开始谈论这件事，说苏格拉底从黎明开始就站在那里思考。最后，夜晚来临时，一些爱奥尼亚人把他们的床铺搬出来了，他们要露天而睡，看看苏格拉底会不会整个晚上都站在那里。他一直站到了黎明时分，太阳又一次升起的时候；他向太阳做了祈祷，然后就离开了。

---

[1] 英文表达是drachma，希腊货币单位。

好的哲学一定是慢的哲学。路德维希·维特根斯坦（Ludwig Wittgenstein）称他的专业是“慢性疗法”，并且建议所有哲学家见面时都用“别急，慢慢来！”打招呼。我认为这个主意很棒，不仅适用于哲学家，也适用于我们所有人。让我们不要再用“祝你度过愉快的一天”或类似的空洞表达来问候彼此了，用“慢慢来”或者“慢一点”来问候吧！如果我们经常用这些祈使句来问候的话，也许我们真的会慢下来。

我认为，在某种程度上，我们早已认识到慢下来对认知的好处。当某件事情让我们慢下来思考一下时，我们会说这个事情“让我们停顿了一下”。停顿不是错误或者故障，也不是不顺畅或者中断。停顿不是空白而是潜在之物的发展，是思想的萌芽。每次停顿都孕育着认知与惊讶的可能。

我们很少会质疑显而易见的事物，苏格拉底认为这种忽视是错误的。一个事物越发地显而易见，我们就越有必要质疑它。

我认为我想成为一个好父亲是理所当然的事情。这是不言自明的事情，基本都不需要说什么。

苏格拉底会说，不要这么快下结论。当你说“父亲”这个词时，你指的是什么？你是严格按照生物学意义来使用这个词吗？

“哦，不是的。其实，我的女儿是领养的。”

啊，那么说“父亲”不仅仅指生物学方面的关系？

“不，当然不是只有生物学上的关系。”

那么，如何定义父亲呢？

“某个关心幼儿的男性。”

所以说如果我把你的女儿带到，比如说，德尔菲待几个小时，那我是她的父亲吗？

“不，当然不是，苏格拉底。一位父亲要做的事情比那个要多得多。”

那是什么区分了关心孩子的成年男性和一个足以称之为“父亲”的成年男性呢？

“爱。爱才能使一个人成为真正的父亲。”

很好，我喜欢这个答案。当然，我们还需要定义“爱”，但是这件事可以留到下次讨论的时候再做。现在，你说你想成为一个“好”父亲？

“是的，我很想成为一个好父亲。”

当你说好的时候，你指的是什么呢？

我承认我对此一无所知。我只有一些很模糊的概念——未成形的，动画片似的图像——浮现在脑海里：圣代冰激凌，乐队演奏会，足球训练，指导家庭作业，大学之旅，当她情绪低落时给她讲笑话，即使没有情绪低落时也会讲，在外过夜时接她回家，与我的妻子相互扶持、相互协作。大多数时候，我都在扮演一个好警察的角色。

苏格拉底会说，这些图像都很好，但是它们拼在一起时是什么呢？当你说“好父亲”的时候，其实你并不真的知道你说的是什么意思，是吧？然后，随着哲学之刀的最后一挥，苏格拉底会说，直到我知道，真的知道，当我说“好父亲”时意味着什么，我才有可能成为一位“好父亲”。所以，“好父亲”的定义如鬼魂一般虚无缥缈。

苏格拉底认为，所有的罪行，比如说教子无方，都是出于无知，而非恶意。如果我们能够理解做错事情的后果——不仅是对于孩子而言的后果，也包括对我们自身而言——我们就不会犯罪了。如果能真正理解一个特定的美德，就会自动做出这种美德代表的行为。要想知道——真正知道——做一个好父亲的意思，就是要成为一个好父亲。

那天是“带孩子上班日”。我总是惧怕这一天的到来。其他父母会带他们的孩子去闪亮严肃的办公室，还带有会议室，电话银行，处处庄重正式。而我的办公室（反正是其中一个）是当地一个叫作“品味者”的餐馆。那里的食物并不像它的名字一样令人满意，但是那里的座位很宽敞，服务员也很友好，而且有不限量的咖啡供应。今年，我女儿第一次同意跟我一起去。

如何开始和一个13岁孩子的交流是世界上伟大的哲学家们还没有解决的问题。如果森林里的一棵树倒了，但是她的朋友们没有在Snapchat[1]上分享的话，那这棵树就相当于没倒。桑娅对我的工作并不感兴趣，无论是哲学方面还是其他任何方面，她似乎对任何超出她年龄的东西都不感兴趣。我怀疑，那天早晨她同意和我来这儿工作的唯一原因就是可以不去上学。

选完我们的早餐后——我的是有益心脏健康的鸡蛋卷，她的是巧克力煎饼——我开始凝视着为人父母的巨大空虚感。我感觉自己不是一个合格的父亲，更糟糕的是，我被忽视了。苏格拉底会怎么做呢？

当然，他会问问题。我一直在纠结一个特殊的问题，这是一个元问题。那句老话是真的吗——真的没有什么问题是愚蠢的吗？我问了我女儿这个问题，她左边的眉毛微不可察地动了一下。然后她

---

[1] Snapchat是一款由斯坦福大学学生开发的图片分享软件应用。利用该应用程序，用户可以拍照、录制影片、撰写文字和图画，并传送到自己在该应用上的好友列表。

表示：爸爸，我已经记下了你的问题，我认为这个问题不值得回答，所以我要回到我的煎饼和网页了。

我像苏格拉底一样坚持，“究竟有没有愚蠢的问题这一说呢？”我大声地重复了一遍。

她抬起头来，不再看屏幕了，然后思考了一下。至少我认为她是在思考。然后，令我惊讶的是，她说话了。

“有，”她说，“一个愚蠢的问题就是你早就已经知道答案的问题。”说完带着青少年式的不满，她又回到了煎饼和手机。

这不是她第一次使我惊讶了，也不是最后一次。她说得对。除非你恰巧是个起诉人，否则问一个你已经知道答案的问题就是愚蠢的。我们这样做的次数比你想象中的要多，而且方式各种各样。我们也许问这样一个问题来炫耀我们的知识，又或者想要获得某些信息来支撑我们早已持有的坚定不移却未检验过的信念。

苏格拉底认为，以上这些都不是严肃的问题。严肃的问题要涉及未知的领域。严肃的问题是有风险的，就像在黑暗的屋子里划着一根火柴一样。虽然你不知道当房间被点亮时你会发现什么——怪物或者奇迹——但你还是划着了火柴。这就是为什么，人们问出严肃的问题时并不那么自信，而是有些笨拙，有些犹豫，带着少年时期略带羞涩的尴尬。

苏格拉底认为，没有什么事情比问严肃的问题更重要，或者更勇敢了。

雅各布又给我倒了一杯柠檬水，他的手虽然动作缓慢但是很稳。

冰块撞击玻璃杯时发出清脆的响声。随着太阳的下沉，加利福尼亚的光照越发柔和了，颜色也更加丰富。

我问了雅各布更多关于他自己的事情。伴着轻微的声音，他深呼吸了一下，然后带我回到了他年轻的时候，也就是20世纪40年代的费城。虽然次数越来越少，但是他和埃里亚斯还是会在石墙上继续着他们冗长的哲学谈话。有一天，雅各布给埃里亚斯家打电话。电话是他妈妈接的，声音怪怪的，说埃里亚斯在休息。在听到“白血病”这个词之前，雅各布就知道出事了。

他回忆了和埃里亚斯共同经历的最后一个问题。“我想知道当我们睡着后会发生什么，”雅各布这样问他的朋友，“睡着后会去哪里呢？”

这是埃里亚斯第一次无言以对，他在14岁生日前不久去世了。

死亡，尤其是非自然性提前去世的那种，会以某种方式促使人们集中注意力。好多问题都涌入雅各布的头脑中。为什么是埃里亚斯而不是他？我们应该如何对待这么短暂的生命呢？父母，老师或者拉比的回答都不能令他满意。所以他求助于苏格拉底和哲学。

“为什么是哲学？”我问。

“为什么你会热爱某些事物呢？因为你是被召唤的。被召唤到终极问题那里。我们是谁？我们是什么？为什么我们会在这里？人类需要意义。所以，确实，那就是一种召唤。”

雅各布的父母并没有因为他感觉到的召唤而激动。“作为家里的长子，我要成为一名医生。”他面无表情地说。雅各布确实成了一名医生，只是不是医疗类的医生。他获得了哲学专业的博士学位。他仍然记得，第一次在他母亲面前被介绍为“博士”的情景。他母亲打断介绍并指出，“你知道的，他不是对任何人来说都有好处的那种医生”。

雅各布用他的余生来证明她错了。在学术方面，他获得了无数嘉奖，职位也不断得到提升。他总是渴望接触到更多的受众。他始终不明白为什么人们不怎么关注这些“终极问题”。他说：“在我们的文化中，没有什么地方把这些终极问题当作真正的问题。我们的制度和社会形式都热衷于解决问题或者提供乐趣。”

他停了一下，似乎要腾出时间，让他的话在加利福尼亚的空气中飘荡一会儿。我觉得他说得对。还没有经历某个问题就要解决这个问题，就像还没买菜就想做饭一样。但是我们总是急于寻找最快的解决办法，或者最容易获得的快乐，而不是好好审视一下自己的无知。

我的目光徘徊在奥克兰的群山上，看着这个季节特有的暗棕色，同时听着附近风铃发出的悦耳之声，混合在我和雅各布之间无言的存在中，将我们连接起来。

苏格拉底不信任写下来的文字。他认为纸上的文字毫无生息，而且只能从作者向读者单向传递。所以，不管一本书有多好，人们都无法和书进行对话。

这就是为什么我决定不读苏格拉底对话，而选择倾听的方式。我下载了很多。我不知道古希腊会怎么说“兆”，但是真的有好多兆。

这些对话成了我生活中的配乐。我乘火车时会听，带女儿去参加足球训练时会听，在椭圆机上做运动时也会听。做饭的时候听，喝水的时候听。醒来后会听，入睡之前也会听。

这些对话的主要内容，是苏格拉底和一个或者更多的对话者一起论证诸如正义、勇气或者爱之类概念的意义。这些不是干巴巴的论文，而是声音洪亮的对话，争论之声此起彼伏。但让我惊讶的是，这样的对话还很有趣。如尼采所说，这些对话是“充满智慧的恶作剧”。

和苏格拉底对话很容易引起人们的愤怒，令人迷失方向，就像《对话录》中的人物，尼西亚斯（Nicias）反对的那样。“任何一个接近苏格拉底并且和他对话的人，都很容易被卷进一种争论中去。无论这个人一开始谈论的是什么话题，他都会一直被苏格拉底引导着围着他转。直到最后这个人发现，他不得不说明一下自己现在以及过去的生活。一旦陷入这种对话中就不能随便离开了，因为苏格拉底不会放他走的，直到苏格拉底完全彻底地审问过他才会罢休。”

另外一位对话者抱怨说，苏格拉底使他陷入一种“完全无助的状态”，而且，哲学家就像电鳐一样刺激着人们的神经。

和苏格拉底对话会令人沮丧，因为这就像和一个好奇的五岁孩子在说话一样。

我们晚餐可以吃冰激凌吗？

不能。

为什么？

因为冰激凌对你没有好处。

为什么？

因为它含糖量太高了。

为什么吃糖不好呢？

因为它会储存在你身体的脂肪细胞里。

为什么？

因为就是这样的！现在回你的房间去。

孩子的问题之所以会让我们感到厌烦，不是因为这些问题是愚蠢的，而是因为我们不能完全回答这些问题。孩子就像苏格拉底一样，揭露了我们的无知。虽然从长远来看，这样做对我们是有益的，但是从短期看，这就是烦人的事情。正如彼得·克里夫特（Peter Kreeft）所说，“如果你谁都不想惹恼，那你就不是一个哲学家”。

这句话使我充满希望地重新振作起来。我认为这是句褒义的话，从多方面来看，我的确是令人厌烦的，而且是世界级别的。我和苏格拉底也有一些其他的相似之处，在社会中处于传统社会职位之外的状态，大肚子，一直漫游着，彷徨的思绪，以及对谈话的钟爱。

我们不一样的地方在于坚持。面对争吵时我会选择离开，不管这种争吵是真的还是想象出来的。但是苏格拉底不会，他非常有勇气。在公元前432年围攻波提狄亚的战争中，苏格拉底展现了惊人的力量和耐力，救了他的朋友阿尔西比亚德一命。

在哲学的竞技场上，苏格拉底更是坚忍不拔。他是个毫不留情的审计员，不仅要求人们说明他们的信仰，还要说明他们的生活。一旦开始了和苏格拉底的辩论，你就不可能轻易摆脱掉他。苏格拉底可以看穿模糊的烟雾，从古到今，一些装腔作势的知识分子总是很偏爱这些烟雾。看看你啊，堂堂一个将军，竟然不知道什么是勇敢。作为神父，却不知道虔诚是什么。还有不知道爱为何物的父母。

苏格拉底这样做不是要羞辱他人，而是启蒙，促使发生一种产生理智的光合作用，而苏格拉底就是园丁。他最喜爱的事莫过于“在人的头脑里种下一颗疑惑的种子，然后看它生根发芽了”。

播种疑惑并不是一件容易的事情。没有人喜欢暴露他们的无知，尤其是在公共场合，所以很多对话都会变得分外激昂。“苏格拉底，我不理解你，所以我希望你去问一个理解你的人，”在《高尔吉亚篇》里，一个被苏格拉底惹恼的同伴说道，“你就是一个暴君。希望你要么尽快结束这段对话，要么找别人来和你辩论吧！”有时，还会出现更加极端的对话。公元3世纪的传记作家第欧根尼·拉尔修（Diogenes Laertius）的记录显示，“人们甚至会捶打苏格拉底，扯掉他的头发”。

苏格拉底惹恼别人是为了一个好的理由：更好的视野。苏格拉底是“验光师”。人们带着“度数错误”的眼镜来来往往。自然而然地，这种“眼镜”会影响他们看待事物的方式，以及他们会看到什么样的事物。这些人会误把这种扭曲的事实当作唯一真实的东西。更糟糕的是，他们都不知道自己是戴了“眼镜”的。他们就这样一天天磕磕绊绊地走，撞到家具上，或者绊倒别人的时候，一直只会责怪家具和他人。苏格拉底认为这样是愚蠢的，也是不必要的。

太阳变成了深红色，空气中多了一丝寒意。我和雅各布已经谈了好几个小时了，但是我们都没有厌烦这样启发性的闲聊。我们开始谈论错误的信仰这个主题。

雅各布认为，哲学家就是“思想夜总会”里魁梧的保镖。

“一个哲学家对他的观点说，‘你是我的观点。你怎么到这里来了？你没问过我，我也没检查过你。但是我信任你，你却接管了我的生活。’”

我在想我的观点，以及它们如何变成了我头脑的殖民者。像所有狡猾的殖民者一样，它们通过欺骗，让我以为是我自己邀请了它们。我有这么做吗？还是说这些别人的思想，穿着我这里的衣服就这样不声不响地出现了？

我又绕回那个有趣且迷人的说法，“经验问题”。他这么说是什么意思呢？

雅各布解释说，他会区分普通的质疑和“深刻的质疑”。普通的质疑一直在表面滑行，就像语音助手“Siri”一样。深刻的质疑很缓慢，但是令人沉浸其中。

“如果我真的和某个问题一起生活，就让它缠着我吧，那样的话，这种深刻的质疑状态就可以自行转化了。”

“和一个问题一起生活？”

“是的，和一个问题一起生活。在你的思想深处，多数时候都要想着这个问题。和这个问题一起生活，而不是仅仅尝试解决问题。我们太急于解决问题了。”

听起来不错，我也想在之后的生命中和问题一起生活，但是答案怎么办呢？它们应该在什么位置呢？这就是哲学的饶舌：哲学就是谈话，有无数的问题，但是没有答案，就像一列总是离开的火车，永远到不了终点。

雅各布说，不是这样的。哲学肯定是关注目的地的，但是在到达之前要有耐心。只有这样，你才能确定，最终得到的不仅仅是一个聪明的答案，而是一个“心里的答案”。另一类答案，头脑的答案，不仅不那么令人满意，而且在深层意义上，也不那么真实。

最终要得到心里的答案，不仅要有耐心，还要心甘情愿地面对你的无知。保持疑问状态，多看看心中的疑惑，而不要急于解决当前的问题，然后开始待办事项里的下一个问题，因为永远都有新的待办事项。这么做需要时间和勇气，其他人会嘲笑你。由他们去吧，雅各布说，苏格拉底也会这样说的。被嘲笑是获得智慧的代价。

方才，我正在和我的朋友詹妮弗聊天。需要说明的是：当我在转述日常的各种担忧时，一直是我在说，她在听。

我告诉她，我正苦恼于一个分配的问题。在所有给定的属性中，我都有足够的数量，但是分配得很不均匀。比如说毛发。我胸部上有很多，鼻子里也有很多，但是头部的不够多。

然而，成功更是一个问题。这甚至不是一个分配的问题，我解释道，而是缺乏的问题。我告诉她，“我不够成功”。

詹妮弗停顿了一下，就像人们要说一些深刻的话或者想办法避开这个话题时会做的那样。幸运的是，詹妮弗的停顿是因为前者。

“成功是什么样子呢？”她说。

“成功是什么样子？”我说。

“是的，成功是什么样子？”

一般而言，当你将一个问题重复一下反问回去的时候，对方会觉得有必要解释一下这个问题，帮你把各个点连接起来。但詹妮弗没有这样做。我的问题直接弹回来打在我头上。成功是什么样子呢？我从来没有想过这个问题。我总是从数量的角度来看成功，没有从美学的角度看过。

我们构造问题的方式很重要。詹妮弗本来可以这样问，“你为什么想要成功？”或者“多大程度的成功才能满足呢？”我本来也可以抛开这些问题，就像坐在她新泽西的桌子那儿，拍死那些围着我们转的蚊子一样打掉这些问题。为什么我想成功？我就是想成功——谁不想成功呢？多大程度的成功才能满足？比我当前拥有的成功更多才行。

但是詹妮弗没有问我那些问题。她问我成功是什么样子。她的问题隐含的是关于个人感受的信息。我认为的成功是什么样子的？当我看到这样的成功时能认出来吗？

我就坐在那里，被这个问题震惊了，就像大脑被电鳐刺激了一下。好的问题是会有这种效果的。它会紧紧抓住你，不让你离开。好问题会重新塑造你遇到的问题，使你能够从一个全新的角度来看这个问题。好问题不仅会激发人们去寻找答案，还会让人们重新评估“寻找”这一行为本身的意义。好问题不会引出一个聪明的回答，而是没有回答。从古代开始，早在苏格拉底之前，印度圣人就会练习布拉莫迪亚（brahmodya），一个参赛者竞相说出绝对事实的比赛。这项比赛最后都会陷入沉默。就像作家凯伦·阿姆斯特朗（Karen Armstrong）解释的那样，“当人们意识到语言的有限性，进而直觉到不可言喻的东西时，就产生了洞见”。

沉默不是我的常态。对我来说，语言就像氧气一样重要。但是我在头脑中安静地思考詹妮弗的问题，从不同的角度来看这个问题。好的问题总会引发更多的问题，詹妮弗的提问也引发了很多我的问题。我不再是和她，而是和我自己对话了。

这恰恰是苏格拉底想要达到的目的：一种无情地自我审问的状态，不仅要问我们知道什么，还要问我们是谁，以期望能够引发一种急剧的视角转换。

托尔斯泰的小说《伊万·里奇之死》中包括了文学作品中我最喜欢的篇章，也许是因为它出乎意料的救赎，同时这一救赎还包含了火车。主角是一位成功的政府官员。他已经病入膏肓，被恐惧和懊悔包围。在故事快要结尾的时候，恐惧不见了，而是被一种新视角取代了，“就像一个人乘坐火车时经历的感觉变化一样，这个人感觉自己往后走但实际上他是往前走的，然后他突然意识到了真正的运动方向”。

回顾我和詹妮弗的对话，我意识到，我是如何像伊万一样突然通过直觉认识到我真正的方向的。这是以前从未有过的苏格拉底式经验。它没有发生在古雅典尘土飞扬的街道上，而是发生在新泽西的蒙特克莱尔，发生在我朋友的办公桌这儿。没什么两样。真正的智慧不受时间和空间的限制，它随时随地都可能存在。

现在，无论我努力去做什么事情，任何事情，我都会停下来问一下自己：成功是什么样子的？老实说，我并没有回答那个问题，也许永远都不会回答。那也没关系。我已经更换了眼镜的度数，所以可以看得更清楚了。

———

门滑开了。我迈进光滑的地铁车厢，车厢闪闪发光，金属质感十足。用现在的希腊语说，我登上的是一个运输设备，也就是公共交通工具。无论何时，一个人只要乘公交车去工作或者乘地铁去见朋友或者乘有轨电车去取干洗的衣服，在某种程度上，她总是通过一个隐喻，在做一件有转化作用的事情。我喜欢希腊。这里所有的事物都在两个层面上存在，往往还会有更多层面。即使乘坐地铁都有这种自我更新的承诺。

雅典地铁不仅运行顺畅，而且每次搭乘都会伴有历史课。建设地铁时，工人们挖出了这座城市辉煌时期的古代器物。考古学家运走了其中的一些（称其为“救援考古学”），但是剩下的那些就合并在这些车站里了。所以，现在当地人称他们的地铁是“有火车穿过的博物馆”。

我来到了希腊，这片充满隐喻的土地，走在苏格拉底走过的地方，呼吸着他曾经呼吸的空气。我来这里是要提醒自己，苏格拉底不是一个理念，而是一个有血有肉的人。苏格拉底会惊讶，但他不是在任何地方都会惊讶。他只在这里惊讶，在雅典，这个他最爱的城市。

我在安哥拉站[1]下车了，打算在这走走。安哥拉，或者集市，是苏格拉底最喜欢来的地方。这里曾经非常拥挤，散发着各种味道，挤满了沿街叫卖的小商贩、小偷、还有其他各种各样的人。苏格拉底喜欢这里。安哥拉就是他的教室，他的剧场。

考古学家们在相当晚期时才开始挖掘这里，1931年之后，距离那些大规模的挖掘，包括在庞培和奥林匹亚的挖掘，已经有几十年了。但是，他们也在弥补丢失的这段时间，就像成千上万个已经恢复的古器物证明的那样：陶器碎片，铭文，雕塑，硬币以及其他的一些古代珍藏品。

今天，这个占地八万多平方米的地方，几乎是一片废墟，但是古代市场留下了足够多的东西，再加上一点想象，就可以看到当时的景象：小商贩在售卖他们的货物，从香料到水钟，各式各样；等着被审判的被告人；像所有的年轻人一样，在这里闲逛的年轻人。那

[1] 英文表达是Agora Station，Agora是古雅典留下的遗址之一，是古代集市的所在地。

个来者不拒的人就是苏格拉底。光着脚，那对螃蟹似的眼睛转得飞快，他正在搜寻哲学伙伴。苏格拉底实践的是零售哲学。他不会等着别人来找他，而是主动去找别人。

苏格拉底说过这样一句著名的话，“未经审视的生活是不值得过的”。我第一次听到时，还是一个闷闷不乐的少年，那时我叹了口气。生活已经很艰难了，连生活都要审视吗？经过审视的生活，我不喜欢这个词。对于初学者而言，它包含了“exam”（考试）这个词根[1]，这个词激起了有关2B铅笔和医生冰冷的手等潜在的记忆。这听起来要做的事情太多了。我们可以用更好的语词来表达苏格拉底的话。所以，带着对苏格拉底的尊重，我提出两个基于苏格拉底“经过审视的生活”得出的推论。

推论一：经过审视的生活如果不能产生实际效果，那也是不值得过的。凝视肚脐有它的乐趣，但是看到一个更好的肚脐时会更加令人满意。希腊人有这样一个说法，Eudaimonia，通常被翻译为“幸福”，但是这个说法有更宽广的含义：一种生机勃勃的，有意义的生活。就像当代哲学家罗伯特·所罗门（Robert Solomon）建议的那样，设想这样的两个人：一个人可以用详尽的理论来阐释慷慨，另一个人不能。但是后者“不需要思考，他身上自然而然就能够流溢出慷慨，就像喷泉能够流水一样”。显然，第二个人过的是值得效仿的有意义的生活。

推论二：未经审视的生活也许不值得过，但是过度审视的生活也不值得过。“当你问自己你是否幸福时，你就不再幸福了。”英国哲

---

[1] 未经审视的生活是不值得过的，其英文表达为“The unexamined life is not worth living”，经过审视的生活就是“examined life”，该表达含有词根exam。

学家约翰·斯图尔特·密尔（John Stuart Mill）这样说，并称其为“快乐悖论”（也被称为“快乐主义悖论”）。我们越想抓住幸福，它越容易从我们指尖溜走。幸福从来都不是客观存在的东西，只是一种副产品，是美好生活的意外收获。

所以，关于所有这些未经审视的生活之类的话，苏格拉底错了吗？还是说我忽视了什么东西？

我的直觉是快点回答这些问题，所以我能把它们移出待办事项列表然后开始做下一件事。我抑制住了这股冲动。而是让这些问题在希腊柔和的空气中多停留一会儿，虽然还没有回答这些问题，但是它们已经得到了审视。然后我通过一个隐喻回旅馆了。

苏格拉底是一个失败者。我知道这听起来很刺耳，但这是事实。很多对话都是以僵局结尾，而不是带来像宙斯的雷电那样震耳欲聋的突破感。哲学带来的问题比它解决的问题要多得多。这是哲学的本质。

苏格拉底没有发表什么作品，他走向了毁灭，被他的雅典同胞处死了。再说一下，他被控告的罪行是亵渎神灵和腐坏青年。但是，事实上，他是因为问了太多不恰当的问题才被处死的。他是哲学界的第一个殉道者。

审判结束后，命运已定，苏格拉底召集了他的几个追随者。除了苏格拉底，这些人都很伤心；苏格拉底直到最后一刻都保持着乐观的心态，而且还有一点让人琢磨不透的感觉。“现在是时候离开了。我去死，你们继续生活。但是除了上帝，谁都不知道我们谁会变得更好。”苏格拉底如是说道。

苏格拉底的遗言说得很好，很多苏格拉底传记也是这样结尾的。只有一个问题。这些话不是苏格拉底最后说的话。在一篇名为《斐多篇》的文章里，柏拉图叙述了苏格拉底生前最后几分钟发生的事情。

“克里托（Crito），”苏格拉底对他的朋友说，“我们还欠阿斯克勒庇俄斯（Asclepius）一只公鸡呢，一定不要忘了还给他。”

“我会还给他的，”克里托回答，“但是你没有其他要说的吗？”

苏格拉底没有回答，他已经去世了。

要怎么理解苏格拉底这样平淡的退场呢？数个世纪以来，学者们都在思考这个问题。有些人对苏格拉底临终遗言的阐释比较悲观。那个时候，公鸡是献给治愈之神阿斯克勒庇俄斯的，所以苏格拉底想说的是，生命就像疾病一样，一定要被治愈才行。又或许这是苏格拉底召唤人们回归大地的方式，即使他自己已经升向了天堂。也许他在提醒我们，当我们困扰于生活中的大问题时，不要忘了这些琐碎的事情。不要忽略了你作为一个市民和朋友应尽的责任。做一个有尊严的人。如果你欠别人一只公鸡，就还给他一只公鸡。

还有一种更加简单、不那么复杂的可能：苏格拉底喝下的毒药生效了，他的头脑已经变得混乱起来，所以他只是在喃喃地胡言乱语。没有人能确定苏格拉底是什么意思，也许以后也不会有人能确定。

我能够确定的是：这样的遗言非常符合这位“问题之王”的作风。他在一团疑云中离开了，留下我们冥思苦想，疑惑不解。苏格拉底即使要离开了，也忍不住在我们的头脑里种下一个谜团，让我们又多了一个需要经历的问题。

3
如何像卢梭一样漫步

14:42，从巴塞尔驶往纳沙泰尔的瑞士联邦铁路第59号列车上。

我向窗外瞥了一眼，看到了慢慢展现在眼前的瑞士乡村，至少我认为这个速度是缓慢的。速度是相对而言的。火车旅行透过怀旧的玫瑰色薄雾，代表着一种返回，返回到那种更简单的模仿时代。我选择乘坐火车，是为了改变一下生活的节奏，提醒自己不要忘了游荡的感觉。

火车旅行并不总是给人带来这样的感觉。在19世纪，当人们第一次乘坐火车时，他们感受到的是近乎恐怖的不安。“我感觉自己像一颗子弹。”一位早期乘坐火车的人这样说道。“像一个人肉颗粒一样。”另一个人说。这种速度——当时人们在陆地上旅行时最快的速度——将神圣的乡村变成了一片荒唐的模糊之景。在一封写于1837年8月22日的信里，维克多·雨果描述了他透过火车车窗看到的景象：“路边的花朵已经不再是花的样子，它们变成了斑点，甚至是白色或红色的各种横条……所有东西都变成了一个横条；粮田是令人震惊的黄色秀发，苜蓿田则是绿色的披肩长发……时不时就可以看到一个影子，一个形状，或者一个幽灵一样的东西闪电般在窗外出现和消失。”雨果乘坐的火车以大约每小时24千米的速度行驶。所以，速度真的是相对而言的。

很多声音都公开反对这种新奇的交通方式，其中之一就是艺术批评家约翰·罗斯金（John Ruskin）。他当时说的名言现在看来仍然很真实，“所有的旅行都将随着速度的加快变得越来越乏味”。

瑞士火车在美景中滑行（瑞士的火车真的是在滑行），周围静悄悄的。我不禁想到，罗斯金会怎么评价乘坐飞机的旅行呢？我相信他不会说什么好话的。

交通工具一直追随着它自身的进化曲线。存活下来的最快的交通工具向前行驶时，也抹除了它的前身。我们走得太快了，以至于都不能停下来问问自己是怎么到这儿的。我们被困在一节节的铝管里，在空间中穿梭得那么快，以至于连模糊的景象都看不到了，所有景物都被直接消除了。当然，像我们的脑容量不断变大、拇指不断变灵活一样，这种加速也不是突然发生的，它有一个过程。在飞机出现之前是火车，火车之前是长途公交，长途公交之前是马车。但是我们还要追溯得更远，我们要到最先开始的地方去。

最开始时，我们用脚走路。

让-雅克-卢梭有很多身份：哲学家，小说家，作曲家，散文家，植物学家，自学成才者，逃亡者，政治理论家，性受虐狂。最重要的是，他是一个喜欢步行的人。他经常步行，而且是独自一人。确实，和好友一同漫步也是一种乐趣，像步行俱乐部那样。但是从本质上来讲，散步是一种私人行为。我们自己散步，为了自己而散步。自由是散步的精髓。散步时，我们可以按自己的想法，自由地决定什么时候出发，什么时候回来，随意地漫步。正如路易斯·史蒂文森

（Louis Stevenson）所言，“可以跟随心中的怪胎，随意走这条路或那条路”。

卢梭就这样追随着心里的怪胎。它带他穿越了欧洲，从威尼斯到巴黎，从都灵到里昂，还带他去了其他地方。卢梭属于第一批真正的无根之人，也就是我们现在称为城市游牧者的那些人。对他们来说，哪里都可以是家，但又都不是唯一的那个家。

在人类历史中，多数时候步行都不是一个可有可无的选择。如果你想去某个地方，你只能走着去。今天，步行变成了一种选择。卢梭生活的年代，并没有像我们一样有这么多种交通方式可以选——那时还没发明火车——但是他也可以选择其他的方式。当时，整个欧洲都分布着纵横交错的马车运输网。但是卢梭很厌恶这种交通方式，所以他会尽可能选择步行。他说：“在路上独自行走时……我从未像现在一样想的这么多，这么有存在感，这么有生命力，这么像我自己。”走路救了卢梭的同时也害了卢梭。

卢梭在日内瓦长大。他的父亲是一个脾气暴躁的钟表匠，名字叫艾萨克。在他出生后不久，他的母亲就去世了，这也成为一直困扰着他的创伤。幼年时，卢梭经常和朋友一起探索他们周边的乡村。卢梭在《忏悔录》中写道：“我去的地方总是最远的，而且都不会想着回来，除非他们替我想着回来的事。”

1728年春天，一个愉快的下午，卢梭开启了一次改变他命运的徒步之旅。当时他16岁，在一个雕刻师那里做学徒。他鄙视这份工作，因为他感觉这份工作“无穷无尽，和所有事情都没有关系，包括他自己”。一种典型的16岁少年的想法。他冒险走出了这座城市。那时天色渐晚，他知道，他必须在晚上城门关闭之前回去。他曾经因为错过两次宵禁的时间被雇主打了一顿。如果再错过一次，他很害怕会发生更糟糕的事情。

他疯狂地往回跑，但还是无济于事。他回去得太晚了。那天晚上他在城墙外睡了一夜，然后就发誓再也不回日内瓦了。那天之后，他开始了游牧式的生活，不断地旅行，而且几乎都是步行。

卢梭在很多个城市生活过，但他却不是一个城里人。巴黎，一个我们多数人都会把它和美丽、浪漫联系起来的城市。卢梭这样描述他第一次看到的巴黎："我没看到别的，只看到又脏又臭的小路，又黑又丑的马匹，到处弥漫着悲惨和贫穷的气息，还有随处可见的乞丐，马车夫，修补衣服的人，售卖烈酒和旧帽子的人。"然后就是居住在巴黎的那些人，"疲惫"而且总是说着那些"愚蠢的俏皮话"。卢梭确实不是城里人。

他也不是大众化的人。卢梭是我们现在认为难搞的那种人。作家里奥·达姆罗施在他那本出色的卢梭传中这样评价卢梭，"一个难以相处的朋友，一个令人失望的情人，一个不会好好工作的员工"。

步行能使卢梭逃离他人的目光。他很害羞，高度近视，像马可·奥勒留一样患有失眠症，同时一生都被泌尿问题折磨（最终被确诊为前列腺肿大），他需要频繁地上厕所。所以他尽可能避免参加社交活动。他一生都想象着被别人盯着的样子。他有一种奇怪的冲动，也可能是情不自禁的做法，即他非常喜欢别人打他的屁股。这与他童年生活有关，他享受被打屁股的感觉，就像他上学时因犯错而受到的惩罚那样。"在被打的痛苦中，甚至在被打的耻辱中，我发现一种混杂的快感，这种感觉让我想要更多。"他在回忆录中写道。这也是他在《忏悔录》中袒露的第一个隐私，是他的受虐倾向。

显然，步行很适合卢梭的哲学观。他提倡回到自然，还有什么比走路更自然呢？对于我们大多数人而言，那就是自然。

我不是卢梭，不是自然的孩子——或者远房表亲。我不会去露营，更不会去弄豪华露营。我没有在车的保险杠上贴着“我宁愿去钓鱼”的标语，也不会做这些事情：百变怪狩猎，露营（上面提到的），洞穴探查，独木舟滑行，潜水，攀岩，以及鸟类观察。我没有远足的靴子，没有睡袋，也没有一颗攀登用的鞋底钉。我确实有几个双肩背包，就算它们带着像“城市版本”和“城市叛徒”这样的名字，它们也只是一些时尚的模型。

“自然母亲”像老马一样。它不断地提醒我那些我最不能胜任的事情。我不知道怎么搭帐篷或者拆帐篷，或者做任何与帐篷有关的事情。我不知道怎么用星星或者太阳或者任何天体来确定方向为自己导航。我无能为力的事情甚至超出了自然界。我不知道怎么更换车上的空气过滤器，或者如何和我正处于青春期的女儿沟通，或者减缓父母在慢慢变老时的焦虑，或者如何做下犬式动作，又或者带着我的想法安静地坐一会儿而不让大脑在五秒钟之内爆炸。

我以为我知道怎么走路。但是读了卢梭之后，我现在甚至开始质疑自己是否具有走路这一基本技能。是的，我能将一只脚放到另一只脚前面，必要地重复这一动作，但那仅仅只是一种双足运动，并不是走路。五角大楼最近发明了一种先进的雷达，这个雷达可以识别比例高达95%的不同个体的走路方式，走路就像一个人的指纹或者签名一样独特。每个人都有自己走路的风格。

我有好几种走路的风格。它们像我的情绪一样多变。我有时会全力以赴地向前走，像“黑色星期五”的购物者一样疯狂；有时又会像吞食了一顿无限量供应的印度自助餐的大象一样，拖着变形的身体笨重前行。如果你发现自己在跟着我走的话，不要跟着我。我不是一个容易追随的人。

我在纳沙泰尔醒来。这是一个卢梭不关心的城市。我乘火车到了一个叫莫蒂斯的小镇，这是一个卢梭更加不关心的地方。卢梭回忆道："这是一个人能够居住的最肮脏最恶毒的地方。"显然，这种感觉是相互的。

在这座卢梭鄙视的小镇上，有一间他鄙视的房子，现在那个房子变成了一个小博物馆。这个变化证明，没有什么是大量的时间和一点屏幕修复不了的东西。一块饰板记录着卢梭曾经在这里居住过的日期：从1762年7月10日，到1765年9月8日。事实是这样的，但是并不完整。它没有抓到卢梭和莫蒂斯居民之间那种混杂着毒气的仇恨情绪，这种情绪充斥在卢梭的作品中。

在这个小博物馆里，我发现了激起那种情绪的两本书：早期版本的《爱弥儿》和《社会契约论》。我还发现了卢梭的一幅画像，他穿着一件长袖衣服，以及当时流行于中东地带的飘逸的束腰外衣。这些衣服穿起来很舒服，但是看着很奇怪。城镇的居民厌烦这种衣服，就像他们当时会嘲笑卢梭走路一样。有一天，这些不断酝酿的愤怒沸腾了。在镇长的怂恿下，居民拿起石头砸向卢梭的房子。卢梭，这个经常误解社交信号的人，这次准确理解了人们的想法。他逃出莫蒂斯，永远没再回来。我也是这样。

那天晚上，回到纳沙泰尔，我住进了一家可丽饼店。为了和早期浪漫主义相搭配，我还点了一杯夏敦埃酒，然后从背包里拿出了卢梭的回忆录。我一头扎了进去。因为你要么一头扎进去，要么压根儿不要接触，不可能一点点地沉浸到卢梭的思想里。

吸引我并让我难以离开的是卢梭的语言。他的语言不是典型的哲学式的官话，而是清晰易懂、平易近人的叙述。很好，我这样想着喝了口夏敦埃酒，果然很搭。

很快，我意识到，这种清晰里还携带着其他的东西。卢梭是——我怎么礼貌地表达才好呢？——戏剧皇后。每个字都饱含深情。我发誓，每页纸都有一种潮湿感，因为卢梭会哭泣，频繁且长久地哭泣。他也极易陷入阵阵狂喜，因容易着迷而著称。他永远都将自己放逐到“最甜蜜的忧郁”或者“我命中注定的归宿”中，又或者是我最喜欢的，“慵懒且孤独的生活”中。卢梭偏爱的器官，心脏，永远都很忙碌。它或者随着“不耐烦”而跳动，或者随着“高兴”而跳动，又或者，不止一次地随着“粗暴”而跳动。

一般而言，我会厌烦这种描写心脏的文章，但是卢梭的描写是个例外。这些过度兴奋的文字是不需要技巧的，卢梭没有作假。

归纳卢梭的哲学：好的自然，坏的社会。他相信“人性本善”。在《论人类不平等的起源和基础》中，他描绘了一幅自然状态中的人类图景，“漫步在丛林中，没有工业，没有演讲，没有住宅，没有需求和联系人，不需要同伴，类似地，也不想伤害他人”。没有人生来就心胸狭隘，斤斤计较，心怀怨恨，偏执狂妄。是社会把人变成这样的。卢梭的“野蛮人”活着的每个瞬间都不曾为过去而悔恨或者为未来而担忧。

卢梭相信，很多我们认为是人类本性的东西，其实是社会习惯。

我们以为对烟熏布里干酪和照片墙的喜爱是自然而然的行为，但这其实是一种文化。毕竟，在20世纪70年代，人们认为像跑道一样宽的粗毛地毯和领带是“自然的”。直到现在我们才真的认识到这些东西令人厌恶的地方。甚至那些像风景一样“自然”的东西也是文化影响的结果。在欧洲历史中，人们在很长一段时间里都认为山峰是野蛮的；没有任何圣人会自愿到山上去旅行。直到18世纪，山峰才成为人们仰慕的对象。卢梭说，好消息是，在我们认识到这些社会习俗是什么的情况下，我们可以改变这些习俗：社会手段就像老旧的喇叭形牛仔裤一样，很容易就会被抛弃。

卢梭的“野蛮人”经常会经历一种爱自己的感觉，卢梭称之为“自爱”。这种健康的情绪不同于更自我的那种被他称为“自负”的情绪。前者来自人类本性，后者来自社会。“自爱”是你在洗澡时唱歌的快感，“自负”则是你在无线电城音乐厅里唱歌的快感。你在洗澡时唱的歌可能不好听，但那是独属于你自己的快乐，与他人的意见无关。因此，卢梭认为，这种快感更加真实。

这样，你就能明白为什么卢梭会选择步行了。走路摆脱了所有文明的羁绊：没有被驯养的动物，没有马车，没有规定的路线。行走者是自由的，不受任何妨碍。这是纯粹的“自爱”。

有时，一段步行可以改变所有事情。在1749年夏天的一个午后，卢梭经历了这样的转变。他像往常一样走在从巴黎到万森纳的路上，这是一段长达六英里的远足。卢梭要去拜访他的哲学伙伴和朋友丹尼斯·狄德罗（Denis Diderot）。因为有人认为丹尼斯写的东西亵渎上

帝，所以他被关进了监狱。那天特别热，路上也满是灰尘。卢梭停下来休息了一会儿，坐在树荫下，随意翻阅着一期《文雅信使》。他突然发现了一项由第戎科学院颁发的奖励，奖励了在讨论“科学与艺术的恢复是否有助于净化道德”这个问题方面最优秀的一篇文章。

卢梭感到一阵眩晕，茫然无措，“像个醉鬼一样”。他回忆道，那一瞬间，“我看到一个不一样的世界，也变成了一个完全不同的人”。他的文章获得了一等奖，从此，他的事业进入一个崭新的轨道。

如果卢梭坐在书房里的时候，或者乘坐马车时发现这件事，会有这样的真情流露吗？也许会有，但是步行着实为他的想象做好了积淀。意识以每小时3公里的速度不断扩张，这是适度行走的速度。不被办公室的琐事烦扰，远离过高的期望，意识可以自由地漫步。当意识得以这样漫游时，就会发生意料之外美好的事情。虽然不总是这样，但是这比你认为的频率要高。步行恰到好处地平衡了刺激与平静，努力和懒惰。

步行时，我们同时经历着做事和闲散。在某种程度上，我们的头脑是进行着某些活动的：我们注意着前方的地形地势，同时观察着周围的情况。但是这些活动并没有占用我们多少精力，所以我们还有足够的精力来漫步，以及经历随之而来的阵阵狂喜。

难怪这么多哲学家喜欢步行。对苏格拉底来说，在市场上闲逛无疑是最好不过的事情了。尼采也会经常在瑞士的阿尔卑斯山上进行长达两个小时的远足，这也是他精神最为活跃的时间，因为他坚信，“所有伟大的想法都诞生在走路的时候”。托马斯·霍布斯（Thomas Hobbes）有一个定制的步行手杖，这个手杖上带有一个便携的墨水池，这样他就可以在漫步的时候随时记录自己的想法。梭罗会定期在康科德的乡村里艰苦跋涉四个小时，在他的大口袋里装满坚果、种子、花朵、印度式的箭头和其他一些珍宝。伊曼努尔·康德很自然地保持着一个严格的步行日程。每天，他在12点45分吃完午饭后，会到普鲁士（现在是俄罗斯）柯尼斯堡的林荫大道上进行保健散步运动，不多不少，恰好一个小时。他的运动如此规律，以至于柯尼斯堡的居民会按照康德穿过的时间来调校钟表。

他们都是卓越的步行家。但是和卢梭相比，他们还不够好。卢梭会定期在某一天进行30万里的远足。他曾经步行走完了从日内瓦到巴黎的480公里路程，整整走了两周的时间。

对卢梭来说，漫步就像呼吸一样。“我几乎不能在一动不动的时候思考；一定要让身体动起来，头脑才能跟着活跃起来。”他会在漫步的时候把自己或大或小的想法记在随身带的扑克牌上。卢梭不是第一个漫步的哲学家，但他却是第一个在漫步中如此广泛地进行哲学思考的人。

哲学家的漫步证明这个学科最伟大的神话之一其实是个谎言：哲学是完全无关身体的思想追求。从阿基米德洗澡时的尤里卡时刻到笛卡尔娴熟的击剑术，再到萨特的性出轨，哲学中穿过一股快速的物质潮流。所有哲学和哲学家都是有实体的。“你身体的智慧远多于哲学中的智慧。”尼采如是说。

考虑愤怒一类的情感。当你怒不可遏时，“愤怒”在什么地方呢？确实在你的头脑里，但同时也在你的身体里。正如法国哲学家莫里斯·梅洛·庞蒂（Maurice Merleau-Ponty）解释的那样：“我无法想象，如果将我的反对者和他的动作、话语以及身体区分开，他脸上的恶意和残忍是什么样子。因为这些情绪不是发生在另一个世界，不是发生在某个高高在上的神殿里，而是发生在这个愤怒之人的身体里。”类似地，当我们进行哲学活动时，这不仅关涉到我们的头脑，还包括我们的身体。

回到可丽饼店，我又一头扎了进去。同样的酒，不同的卢梭：他最后未完成的作品，《一个孤独漫步者的遐想》。这是一本奇怪但是令人爱不释手的书。就像瑞贝卡·索尔尼特（Rebecca Solnit）在她的步行史中描述的那样，“这是一本既关于步行又和步行无关的书”。所以我们又一次看到，步行本身是步行，但又不是步行。

《一个孤独漫步者的遐想》是卢梭众多作品中我最喜欢的一本。它的脉动中包含着一种道德清晰性和卢梭不断发酵的智慧。卢梭被驱逐过，被扔过石头，被戏谑过，已经没有什么能打扰到他了。这不是一个倒行逆施的卢梭，不是忏悔的卢梭，也不是要改革的卢梭。这只是平和的卢梭。

这本书包含了一系列漫步或遐想，总共十次。每一次，卢梭都会从一次外出开始，但这只是工具，最终是为了达到此书真正的目的：回忆。我们怎么才能找回生活中那些甜蜜的瞬间？再次回忆起这些瞬间时，它们依旧那么甜蜜还是会更加甜蜜呢？

在第五次漫步中，卢梭回忆起他在一个名为圣皮埃尔的小岛上生活的日子。那是他为了躲避莫蒂斯的投石者而居住的地方。那里是他的天堂。“我生命中最幸福的时光。”他如此回忆道。

我读着这些话，惊讶得差点吐出到口的夏敦埃酒。卢梭是一个熟知自己精神状态的人，他不会轻易认为一段时间的特殊感受是幸福的。我想亲自去看看这个小岛。

我走向火车站，然后登上了当地一列驶向卢梭的幸福小岛的快车。列车很自然地按时发车。瑞士的列车着实对得起特别准时的名声，但是这个乡村冷冰冰的效率感与他作为最伟大的哲学家那种凌乱、情绪化的生活格格不入。

行程很短，只有几站路，但我还是决定品读《一个孤独漫步者的遐想》，“世界上所有的事物都在不断地流变”，卢梭写到，和希腊哲学家赫拉克利特的名言相呼应：“万物皆流”。我们不可能两次踏进同一条河流，我们自身也发生了改变。

火车沿着轨道流畅地滑行。如果不是周围变换的景色，我肯定认为自己压根儿没动。卢梭告诉我们，运动至关重要。但这项运动必须是一个特殊的种类。“如果这个运动没有规律或者太粗暴的话，会把我们从美梦中惊醒的。”

卢梭提到的粗暴运动让我想起了乘坐火车穿越美国的旅行，也就是在患有失眠症的哲学家——皇帝，马可·奥勒留的陪伴下度过的旅程。当时在北达科他州的一个地方，我已经厌倦了千篇一律的景色，我决定做点什么，任何事情。

在僵硬的美铁上，就连日常活动都困难重重，比如说刮胡子（我尝试了一次，以流血收场）。走路也不容易。我在上面走路时摇摇摆摆地，宛如一个漂在海上的醉鬼。从进化的角度可以解释一下这种现象。“走”的词源学考察反映了这样的事实：我们人类来自大海。在11世纪时，“走”的意思是像大海一样“翻滚，颠簸”。直到13世纪，“走”才爬上陆地，擦干水迹，获得了它现在的意思。词语会进化。

但我没有进化。当我尝试走路时，我直接转回到了11世纪。我在走廊里翻滚和颠簸，我碰到了旁边的行李，身体倒在了陌生人身上。

看着无能为力的我，一位老年女性说，“你必须随火车一起跳舞才行”。

她说对了。一直以来我都在和火车作斗争。我需要和它共舞，让火车引导我。这花了我一些时间，但是我掌握了技巧。我学到的秘诀就是，要放松自己。火车左右摇晃，我也跟着它一起摇晃，不要抵抗它。最终，我终于到了想去的地方——休息的车厢，兴奋得就像登顶乔戈里峰一样。

大约600万年以前，早期的人类脱离指关节站了起来，并且用双足行走。这个新的，直立的姿势有很多出乎意料的好处。它解放了双手，让双手可以制造工具，指明方向，抚摸，打手势，拿东西，翻转鸟类，挖鼻孔，咬指甲。步行不仅关乎行走，还与其他的东西相关，一直以来就是这样。

走路也许是本性使然，但这不代表很简单就能做到。约瑟夫·阿马托（Joseph Amato）在一本百科全书式的行走史，《论步行》中描述了迈一步涉及的生理机能。“这要求一个人把3/4的时间放到一只脚或者另一只脚上。当他把僵硬的腿一只接着另一只砸到地上时，他所有的重量都用来保持下降脚跟的平衡。只有当他转动臀部，重新调整要下降的脚和腿时，这些力量才会传到大拇指上。”当然，所有这些都是自动发生的。想太多生物力学的事情，你就会头晕脑胀，我读完上面这篇文章就差不多要晕过去了。

我们用两只脚来行走，但是我们的骨架本来是用四只脚行走的。古代解剖学与现代使用方法之间的断裂使足病医生异常忙碌。扁平的脚，肿胀的脚，水疱，拇囊炎，以及槌状趾，这些足病只是我们为了实现站立行走而付出的代价，而且只是其中的一部分。卢梭一生长时间遭受鸡眼的困扰。他大胆地用脚跟走路。

卢梭是一个忠诚的漫步者，但不是一个英勇的漫步者。由于鸡眼的困扰，他走得很慢，而且连“一个普通的沟渠都没有跳过”。他并没有背着沉重的帆布包或者其他的装备，没有击退小偷或者野狗，也没有救过那些抑郁的人、少女或其他人。他只是漫步，不带有任何判断或期望。当我们也这样行走时，就会有这种接近圣人的体验。

火车停在了一个小站点，我再乘坐一段短途巴士就能到圣皮埃尔了。这是一个充满惊喜的小岛。对于初来乍到者，这不再是一个小岛。从卢梭生活的时代起，这里已经建了一座与陆地相连的小桥，将这个小岛和大陆连在一起。万物皆流。

我迈上已经不再是小岛的小岛，看看为什么卢梭如此喜欢这个地方。这里有一种毫不招摇的田园之气，豪华但不奢侈，翠绿但不过于绿。几乎从每个有利位置，都可以看到比尔湖的风景。这是自然给予的最美的风景，诗人菲利普·拉金（Philip Larkin）称之为“严肃的土地”。

我可以想象卢梭在这里漫步的场景，在他喜爱的狗，苏丹的陪伴下，长久而毫无目的地漫步，也有可能在收集植物样本。我发现了横穿圣皮埃尔的一条路，我开始走这条路。一只脚迈到另一只脚前面，我和自己说，像我有生以来一直在做的一样，只会更好。我把“更好”翻译成了“更快”。所以不一会儿，我就以滑稽的回形针式的样子前进了。我迫使自己慢下来，为什么我不能找到一个合适的速度呢？我这是怎么了呢？

让我惊讶的是，这次回答我的是哲学家——马可·奥勒留。面对真实或假想的厄运时，不要自怨自艾，或者束手无策，简单地重新开始就可以了。这样看来，生活不再像歪曲的叙事，或者搞砸了的大结局。那都不是真的，因为没有结局，只有无限的开始之链。

所以我重新开始。一只脚迈到另一只脚前面。很好。再来一遍。

我在这条路上走着，偶尔停下来看看湖泊，或者纤细的云彩。最后终于来到了卢梭住过的小屋。这个小屋很简单，包括带着罩盖的床，斯巴达式的休息区，在一个角落里还有一个木质的活板门，当他的粉丝或者敌人跟到这儿来时，卢梭就通过这个活板门离开。

他的干燥标本集也在这里：风干压扁的植物，纤长易碎的茎秆，都冻结在时间里了。一块小小的牌匾提醒着人们卢梭的“矛盾性格”，如果卢梭真有这样的性格，那这只能算是一个保守的描述。

有些东西明显缺席了：书。卢梭逃离莫蒂斯时太匆忙了，以至于都没有时间带走他的那些书。在《一个孤独漫步者的遐想》中，卢梭称这种缺少阅读材料的情景是“他最大的乐趣之一”。对于这个一生都在读书和写作的人来说，这种现象似乎非常独特。在另一处，卢梭描写了他的一次漫步。那次，他走到了一个隐秘的地方，毗邻湖泊，听着起起伏伏的水流声，“拍打着我的耳朵和眼睛……不被思想困扰，这足以让我愉快地意识到自己的存在”。所以，他先停止了阅读；现在他也不再思考了。

和苏格拉底一样，卢梭也属于叛逆哲学家。他没有耐心进行“空洞的诡辩”或者“在形而上学的细节里吹毛求疵”。他不是过度思考的思想家。卢梭知道，他最喜爱的器官，心脏，拥有它自身的智慧。我们要靠放松的双腿和摇摆的臂膀才能通达心的智慧，而不是皱着眉头，双唇紧闭地冥思苦想。

人们在他人面前会炫耀和吹嘘，但是独自一人时很少这样做。因为那是社交时做的事情。漫步，最慢的旅行形式，却是一条最快的路，我们通过这条路可以走向更加真实的自我。我们回不到那些早已逝去的天堂，那些天堂可能都未曾存在过。但是我们能够行走。我们可以走着去工作，可以走着陪女儿去上学。我们可以在一个清冽且伴着微风的深秋午后，不特意去什么地方，只是一个人漫步。

我们为了忘记而漫步。漫步时，我们忘记了脾气暴躁的老板，忘记了和配偶的争吵，忘记了那厚厚的待付款的账单，忘记了斯巴鲁汽车上提醒你轮胎压力过低或者车子着火的警告灯。我们为了忘记而漫步，即使只是暂时地，忘记那个“我们不堪重负”的世界，像另一个杰出的漫步者，威廉·华兹华斯（William Wordsworth）说的那样。

我们也是为了忘记自己而漫步。我知道我是这样的。身上多余的6公斤肉，经常让我困扰的鼻毛，还有那多年的斑点，不知道什么原因，它们突然蔓延到我光秃秃的头顶上，像墨水斑点一样散开。漫步时，我会忘记所有这些事情。

我记起曾经在电视上看过的夏季奥运会，我对其中的竞走项目很感兴趣。年轻的运动员们认真地通过走路来争夺金牌。他们看起来很荒谬。走路不是一项运动。“竞走”这个词和“竞相沉思”一样荒谬。在我们这个充满配件的时代，行走是为数不多的我们能够进行的朴素运动了。正如作家瑞贝卡·索尼特（Rebecca Solnit）所说，行走是“旷古以来在本质上没有被改良”的运动。

漫步是民主的。除了残疾人之外，任何人都能漫步。富有的漫步者并不比贫穷的漫步者更有优势。卢梭，虽然有不菲的文学成就，但是一直认为自己是“工人的儿子”，就是我们现在所说的蓝领。那样的人不会乘坐华丽的马车，只会选择走路。

他们像我现在一样步行：聚精会神地，一次迈一步，为强健且富有弹性的严肃大地增添了一些佐料。

在1776年10月下旬，卢梭走在一条狭窄的巴黎街道上，他已经漫步了很久，正要回家。这时，根据传记作家里奥·达姆罗施（Leo Damrosch）的转述，“一辆贵族马车朝他飞驰而来，马车侧面是一只同样快速的大丹犬。卢梭没来得及躲避，这只狗把他撞翻在地上，他重重地摔倒在鹅卵石街道上，流了很多血，失去了意识”。卢梭可能是被撞成了脑震荡，损害了神经，他此后未曾完全康复过来。不到两年，清晨漫步回来之后，让-雅克·卢梭倒下了，离开了人世。

据说，他走的时候很幸福。在走向生命终点时，他的漫步变得更温柔、更乐观。虽然还有一些自怜的痕迹（“所以我独自一人在大地上”）和妄想狂的表现（“我头顶的天花板是有眼睛的，周围的墙也有耳朵”），但是卢梭已经不需要这些东西了。他不再为了逃离什么而漫步，也不再为了找到或者创造一个哲学角度而漫步。他只是在漫步。

卢梭的遗产是繁多的，包括标志性的卡片，好莱坞催人泪下的电影，心形的表情符号，以及无所不说的回忆录。如果你曾经说过，“我需要好好地哭一场”，你可以感谢卢梭。如果你曾经说过，“开动你的想象力”，你就是一个卢梭主义者。如果在热火朝天地辩论时，你却说了这样的话，“我不管这是否有意义，我就是这么感觉的”，卢梭就是你要找的人。如果你的妻子或丈夫曾经在潮湿寒冷的天气里拉着你进行10英里的长途跋涉，你自然还是要感谢卢梭。因为他，我们才能进行不同的思考和感受，才能对自己的感受有不同的看法。

如果笛卡尔是现代哲学家的头脑，那么卢梭就是现代哲学家的心脏。他提高了情感的地位，进而使人们接受情感。虽然情感还不能和理性有同样重要的地位，但是已经很接近了。做到这样已经很不容易了。卢梭生活的时代是“理性时代”，想象式思维是被质疑的。两个世纪之后，像阿尔伯特·爱因斯坦一样的理性主义者才宣称，“想象重于知识”。

卢梭的自然主义从来都不是一剂处方，而是一个思想实验。他提出，如果我们剥掉社会中广泛使用的层层技巧，浓妆艳抹般的技巧，然后揭露真实的自己会怎样？我们会发现，在一本正经的保险经理人的心里潜伏着一个煽动家，在每个办公室职员心里都住着一个登山家，他们都渴望自由。

我走出卢梭的旧居，走出这个不再是岛屿的岛屿上的小屋，遮挡住迎面而来的阳光。我有一些选择：快点去坐返回城里的水上的士，或者走回去。我决定走回去。

我单独行走，带着意识行走。我任由意识漫游着，但不会太远。

我越来越擅长这个了。不，这样说太骄傲了。不要再说了。和大地相连。这就对了。

我发现一种节奏。我感觉着周围的事物——唱歌的鸟儿，脚下碎石发出的心满意足的嘎吱声。我继续走，走得更多。我的腿开始疼了，脚也酸了。但是，我仍然继续走。会痛，但感觉很好。

现在我已经有很大进步了。我想，自己走了多少步呢？我停下来，条件反射般地扭了扭手腕，想看一下计步器。然后我深吸了一口气，像可以透口气的潜水员一样贪婪。

在这条路的一些地方，我感到有一种微妙但是决定性作用的转变发生在我的……我的哪里呢？我的意识吗？不，是我的心灵。我曾经想依赖他人来生活——“得到”卢梭，在哲学探讨中取得进步——现在这种想法消失了。我在行走，但并不觉得是我在做行走这个动作。我只是动词，没有主体。

犹太神学家亚伯拉罕·赫舍尔（Abraham Heschel）将安息日描述为一个“时间的避难所”。行走就是一个运动中的避难所。我们在每一步中都能感受到平静，而且这种平静还会传播。便于携带的宁静。

疼痛消失了。每走一步，我的负担就会减轻一点，我会变得更轻盈，好像有人给我的鞋子充了气一样。我感受到了大地的严肃，同时也感受到了她的轻盈。一步，又一步。

当太阳低垂在天空时，我意识到一种特殊的存在。我的脚好像擦过了一只巨大且慈善的生物。我不知道怎么称呼她。但是，带着非比寻常的确定感，我知道她比古老还要古老，在很久之前就冒着气泡，那时还没有文字。

4 如何像梭罗一样看事物

11:12，在美铁的阿西乐特快列车上，2158号列车，从华盛顿驶往波士顿。

我坐的是安静车厢[1]。我们这些安静的人会赞许地看着对方，当然了，都不会发出声音。在一场无声的战争中，我们是彼此的战友。各自驻扎在自己的困局中，遭受着敌人的攻击，存活的概率虽然不大，但是我们依然坚守阵地。安静车厢是文明发展到极致的产物，是抵御远处野蛮人喧嚣的壁垒。

从列车长毫无诚意地训斥一对任性的乘客可以看出，这是一种徒劳的尝试。这对乘客违反了美铁颁布的法令，即在安静车厢要保持“像图书馆一样的氛围”。在我们心中，我们这些安静的人知道，自己已经输了这场战争。此外，无论这里多么安静，严格意义上说，这只是表面现象。那只是关于生命之绝望的安静之声。他们只是有一个安静的外表。

这些事都无关紧要，至少现在是不重要的，因为我有一个塞满书的小型图书馆，还有令人感到踏实的笔记本和笔。列车突然晃了一下，然后我的笔，一只日产的用不锈钢制成的笔，完美地融合了审美与人体工

[1] 很多美国铁路的列车都设有安静车厢。乘客应当减少交谈并低声说话。不得接打电话，所有便携式电子设备必须调至静音或插上耳机使用（使用耳机的乘客必须调低音量，确保其他乘客不会听到声音）。低顶灯为所有乘客营造出宁静的氛围，车厢中还提供阅读灯。

学的笔，就这样不见了。

我找遍了座位底下，座位周边，以及座位里面。我四肢朝地趴下，戳弄异常复杂的座位机制。最后的动作引来了一些侧目，但是我没有被训斥，因为我做这些事时非常小心，尽量将声音控制在规定的分贝以内。

我没找到我的钢笔。不同于以往，这次我并不在意。火车带有节奏的运动——不是晃动，确切地说，更像生锈的跷跷板那样摇动——让我的意识随着窗外飘过的风景安静下来：晚春的天空上飘过蓬松的白色云朵，宽阔的萨斯奎哈纳河，坐落在康涅狄格和罗德岛上美丽的沿海小镇。我看到了所有这些，或者至少我认为自己看到了这么多。读了太久的哲学之后会觉得所有事情都是不确定的。

有些人生来就是梭罗，有些人成为梭罗，但是多数人是在外力的强迫中认识梭罗的。

九年级时，亨利·戴维·梭罗（Henry David Thoreau）被强加到我身上。我读不懂他，即使能读懂我也不想读，因为我不是住在森林里的樵夫。我的生活不是一个简单的模型。尽管当我真的有隐居倾向时，我更愿意在旅馆里简化我的生活，而不是在连管道或者体面的无线网络都没有的小木屋里。所以，我迅速地将《瓦尔登湖》流放到大脑的西伯利亚地带，让它在那里和《白鲸》《卡拉马佐夫兄弟》以及积分学作伴。

在启程去康科德的前几周，我偶然发现了《纽约客》上刊登的一篇关于梭罗的文章。这篇文章叫《池塘浮藻》。如你所想，这篇文章对于完善我脑海中的康科德隐士没什么帮助。这个故事的作者，凯瑟琳・舒尔茨（Kathryn Schulz），在开篇处画了一幅冷淡无情、悲观厌世的怪人画像。然后就开始了她对梭罗的批判。

但是通勤列车停在康科德车站时，就像在梭罗生活的时代那样，我决定保持一种开放的心态。如果我从哲学考察中学到什么的话，那就是第一印象经常是错的。怀疑很重要，这是让我们从一种确定性走向另一种确定性的交通工具。慢慢来，不要错过当地每一个站点。

我是带着一个计划来康科德的。这一章将叫作“如何像梭罗一样独自生活”或者“如何像梭罗一样简单地生活”，又或者考虑到“池塘浮藻”中揭示的虚伪，叫作“如何假装独自过着简单的生活，同时像梭罗那样偷偷溜到妈妈家吃自制饼干”。毕竟，他独自生活的实验并没有那么孤立。

我走进康科德免费公共图书馆，映入眼帘的并不是一个典型的小镇图书馆。它怎么可能是呢？因为康科德不是一个典型的小镇。小说家亨利・詹姆斯（Henry James）称它为“美国最大的小地方”。这个小镇在独立战争中发挥了重要作用——响彻世界的枪声就是从这里开始的——之后发生了超验主义运动，出现了许多杰出的人物，梭罗就是其中一位。

梭罗出生在康科德。之后，除了在哈佛的时间，以及在纽约短暂的（不愉快的）时光，他大部分时间都住在康科德。梭罗热爱康科德。朋友们曾经劝他去巴黎看看，但是他拒绝了。即使在他真的到缅因州和加拿大旅行时，他也随身带着康科德。“我的靴子和帽子里都带着康科德的土壤，难道我不是由康科德的尘土制成的吗？”

像所有优秀的图书馆一样，康科德图书馆有很多可以读书的角落。我走进一个名为“超验主义海湾”的角落里。超验主义运动的巨人们，都凝结在大理石中，俯视着我。那是艾默生（Emerson）和奥尔科特（Alcott）的雕像，当然，还有梭罗的雕像。这个半身像是晚年的梭罗，长着络腮胡的严肃面孔。那是一张善良的脸。还是说只是一副面具，隐藏着一个黑暗的、池塘浮藻般虚伪的内在呢？

这里也陈列了梭罗喜欢的书，从这里可以发现一些线索。像马可·奥勒留一样，梭罗也是一个智慧的拾荒者。“我一点儿也不在乎我的思想从哪里来，或者是什么东西激发了这些想法。”他如此写道。梭罗会读古希腊和罗马的作品，同时也会尝试更具异国风情的东西——《论语》《博伽梵歌》。梭罗是一个非凡的精神觅食者。他是第一批挖掘印度文化资源和中国文化资源的西方哲学家之一。好的哲学，就像好的灯泡一样，可以照亮房间。至于灯泡是哪里生产的，花了多少钱，多少瓦，用了多久，以及它之后的科学技术——所有这些都不重要，只要它能照亮房间就行。照亮你的房间。

梭罗转向东方的原因很普通：个人危机。1837年，因为拒绝实行体罚制度，所以他被康科德的一所学校解雇了，丢失了教职，穷困潦倒，茫然无措。然后他偶然看到了一本书，有一千页那么厚，也有一个与其相称的名字：《英属印度的历史和描述性叙述》。梭罗一头扎到这本书里，汲取其中的养分。这些曾经陌生又熟悉的思想，慢慢进入梭罗的头脑中。他在给朋友的信中写道：“在某种程度上，偶尔，我也是一个瑜伽信徒。”

我转过一个角落时差点儿撞上莱斯利·威尔逊（Leslie Wilson），她是特殊收藏品的监护人。她身材高挑，体型匀称，还有一双警戒、逡巡的眼睛。我喜欢她，因为她竟然能够和梭罗一起生活这么多年而不厌倦，她对梭罗的崇敬也没有变成阿谀奉承。

莱斯利告诉我，她经常处理一些来自各种“朝圣者，梭罗迷和乖戾之人”的咨询。瓦尔登湖这里，每天都会有一群这样的人。显然，他们并不觉得成群结队地来到一个以孤独著称的庙宇里是一件讽刺的事情。

她告诉我，瓦尔登湖没什么特别的地方。“那就是一个蚊虫遍布的沼泽坑。”她拉长了“沼泽坑”的音，让这个词在舌尖逗留了一会儿，让她可以品尝这美味的亵渎，“这个地方没什么神奇的”。

如果你不这么认为，那就错过了梭罗的观点。一些地方之所以特别，是我们让它们变得特别的。不要来瓦尔登，梭罗会这样斥责21世纪的这群人。找到你自己的瓦尔登，最好是创造你自己的瓦尔登。

莱斯利走到旁边的保险箱边，取出了一张用塑料包着的纸。这是梭罗的散文《漫步》的原始手稿。手稿上的笔迹很豪放，带着一股野蛮的力量。梭罗喜欢“野蛮”这个词，他说“野蛮中保存了世界”。但是“野蛮”经常被误引为“荒地”，这不是梭罗要表达的意思。荒地存在于外部，野蛮却在我们心中。野蛮强壮有力，意志坚定。

我更仔细地看了手稿，发现梭罗做过修改。比如，他是如何把“早在午后”改成了“早在夏天的午后”。虽然这个改动很小，但是对梭罗来说，这很重要。不是因为他过于挑剔，虽然他确实是这样，而是因为他发现，细节里隐藏着一些东西，那些东西如果不是上帝的话，就是美丽的源泉。

我和莱斯利讨论了《池塘浮藻》的问题，我用那种通常在讨论税务审计或者生殖器疣时才会用到的外交技巧来讨论这个问题。是的，她已经读过那篇文章了。每个康科德的人都读过了。莱斯利说，这篇文章的内容不公平，但是并非不准确。梭罗“不是一个容易让人亲近的人”，她告诉我，用典型的新英格兰轻描淡写的口吻。

梭罗，《瓦尔登湖》的英雄，美国学界钟爱的对象，环境保护主义的倡导者，文学巨擘，他就是个混蛋。每个认识他的人都这么说。纳撒尼尔·霍桑（Nathaniel Hawthorne）说，“梭罗的精神中有一种钢铁般的刻薄和永不妥协的固执”。其他人说的就没有这么委婉了。“不夸张地说，梭罗就是最孩子气的人，无意识，脸皮厚且自大的人。曾经在人生中遇到他是我一生的幸运。”小说家亨利·詹姆斯和哲学家威廉·詹姆斯的父亲老亨利·詹姆斯如此说道。

对梭罗最严厉的批评集中在所谓的虚伪上，就是说他假装在树林里独自过着自给自足的生活，却同时为了馅饼和洗衣服这些事情偷偷溜回母亲那儿。

这是真的。梭罗在瓦尔登湖畔的生活并没有像多数人相信的那样与世隔绝。他会定期走半小时的路到城镇上去，不仅为了母亲的自制糕点，还要到当地的邮局或者咖啡店里去。所以，《瓦尔登湖》只是一种策略吗？全国的九年级学生都被骗了吗？

我认为不是这样的。梭罗从来都没说过他要完全切断和社会的联系。他并没有隐瞒回城镇的行为，或者他在小木屋里接待访客的事情。（《瓦尔登湖》里有一章就叫作《访客》。）一位梭罗主义者告诉我，《瓦尔登湖》不是关于一个人生活在森林里的事情，而是一个人的生活。

至于传言所说的梭罗的偏执，这确有其事。但这并不能削弱他宝贵的智慧。如果仅仅因为性情古怪就否定一个思想家，那么所有的哲学也就只剩一个小册子那么多了。

我和莱斯利说了自己在哲学方面的实践计划，并问她，在梭罗这里、“如何像梭罗一样……”的问题怎么说比较好。我认为会像往常一样听到“如何像梭罗一样单独生活”或者“如何像梭罗一样简单地生活”。

“如何像梭罗一样看。”她毫不犹豫地说。

“如何像梭罗一样看？”

是的，她说。剩下的一切——简单地生活，单独生活，自然主义——都服务于一个更广阔的东西：洞见。梭罗教我们如何去看待事物。

我没想到会听到这样的回答。我向她保证，我会考察一下这个角度。

“很好，”她说，“你读过梭罗吗？”

读过的，我说。当然，我不仅读了《瓦尔登湖》，还有他的散文，甚至他晦涩的第一本书，《在康科德与梅里马克河上的一周》。

“不错，”她说，就像夸赞一个蹒跚学步却知道“好奇猴乔治”的孩子一样，“但是如果你想理解梭罗，那需要读他的日记。”

我承诺会读的。不过稍后就发现我让自己陷入了一个怎样的境地。

每个见到梭罗的人都会评论一番他的长相。有些人说，他的鼻子突兀，像罗马人一样，像“一种存在于宇宙间的问号”；还有人说他的嘴“有些笨拙和粗野”，或者他的手“强壮且熟练”。其他人还会评论他异常敏锐的感官，比如说他敏锐的耳朵（“他能听到最微小

和遥远的声音”），以及他敏锐的嗅觉（“没有什么猎犬比他的嗅觉更灵敏了”）。

但是梭罗的眼睛是最令人印象深刻的。每个见到他眼睛的人都会有不同的感受。一个康科德居民说梭罗拥有一对“强大且严肃的蓝眼睛”；另一个人回忆道，梭罗的眼睛“像猫头鹰的眼睛一样，非常有穿透力”；还有一个人说，“那是一对凶恶的眼睛……第一次看到时把我吓坏了”。

梭罗的五官敏锐，身体与精神配合默契。只要扫一眼，他就能估计出一棵树有多高，或者一只牛犊有多重。一只盒子里装着许多散放着的铅笔，单靠视觉，他可以迅速地用手将铅笔一把一把抓出来，每次恰好抓出一打。他还有发现埋藏的印第安箭头的本事。他会说，“那里有一个”，然后用脚踢出那个箭头。

在感觉方面，像往常一样，哲学家们有不同的立场。被称为理性主义者的人是不相信感觉的。他们认为，只有智慧以及它所包含的知识才能引导我们走出洞穴，见到光亮。理性主义者笛卡尔说过一句著名的话，“我思故我在”。另外一个学派，经验主义者认为可以信任我们的感觉，而且只有通过感觉才能了解这个世界。

梭罗不想陷入这种认识论的困境中。他认为，不管值不值得信任，我们只拥有感觉，所以为什么不尽力使用它们呢？他秉持的是一种由内而外的哲学观。

梭罗被认为是超验主义者，即一场哲学运动的一员，这个运动可以用六个字来概括：相信未见之物。但是，梭罗更加相信能够被看到的东西。比起事实的本质，他更感兴趣的是实实在在的自然。世界上的东西会比眼前看到的更多吗？也许有，但是眼睛看到的东西更加奇妙，所以我们就从这里开始吧。比起知识，梭罗更看重视角。知识总是试探性的，不确定的。今天确定的东西可能到了明天就成了废话。“谁能说那是什么呢？他只能说自己是怎么看的。”

我们究竟是如何看到的？多数人都喜欢用摄影的方式去看。我们相信，眼睛像相机一样捕捉世界的各种图像，然后将这些图像转换到大脑里。眼睛会“摄像”，比如在我们面前的咖啡杯。

这个模型很好，但却是错误的。看并不像摄像，更像语言。我们看世界的次数并不多，反而与世界交流的次数比较多。那是什么？看起来像个咖啡杯，你说呢？我查一下数据库，然后再回答你吧。是的，那是一个咖啡杯。我们不是看到面前的杯子，而是告诉自己那是一个杯子。咖啡杯会给我们的眼睛和大脑发送电磁波，除此之外没有别的东西。从那个原始数据中，我们会创造信息，然后就有了意义——在这个例子中，意义就是面前的这个叫作“咖啡杯”的物体。

有时我们创造意义的速度太快了。也许那个看起来像咖啡杯的物体是别的东西。太快地定义事物和人时，我们就有可能错过他们的独特之处。梭罗要防止发生这种情况。“我不要这么匆忙地探测宇宙的规律，”他这样对自己说，“我要更清楚地看一下每个特殊的例子。”慢点定义你看到的东西，你就会看到更丰富的东西。

梭罗把定义的过程慢到了爬行般的速度。他拉长了假设与结论之间的距离，看到和被看到之间的距离。他一次又一次地提醒自己多停留一会儿。他说，“我们必须看很久才能真正看透某个事物”。

看是主观性的。梭罗对科学家的那种超然客观的“本然观点”

并不感兴趣。如果某些事物真的被看到，那一定是人们透过某个角度看到的。梭罗写道："如果你的观察需要变得有趣，变得有意义的话，就一定要是主观性的。"

不可能不认为美是个性化的。血红色的落日，点缀着无数繁星的漆黑色的夜空。所有这些都来自个人的表达。就像哲学家罗杰·斯克鲁顿（Roger Scruton）所说，"能容纳这些东西的地方就会有你的立身之地"。

对梭罗而言，视觉和感觉是交织在一起的。如果他没有感觉到一件事物，就不会看到这件事物。感觉到的东西不仅决定他如何看待某个事物，还决定他看到了什么。对他来说，看不仅牵涉到情感，还包括互动。比如，当他看到一朵玫瑰花时，他会和这朵花对话，而且在某种程度上，和这朵花合作。我知道这听起来有些奇怪，像个精神错乱的小孩一样。但是很多艺术家描述过类似的现象：当他们看着一个物品时，能够感觉到那个物品也在看着他们。这些艺术家不可能都是疯子。

读他的日记。莱斯利的话一直徘徊在我的脑海中，就像最糟糕的40首歌一样难以摆脱。梭罗的日记记录了他大部分的成年生活，大约两百万字，分成了14卷。

当我鼓起勇气开始读第一卷时就被恐惧征服了，仿佛回到了九年级的英语课上。读着读着，恐惧不见了，取而代之的是放松，最终是高兴。在他的日记里，梭罗以不同于《瓦尔登湖》的方式活过来了。这是最真实的梭罗，也是最脆弱的梭罗。他曾写道："我不知道，而且永远都不知道，会有人比我自己更糟糕了。”

我们经常认为梭罗是——我怎么才能表达得像外交辞令那样呢？——一个懦弱的人。他的日记让我看清了事实。这些文字展现了一个有男子气概的梭罗。他是哲学家，也是行动的英雄。他漫步，滑雪，游泳，品尝发酵的苹果，砍柴，潜入池塘，广泛调查，划桨逆流而上，建房子，吹长笛，玩杂耍，射箭（他是一个出色的神射手），而且，至少一次，盯着一只土拨鼠。他做这些事情，都是为了更好地看清楚。他说，“手要行动起来，眼睛才能看见”。

梭罗不怕弄脏手或者其他身体部位。他在一篇日记中写道，自己曾经浸泡在一片沼泽地里，一直到下巴的位置，皮肤被冰凉的泥土拍打着，拥抱着那些渣滓。

当我愈加深入地阅读这些日记时，我听到了马可·奥勒留和他的《沉思录》的声音。像马可·奥勒留一样，梭罗也是和自己对话的人。我们这些读者，只是偷听者。我也听到了苏格拉底的声音。这两个人不是显而易见的幽灵。他们之间隔着好几个世纪呢。梭罗写了两百多万字，苏格拉底一个字都没写。但他们在哲学方面亲如手足。

像苏格拉底一样，梭罗也过着自省的生活，一种带着“无所畏惧的自我审查”精神的生活。也像苏格拉底一样，梭罗一直在极速的思考和彻底的寂静中摇摆。他可能一天走四英里，也可能像一个邻居回忆的那样，“面无表情地坐好几个小时，任由老鼠在他身上爬过，吃掉他手里的奶酪”。

苏格拉底和梭罗都会问很多不合时宜的问题，进而激起人们的恼怒。他们都是各自生活的那个时代里让人讨厌的人。他们都是各自时代的痛苦有用的刺激物，也都付出了相应的代价。雅典将苏格拉底判处死刑，康科德严厉地批评梭罗的作品。

像苏格拉底一样，梭罗也相信所有的哲学始于惊讶。他用多种方式，多次表达了这个观点。但我最喜欢的是《瓦尔登湖》里这句简单的话："现实是令人惊讶的。"我喜欢这样的梭罗，他听起来不像哲学家，更像一个满怀敬畏的少年。也许，两者之间也没有那么大的差异。

如今，梭罗曾经写到的康科德的灰尘已经被高效的胡佛吸尘器清理干净了。21世纪的康科德是新英格兰镇一颗可爱的纽扣。现在的康科德有精心策划的葡萄酒商店，精致的咖啡馆。在温暖的春日，还有穿着各色衣服，骑着价格不菲的单车穿梭的游客。如果梭罗再穿着破破烂烂的衣服，顶着凌乱的头发来到这座小镇，只会引来人们探寻且谨慎的扫视。

我不得不这样评价康科德：它和它的历史搭配得恰到好处。每件物品都很低调，透露着新英格兰的朴素。就连当地的礼仪援助和星巴克运动也很有品味，都设计得恰合当下的场景。

当然，小镇最著名的梭罗也得到了应得的荣誉。有一条梭罗街道，一个梭罗学校，以及一个健身中心，是的，也叫梭罗俱乐部。但是没有梭罗水上公园，或者梭罗蜡像馆。

6月20日是夏至日。我想，这一天应该非常适合思考"看"的艺术。如果我们真的是光的孩子，那么今天就是我们的生日。

我起得很早，为了……为了什么呢？成为梭罗吗？不，那既不可能也不可行。但是我想，追随着梭罗生活过的同一片天穹，也许，能有那么一瞬间，我能透过他的眼睛看看这个世界。

与马可·奥勒留不同，梭罗喜欢早起。他很享受意识刚刚苏醒的时刻，也就是“梦境与思想之间充满争议的时刻”。他喜欢引用古代印度文本《吠陀经》里的这句话：“所有智慧都在清晨苏醒。”

黎明时分，在沐浴完之后，梭罗就会一头扎进他的“晨间工作”，阅读和写作。他可能会完善一篇日记，或者打磨一个章节。对梭罗而言，手掌划过纸张的感觉就是偶尔的瑜伽运动，就是一种沉思。

拿着笔记本和笔，我的晨间工作就是一些关于梭罗的恼人问题。他在看的时候看到了什么呢？为什么他能看到这么多东西呢？我盯着这些问题看了很久。无声中，我也感受到了它们的回视。所以，不能沉思时，我做了梭罗会做的事：合上笔记本，穿好休闲鞋。

每天，一般是下午，梭罗会在康科德的乡间散步。和卢梭一样，如果他的腿脚不活动起来，他就不能思考。卢梭的漫步始于幻想，梭罗只是闲逛。（他喜欢那个词。）他闲逛的目的就是摆脱村庄，回归自己的感觉。

梭罗闲逛的时候并不需要一个目的地，但是我需要。在一种公然进行非暴力反抗意识的驱动下，我决定忽视莱斯利·威尔逊的警告，即不要去瓦尔登湖，那个异常拥挤的沼泽坑。我打开地图，看了一下从康科德到瓦尔登湖的火车路线，不到3公里的路程。梭罗在森林里的小木屋更像是一个位于这个生机勃勃的小镇边缘的小木屋。我打算放梭罗一马。一本叫作《距离文明世界不远的小木屋的生活》的书是缺乏商业吸引力的。

我往双肩背包里收拾东西，这是梭罗永远未曾用过的时尚的城市背包。当我决定做一些不符合自己个性的事情时，我会把手机放到桌子的抽屉里，不会带着手机出发的。

几分钟之后，我便感觉到了没有手机的一些生理反应：湿黏的皮肤和加速的心跳。并不是因为没有手机我就感到赤裸裸的不舒服。我能够应付赤裸的情况。但是我觉得，我就像出发时没有带上肝脏或者其他重要的器官。但是我坚持往前走。

我明白梭罗为什么喜欢在这里闲逛了。这里的空气柔软清凉，而且很安静。脚下的土地毛茸茸的，踩起来很舒服。我想起了梭罗的朋友约翰·魏斯（John Weiss）谈起梭罗时说的话："他走路时，和大地之间好像进行着无数的推测。"虽然我和大地之间不存在这么多的推测——只有一些小的对话——但我很快发现了自己的进步。我决定根据梭罗敏锐的视觉调整自己。

我首先看到一些迅速靠近的模糊图景，是一块牛仔布的扎染印花大手帕和白色的耳机。双臂像活塞一样上下活动，双腿在肌肉的牵引下快速点踏着，这是一幅提高效率的图景，而不是闲逛。

我来到一片名为仙境池的水域，坐在旁边的一个长凳上。我只是在看，但是并没有看出什么东西来。"不要靠近物体；让它们到你这里来。"梭罗用他那种暗地里批评的方式斥责着我。我小声嘀咕着，"池塘浮藻"。

梭罗的话并没有产生什么效果。我什么都没看到，但是听到了周围的一切：高悬在头顶上不断抱怨的螺旋桨，附近路上疾驰而过的车辆，都是21世纪的声音。我不做美国国家公共电台的记者，真是辜负了这敏锐的听力。此后，我学会听一些别人可能听不到的东西。每件物品都有一个声音。如果努力听，即使是一个看起来极其安静的房间也有它自己的声音。音响工程师称之为"房间之声"。我想：感觉的敏锐性是否可以转移呢？我能不能把耳朵的敏锐转移到眼睛上呢？

我口袋里那个震动的幽灵消散了，之前它总提醒我手机在哪里。我开始意识到一种寂静。我经历了一个瞬间，我相信那个瞬间经常被称为“平静”。

随后蚊子开始攻击我。有的拍到我身上，其他的则更加凶猛，展开了俯冲轰炸模式。这些蚊子真的很烦人。我离开这个地方继续行走。正当想着梭罗为什么能做到全神贯注而不被外界干扰时，我踩到了一块木板，差点儿就滑倒了。已经接近梭罗的状态了。我停下来重新调整了一下状态。我下意识地努力去看，尽可能清晰且诚实地观察自然提供给人类的事物。令我惊讶的是，这种尝试成功了。我看到了一只在电话线上跳跃的知更鸟。至少，我认为那是一只知更鸟。它也可能是一只金莺或者红眼雀或者不知道是什么的其他鸟类。它是什么重要吗？

梭罗肯定不会这么想，因为他很了解鸟类。虽然熟知这只知更鸟的相关知识能够增加观赏它的乐趣，但是这也可能变成干扰。一个鸟类学家可能知道孔雀色彩纷呈的羽毛背后的生物学原理，但是他不能欣赏这只孔雀的美。梭罗说：“我只有不再想着去理解物体的时候才开始看到这些物体。”肩负重任的眼睛是看不到什么东西的。

梭罗发展了一种“纯真之眼”。他从未丢失儿童般的那种惊讶之感。如果看到一颗浆果，他肯定会摘下来看看。“他是个男孩，而且将会变成一个老男孩。”拉尔夫·沃尔多·爱默生（Ralph Waldo Emerson）这样评价他的朋友。像苏格拉底一样，梭罗看重自知的无知。他甚至半开玩笑地说，他会组建一个社会，专门用来“传播有用的无知”。

人类创造美的时间远远早于解释美的时间。荷马完全不懂文学理论。一万七千年之前能够欣赏拉斯科洞穴的那些无名的艺术家也无法通过艺术史课程的考试。看到美比理解美更重要。

虽然那只鸟仍然在电话线上跳跃着，丝毫看不出疲劳，但是谢天谢地，蚊子已经散去了，那个雄心勃勃的奔跑者也消失了。我认为，这种跳跃对鸟儿是有好处的。但是瓦尔登湖还在前面等着我，所以我决定继续往前走。

我走了几步就停下了。为什么这么匆忙呢？我的视觉假设机制在发挥作用。我的大脑假定那个生物——很可能是一只知更鸟——正在电话线上跳跃。在几分之一秒内，大脑接受了这个假设并且生成一份报告：一只鸟，有可能是一只知更鸟，正在做一些可爱的类似鸟儿的动作。啊，自然，你是经常出现的约翰·缪尔[1]（John Muir）。我们现在可以走了吗？

我强迫自己多逗留一会儿，像梭罗一样。“有时，你必须完全自由地散步——不要窥探和好奇——不要一心只想着看到什么。”梭罗能够轻而易举地一整个小时都看着一只乌龟在潮湿的沙子里排卵，或者看着船帆在风里飘荡。但是孩子觉得有趣的东西，成年人经常会觉得很奇怪。一个名叫默里（Murray）的农民曾经看到过梭罗面无表情地站在那里，一动不动地盯着池塘。

我停下来看着他说：“梭罗，你在做什么？”他没回头看我。还是一直看着那个湖，然后他说，就像在思考天上的星星一样，“默里

---

[1] 约翰·缪尔是美国早期环保运动的领袖。他所撰写的大自然探险，包括随笔、专著，特别是关于加利福尼亚的内华达山脉的描述，被广为流传。

先生，我在研究牛蛙的生活习性！”那个该死的傻瓜站在那儿一整天就是为了研究牛蛙的习性！

像梭罗一样那么慢地看并不是一件容易的事情。视觉是速度最快的感觉，比如，比味觉要快得多。在视觉领域，没有与“品尝”相对应的动作。（我们可以说目光“逗留”在一个物体上，但不包含“品尝”蕴含的那种感官的知觉。）

我在看这方面并不勤勉。我期待着自己看到的那个事物来完成所有的工作。风景啊，让我倾倒吧！要漂亮才行，该死！当看到的物体——无论是阿尔卑斯山还是莫奈的画——不可避免地没有满足我那毫无缘由的期待时，我就会责怪这些事物，而不是我自己。梭罗不会这么想。美感好的人即使在垃圾堆里都能发现美，而“吹毛求疵的人在天堂里都能发现缺憾”。

我到了森林中的一片空地上：梭罗在瓦尔登湖边的木屋旧址。那个地方围了一圈铁栏杆，用一堆石头来标记木屋的位置。（木屋早就不在了。）一块石碑上的字提醒我，“这堆石头下面就是梭罗的木屋那带着烟囱痕迹的地基：1845—1847”。

这个自愿独自生活的实验地点，历史上最伟大的实验地点，自然而然是拥挤的：一个女人，一边抓着星巴克大号杯子，一边对着手机大喊大叫；一群游客，在给这些石头拍照之前，像炮兵一样摆弄着他们长长的摄像镜头。他们搞砸了我的孤独，以及我的梭罗时刻。我想让他们离开，但他们是不会离开的。

我知道，这不公平。他们和我拥有同样的权利。这就像交通一样。当我们被交通困住时，就会对“这糟糕的交通”发牢骚。但是我们忽略了这样的事实，即我们就是这种交通状况的一部分，是问题的一部分。

一对中年夫妻正看着那堆石头标记的地方。我知道，尤其是那个男人，已经被这个遗址吸引了。他在喃喃自语，说着自己对梭罗的崇敬。

“你打算怎么做，”她的妻子说，并且取笑道，“到森林里去生活吗？”

这个男人，被妻子取笑后就不再说话了。不，他当然不打算到森林里生活。他打算开着小货车回家，卸掉货物，继续他的生活，平静且绝望的生活。

这就是梭罗的问题。他做的这件事是不切实际的。我们不能抛下所有事情到森林里生活，即使附近有母亲自制的糕点也不行。我们要付账单，参加演奏会，还要参加会议。但是再说一遍，梭罗并没建议我们像他一样这么做。《瓦尔登湖》是唤醒人们的警钟，不是一剂药方。

我稍微走远一些，看到了另一处碑文。这句话来自《瓦尔登湖》，有可能是梭罗最著名的话：“我到林中去，因为我希望慎重地生活，只面对生活的本质，看看我是否学得到生活要教育我的东西，而不要等到了临死的时候，才发现我根本没有生活过。”

我喜欢这句话，但是要改动一下。我会把慎重地“生活”改成慎重地“看”。我觉得梭罗不会反对的。看是他实验的重点。其余的东西——孤独、简单——都是为了更好地看。

梭罗“看”得太多了，这使他疲惫不堪。他在日记里写道：“我集中注意力时，感官通常一直都紧绷着，无法休息。”

我们通常认为感官像天线一样，不断扫描周围的环境，采集信息。但是它们更像过滤器，从嘈杂的声音里过滤出为数不多的相关信号，这样我们才不会被洪水般的感官数据淹没。就像梭罗说的那样，我们生来就是要接收“大千世界中属于我们的那部分事物”，一滴都不要多。

“看”是深思熟虑的行为。即使我们没有意识到，其实看一直都是一种选择。梭罗说，恰当地看，要求“眼睛具有一种单独的意图”。这都是角度的问题。没有人比梭罗更擅长运用视角了。改变视角时，不仅改变看的方式，更改变了你看到的东西。“从正确的角度来看，每一场暴风雨和其中的每一滴雨都是彩虹。”

梭罗从每一个可以找到优势的位置观察瓦尔登湖：山顶，岸边，湖面的船上，水下。对于同一处风景，他不仅在白天看，还会在晚上看；不仅在冬天看，还会在夏天看。

梭罗很少直视任何东西，他都是用眼睛的一侧来看。这种看法是有生理学基础的。当光线比较暗的时候，侧着眼睛看得最清楚。梭罗可能知道这个生理学基础，也可能不知道。但是，从看的经验中，他肯定知道侧着眼睛看得最清楚。

梭罗坚决不想被视觉冲动羁绊，所以他会改变自己的视角。有时只是一点微小的改变，“离我们日常习惯的路径或者程序稍微远一点儿，拉开像头发那么细的距离”，就会看到一个全新的世界。在

1855年12月寒冷的一天，梭罗发现了一只松树蜡嘴鸟，“冬天的时候，这种鸟一般都在遥远的南方”，但只是因为他选择了一个不同的角度，所以才看到了这只鸟。

有时他会采取比较激烈的做法。他会弯下腰，透过双腿来看，惊叹于这个颠倒的世界。（梭罗在颠倒方面很放得开；他甚至颠倒了自己的名字，把大卫·亨利改成亨利·大卫。）把世界上下颠倒一下，你会看到全新的东西。

我沿着湖边找到一个相对比较隐蔽的地方，查看了一下，确定没有人看向这边。然后我开始亲自尝试梭罗这种看的方式。我弯下腰，从两腿之间看过去。天旋地转。血液都冲到头部了，袭来一阵眩晕。我站起来，天空和大地都回到了它们应该在的位置。也许我做的姿势不对。

不，我没有抓住重点。在梭罗看来，视觉的要点不仅仅是技巧，不是一堆光学把戏，而是性格的作用。他把对美的感受视为“一种道德测试”。美不在观看者的眼睛里，而在他心里。如果我们不提高自己，就无法提高看的能力。这种动态是双向的。不仅我们存在的样子会决定我们看到的东西，我们看到的东西也决定我们是什么样的人。就像《吠陀经》里说的那样，“看到什么，你就会成为什么”。

当然，这是个不错的湖泊，三面环树，夏至日的水面波光粼粼。但是莱斯利说得对，这就是一个湖泊而已，还不一定是最平静的湖。在我沿着湖边走的时候，我听到火车经过时轰隆隆的声音，就像梭罗当时会听到的一样。他的一生正好赶上铁路快速发展的时代。他在小

屋里就能听到机车的轰鸣声，“听起来像雄鹰飞过村民的院子时发出的尖叫声”。

梭罗很抵触这种新奇的交通工具。一方面，他很敬畏机车的原始力量；另一方面，他又担心这些铁路会打破他熟悉的节奏。村民们曾经按太阳的运动来校准时钟。现在，他们的标准变成14:00从波士顿开来的火车了。为了给这些燃烧木材的发动机提供能源，瓦尔登的森林也不断减少。梭罗总结道：“不是我们乘坐在交通工具上面，而是这些交通工具乘坐在我们上面。”

到瓦尔登湖游客中心之后，我发现了一个梭罗小屋的复制品。这个木屋比我想象中的好多了。木屋呈金字塔形，有一个烧木头的炉子，一张桌子，一个通往地窖的活板门，几把椅子（给访客准备的），一张不大却很舒服的床，还有一扇朝南开的大窗。虽然不是凡尔赛宫，但是也没有垃圾。

我们的导游是一位叫作尼克的公园管理员。显然，这不是他第一次当导游，但是他对梭罗纯真的热情使我们的游览依然生气盎然，而不是无聊的高谈阔论。我注意到这是追随梭罗的人的特点。梭罗身上有一些特别的地方，他没有那种因过于熟悉而本能地玩世不恭。

尼克结束了他事先准备的解说之后，开始征求大家的问题。各种问题纷至沓来。

“建这座小屋花了多少钱？”

“28美元12美分。最贵的是钉子。”

“他每天都在做什么呢？”

“他在阅读和写作。”

“他为什么要那么做？”一个十几岁的孩子问道，对此充满怀疑，好像梭罗挪用了数百万资金或者加入了一个危险的信徒组织一样，而不是在森林里住了几年。

“这是一个关于简单性的实验，”管理员尼克回答，“此外，他已经28岁了。他需要远离父母。”从他点头的动作来看，这个少年显然喜欢这个回答。

梭罗确实过着简单的生活，种一些自己吃的食物。在电网出现之前，他就与世隔绝了。但是，梭罗选择这种生活的重点不是为了简单而简单。作为东方思想的学生，梭罗是在进行一种净化，净化他进行感知活动时用到的镜头。

法国哲学家米歇尔·福柯（Michel Foucault）写过，我们需要有“敏感的认知”。梭罗在瓦尔登湖漂流，使自己容易被看见。他知道，在没有障碍物的情况下，没有东西阻挡在我们和光线之间的时候，看得最清楚。梭罗把自己比作一个面临着难题的数学家，他正在一步步拆解这个难题，消除不相关的东西，直击方程的核心。

———

梭罗是浮于表面的人。我用的是这个词最好的意义。“浮于表面”这个说法被错怪了。它经常被作为“肤浅”的同义词来使用，但是两者是不同的。肤浅是缺乏深度，浮于表面是深度的扩散。大千世界之中属于我们的那部分铺开的层面很薄，但是很广大。

“我们为什么要诋毁外部世界呢？”梭罗很疑惑，“从理智的层面来讲，对表面的认知会产生奇迹般的效果。”这解释了为什么梭罗不会一直盯着一个地方，而是扫视。他的目光会落在各种各样的物体上，先是这里，然后是那里，像一个寻找花粉的大黄蜂一样。他称之为“眼睛的闲逛”。

如同其他动物依赖嗅觉一样，人类依赖扫视：我们就是这样探测周围环境的。扫视的同时也会发现意想不到的惊喜。“表面”（surface）和“惊喜”（surprise）拥有相同的词根。

扫视是我们的自然状态。眼睛很少保持不动，即使我们认为它们是静止的时候它们都在活动。我们的眼睛每秒钟至少会活动三次，每天大概活动100000次左右。

这种扫视很有用。当同时做三道菜或者开飞机时就派上了用场。多年以前，我考取了私人飞行员执照。我已经忘了学习期间发生的很多事情，但是牢牢记着一个技能：像仪器一样扫描。

“不要盯着一个地方！”教练大叫着，“扫描！”

高度计，空速指示仪，仿真地平仪。目光落在每个仪器上一秒或两秒，然后就可以看下一个了。让眼睛和注意力保持运动状态。当飞行员专注于一个仪器时就会出问题。盯着高度计的时候前进的方向会飘忽不定；盯着前进方向的时候空气速度就会游离不定。扫描，扫描，扫描。这是一个宝贵的教训。和盯着一个地方相比，扫视时我们能看到更多的东西。

沿着瓦尔登湖岸边的沙地，我继续向前走，看到了水位急剧下降处游泳危险的警示标语。瓦尔登湖不是完美的湖泊，但是一些事物的美丽不需要是完美的，或者有用的。梭罗经常在自然的不完美中看到美。在九月一个平静的午后，凝视着瓦尔登湖，梭罗发现水面上点缀着点点光亮，平静得恰到好处。在其他人可能会看到污点的地方，梭罗看到了“像玻璃的缺陷一样纯洁和美丽”的东西。他在《瓦尔登湖》里描述了木屋旁逐渐腐烂的一辆马车。他并不反感这辆马车，而是在其中找到了一种奇怪的安慰，甚至美。大自然的智慧使然。

我一直记得梭罗的劝诫，即找到自己的瓦尔登湖。我不喜欢现实中的瓦尔登湖。太多的蚊子和游客，也没有足够多的空调或咖啡。是的，我要找到自己的瓦尔登湖。但是在哪里呢？

第二天，我带着这个问题去见杰夫·克莱默（Jeff Cramer），瓦尔登森林项目藏品的管理者。一位健壮的男性，剃着光头，留着精心修剪的胡子。他是梭罗的新信徒。收拾东西来到康科德之前，他在波士顿公共图书馆工作，一份很舒服的工作。

杰夫对梭罗的了解毋庸置疑。我相信他，也喜欢他，尤其是当他展示最喜欢的梭罗引言时（这来自《梭罗引用本》的编者）。“我如果不是我，谁会是我？”

我想做我自己，我真的想，但是想做一个更好的，不这么忧郁的自己。一个梭罗式的自己，带着梭罗式的眼睛。我想学习如何看，看哪里。因为，我是一个对地点很敏感的人，地点和我密不可分。如何就是哪里，哪里就是如何。

“让我们看看，”杰夫说，“你可以穿过北桥，抄近路从左边的树林走……”

“树林？长满树和虫子的地方？”

“嗯，是的。”

“有其他的建议吗？”

“你可以到南河大桥那儿租一条独木舟。”

“独木舟，像坐在船上一样？”

“呃，是的。”

“还有别的建议吗？”

“像“断头谷”那样也会很平静。”

“你指的是墓地？”

“是的。”

“你还能想出别的什么吗？”

“我想想，你可以到星巴克去。”

“我在听。”

“带着《瓦尔登湖》，也许还可以带几页他的日记，然后去观察。”

“星巴克？真的吗？”

“是的。重要的是梭罗的话。他从我们周围所有的土地上都能得到启发。这些土地帮助梭罗成为他所成为的样子，但是这些土地不会让你成为你想成为的样子。”

我喜欢这个主意。在梭罗生活的时代，康科德也有一间咖啡店，梭罗是那里的常客。此外，如果梭罗的智慧是可以携带的，像所有真正的智慧一样，那么品尝一杯高价的饮料和在树林里跋涉具有同样的作用。瓦尔登湖又怎样，我要去星巴克了。

我起得很早，带上“梭罗式配件”——《瓦尔登湖》，他的散文《漫步》，他与一个名为威廉·布雷克（William Blake）的精神探索者的书信集，以及他的日记选集。（我差不多看完了。）我逛到康科德的一家星巴克里。

这家星巴克的风格和康科德搭配得很好。光线比其他店铺柔和一些，家具也更精致了。但这始终是一家星巴克，就像瓦尔登湖始终是个湖泊一样。

我点了杯简单的咖啡，在一张宽大的皮椅子上坐下，然后开始读梭罗。他告诉我，“美在能够被感知到的地方”。即使在星巴克这儿也能感知到美吗？我环视四周，但是没有发现美。我的第一反应是责怪周边的事物，我的瓦尔登湖。

我和自己说，不要这么被动。如果你看不到美，那就创造美。发挥你的想象力，增强你的感知力。

这确实有效。但是，像上次一样，做出反应的不是想用的感官。我的听觉反射插进来了，我听到了无处不在的美：空调柔和的嗡嗡声，冰块悦耳的碰撞声，咖啡师咯咯的笑声，收音机的哔哔声，单一声调的“超大杯冰绿茶”，以及远方的汽笛声。

我听取了梭罗的建议——“除了你正在用的感官，其他感官都要处于休息状态”——专注于视觉。我确实可以看到一些。我看到一个年轻的父亲，额头戴着太阳镜，摇晃着肌肉发达的手臂，抱着他年幼的儿子。在提供牛奶和糖的地方，我注意到人们是如何和别人一起跳舞的。前进一步，后退一步。抱歉，噢，对不起，原谅我够不到，原谅我也够不到。我注意到站在不同距离的那些人如何等着点餐。有些人挤在柜台边，有些人让出自己的位置；有些人安静地站在那里，有些人则等得焦躁不安。

扫视，扫视，扫视。我又看到了那个肌肉发达的父亲。他把儿子放到桌子上，来来回回地摇晃着。我在想那是不是明智的做法。继续扫视。一个女子垒球队，穿着蓝色、白色和橘黄色的制服，正在和他们的教练击掌。继续扫视。我旁边的那个人正在读蒙田。他看到我在读梭罗，赞许地点了点头，当然也比较谨慎。康科德就是新英格兰的“安静车厢”。

几分钟过去了，然后几个小时过去了。肌肉发达的爸爸离开了，垒球队离开了，读蒙田的人也离开了。但我还在这里，在这里扫视。我开始用其他梭罗式技巧。我改变了自己的位置，在门边站了一会儿，又逛到咖啡吧那儿，歪着头。我想把头低到两腿之间来看，但还是决定不这么做了。即使在这个梭罗式的地方，那么做也不合时宜。

几个小时之后，读蒙田的那个人回来了。他看到我还在原来的椅子上，看着原来的书。他说，“你在这里待得太久了”。

我眼睛一亮抬起头，我说，“其实，时间还不够久”。

这是真的。我需要更多时间。随着在自己的瓦尔登湖这里看得越来越清楚，我发现，我并没有像梭罗那样达到一种“单纯地扩张”，并没有获得视觉上的顿悟。我很失望，但是我从这些话里得到了安慰——还能是谁的话呢？——梭罗。他告诉我，看不仅需要时间，还需要距离。“在你摆脱它之前，你不会看到任何东西。”

5
如何像叔本华一样倾听

14:32，在德国联邦铁路公司的151号列车上，从汉堡驶向法兰克福。

火车会发出像人一样的噪声。火车头不时地哼哼，吹口哨，偶尔还打嗝。车厢则呜呜地发牢骚，吱吱叫，抗议。

德国联邦铁路，把这些声音掩盖起来了。这里不需要“安静车厢”。保持安静是大家共同遵守的原则。火车上所有人与物都只会窃窃私语，不仅包括寂静的氛围，还有列车内壁的木板，以及盛有咖啡的真正的马克杯，而不是塑料杯。

我一边啜饮着咖啡，一边看着朴素的德国乡村。过去了一辆从对面驶来的火车，它的汽笛声划破了这片宁静。随着火车的靠近，汽笛的音调越来越高，随着它的远去，音调又降下来了。或者说它真的发生这种变化了吗？

汽笛声的音调并没有真的发生改变。这是一种被称为多普勒效应的幻听。火车运动和敏感的大脑碰在一起时，听起来就会觉得汽笛声的音调发生了改变。我对现实的感知是错误的。

如果所有生活都是这样呢？如果世界就是一个幻觉呢？大约2400年以前，柏拉图就提出这样的问题。在“洞穴寓言”中，他让我们想象，有一群被锁在洞里的囚徒，他们面对着一堵石墙。他们生来就被锁在洞里，而且不能动，所以他们看不到对方，甚至也看不到他们自己。他们能看到的就是投射到石墙上面的影子。他们也意识不到自己看到的是影子。这些影子是他们唯一知道的事实。

柏拉图指出，哲学就是让我们逃离影子的世界，去寻找影子的来源：光。我们不是一直通过看来寻找光，有时也通过听来寻找光。

我醒来时，周围出乎意料地安静。长时间的火车旅行让人疲惫不堪，所以我想在被子里多待一会儿，马可·奥勒留式风格。不知道为什么，我打起精神起床去吃早餐了。之后，我像卢梭一样漫步，每一步都走得很认真，但是只看到了空荡荡的法兰克福街道，而且这一天是工作日。我迅速回到旅馆，像苏格拉底一样询问。

“大家都去哪儿了？”

“全国性假日，”看门人回答，“你不知道吗？”

我能听到梭罗对我的斥责。看。观察。用儿童的眼睛和圣人的心灵来看这个世界。伙计，睁开双眼！

我需要重新振作起来。我想去的地方，叔本华档案馆，已经关门了。但是其他一些地方还是开着的。

显然，其他地方也没开门。欧洲人对待假期非常认真。路过关着的商店和咖啡馆，在看到一家开着的咖啡店之前，我至少已经像露宿街头的人一样，走了一公里了。从产自异国的咖啡豆和咖啡师严肃且专注于手工制作的表情可以判断，这家咖啡店不错。

我点了一杯苏门答腊手冲咖啡，准备一杯这样的咖啡需要特别注意细节，一般要像准备神经外科手术和婚礼那样才行。当我要牛奶的时候，咖啡师噘起嘴唇建议——当然很谨慎——在这杯咖啡里加牛奶将是对世间所有美好善良之物的蔑视，因为这杯咖啡是一杯精致烘焙过，天然无酸，各方面都恰到好处的仿佛来自天国的饮料。

我说，那是当然。从来没想过要加牛奶。

等他离开之后我才往咖啡里倒了一杯牛奶。他可能又去教育其他客人了。我在外面找到一张桌子，开始读亚瑟·叔本华（Arthur Schopenhauer）散文集的第一页。

叔本华认为幸福是相对的，往往是生命意志役使个人时释放的一种短暂的幻觉，而痛苦是绝对的、真实的。他指出了悲观的事实。17岁时，叔本华和父母去欧洲旅游，他当时这样概括道："这个世界肯定不是来自完美的造物主，而是来自一个恶魔。恶魔的召集，使得现有生物得以存在，恶魔便幸灾乐祸地看着他们痛苦的样子。"叔本华几年之后开始他的哲学生涯时，在与朋友的通信中写道："生活是一件悲惨的事。我决定用这一生来理解生活的悲惨。"

我停下来，汲取了一下空气和光照，我集中目光，看到一位年长的女士。她穿着宽松的、带着褶皱的裤子，口中的牙齿也不多了。她指着我桌子旁的一把椅子，说了一些德语。她说的那些话并没有包括我知道的那四个德语单词。我对这种情况毫无头绪，最后我想她可能是想借用一下那把椅子。我用了四个单词中的两个，故作自信地说，"没问题，请"。

用你的母语来妄作揣测是不明智的，用你不会说的外国语言妄作揣测则是愚蠢的。她并不是想借这把椅子，她问的是能否坐在那里和我聊天，跟我说话。很长一段时间，她一直说，一直说，然后我就不停地点头，偶尔说“是的，是的”。

这是一段单向进行的对话。我听懂了一点点（但不无聊）。她是一位祖母或者说外婆（我知道这个法语单词）。其余内容对我而言都是书本上的词语，是静态不动的。

我希望她会感到疲惫，但是她甚至都没有放慢语速。苏格拉底会怎么做呢？当然，他会对话，但是如何和她对话呢？

一位服务生给她端来一杯咖啡——显然，是店里请她喝的。她很热情地表达了感激之情。感激是全世界通用的语言，因为比起使用语言，人们用眼睛以及整个肢体动作可以更好地表达感激。

叔本华，并没有消解感激——和同情的可能性。我们作为单独的个体体验这个世界。但是叔本华认为，与东方神秘主义相呼应，这种认识是错觉。世界是一个整体。帮助他人时，我们也在帮助自己。我们像感受自己手指的痛苦一样感受他人的痛苦。他人不是外在于我们的东西，而是我们自身的一部分。

我的来访者还在说话，即使在喝咖啡时都没有停下。我决定听她讲话。我虽然理解不了，但是可以倾听。

对叔本华而言，听很重要，听音乐尤其重要，叔本华称音乐为“心灵世界通用的语言”。也包括其他各种各样的听。听从你的直觉，超越世界的喧嚣和嘈杂。听其他的声音，说外国的语言，因为你永远不知道智慧藏在哪个地方。而且，还要听那些受苦的人。虽然他厌恶人类，经常发脾气，但是叔本华很看重同情，即使他对动物的同情比对人类的同情还要多。

倾听是同情的行为，也是爱的行为。我们不仅用耳朵听，也用心听。好的倾听，像好的观察一样，是一项技能。与其他技能一样，这种技能也是可以学习的。

从她没有牙齿的嘴巴上蔓延着的笑容可以看出，这位女士似乎对我的专注很满意。最终她站起来离开了。我们互道再见，我知道的又一个德语单词。

叔本华独特的地方不是广泛的思考，而是他致力于解释的哲学大厦，苦难的形而上学。

叔本华的思想都在他的巨著，《作为意志和表象的世界》里。叔本华二十几岁的时候就完成了这本书，他说，这本书“只写了一个想法”。他用了1156页来说明这个想法。这是一个宏大的想法。开头第一句说得很好：“世界就是我的理念。”

仅此一次，这不是叔本华大放厥词，而是他的哲学。他并不是说，他就是整个世界的创作者，而是说我们都是在自己的头脑里构造现实的。他的世界是他的想法，你的世界是你的想法。

叔本华是一个观念论者。在哲学意义上，他们相信人们经历的每件事都是世界在意识中的表征，而不是世界本身。只有我们的认知里才存在物理实体。世界就是我的理念。

我知道这个概念听起来很奇怪，甚至异想天开，但我认为这并不是牵强附会。当代哲学家奈杰尔·沃伯顿（Nigel Warburton）把世界类比为一个巨大的电影院。每个人都在单独的放映室看同一部电影。他说：“我们不能离开放映室，因为外面什么都没有。这部电影就是我们的现实。当没有人看屏幕时会关闭投影仪的光，但是投影机仍然在播放电影。”

观念论者并不是相信只存在意识（那是唯我论者相信的事情）。他们说，确实存在一个世界，作为一种意识建构而存在，而且只有当我们感知这个世界时才会存在。

当我们每天进行各种生活活动时，我们就在体验着这个被意识建构起来的，或者说现象的世界。如同湖泊的表面是真实的一样，这个意识建构的世界也是真实的。但是就像波光粼粼的湖面并不是整个湖泊，现象的世界也只是现实的一部分，它不能代表深层的东西。

如康德一样的观念主义者相信，虽然人们感知不到那些深层的东西，但那些东西就像看不见的湖床一样真实。事实上，那些不能被感知的东西比我们通常经历的转瞬即逝的感觉更加真实。哲学家们已经赋予这些看不到的现实多个名称。康德称之为物自体，柏拉图称之为理念形式的世界，印度哲学家则称之为婆罗门。虽然名称不同，但是都表达了一个意思：当我们匆匆忙忙去上班的时候，疯狂刷剧的时候，或者一般而言，在影子的世界中各自忙碌的时候，还一直存在着一个我们不知道的世界。

叔本华也认同这个说法，即在此世界之上还有一个世界。但是他在那个看不见的世界里加入了自己的观点，自然而然也是一个黑暗曲折的观点。与康德不同，叔本华相信，物自体是一个单一的、统一的实体，虽然不能直接获得这样的实体，但可以通过其他方式到达这个实体。人类，动物，甚至没有生命的物体中都充满了这种实体。它漫无目的地反抗着，无情且异常邪恶。

叔本华将这股力量称为“意志”。我认为，这是个不幸的名字。叔本华说的意志，指的并不是权力意志，而是一种力量或能量。类似于重力的东西，只是这种力量不是善意的。他写道：

它毫无止境地欲望着，无穷无尽地索取着，每一种欲望都会滋生出新的欲望。世界上没有什么东西能满足它，能平息它的渴求，给它设定一个终极目标，填满它心中的无底洞。

通过观察，我得出两条结论。一、听起来，“意志”像我大学时的女朋友一样多。二、我们要寻找的真理之光看起来更遥远了。

意志是无限的斗争，是无法被满足的欲望。永远都是预告片，而不会正式播放电影。意志是你心里那个一直纠缠着的声音，虽然偶尔低沉，但未曾安静过，即使当两杯威士忌已足够时，你还想点第四杯威士忌都不会停歇的声音。

意志变得越来越糟糕。它注定要伤害自己。叔本华说：“终究，意志必须依靠自己而存在，因为除了它之外没有其他东西存在了，而且这是一种饥饿的意志。”所以，当狮子露出牙齿咬住羚羊的时候，意志只能把牙齿伸到自己的皮肤里。

有一天，作为业余的动物学家，叔本华偶然知晓了在澳大利亚新发现的一种蚁类，称为澳大利亚斗牛犬蚁，当之无愧的凶残之名。它们会用强有力的下颌咬住猎物，然后一遍遍地插入带有致命毒液的刺针。斗牛犬蚁被切成两段时，具有咬合功能的头部会和带刺的尾部展开一场激烈的斗争。叔本华指出，“这场斗争可能会持续半个小时，直到它们死去或者被其他蚂蚁带走”。

这种蚂蚁之所以会吞食自己，不是因为它们凶残或者它们是受虐狂，而是它们的意志使然。叔本华认为，这些蚂蚁不能抵抗自己的意志，就像我松开手时，手中的咖啡杯无法抵抗重力一样。与斗牛犬蚁类似，我们也是残忍者、受害者和犯罪者的始作俑者和见证者，在长时间的煎熬之后，注定要逐渐地消耗自身。

这位哲学家说，不要失望。我们可以通过两种方式“摆脱生命的痛苦”，一种是进行艺术的审美活动，一种是实践彻底的禁欲主义。

其实，艺术是通过让我们脱离自我来实现这一壮举。当创作或者欣赏一件艺术品时，我们会暂时摆脱那种独立于其他事物的感觉，如叔本华所言，恰恰是这种独立感造成了人们遭受的痛苦。叔本华说，艺术“带走了那层薄雾”。个体性的幻觉消失了，所以“感知者与感知对象不再互相分离，两者得以融为一体，因为某个感知图像已经填满和占据了人的整个意识”。

叔本华说，主体和客体的融合不需要理性或者管理者的协助。审美情趣不一定发生在艺术馆或者音乐厅里，它随时随地都可以发生。走在一条熟悉的街道上，你看到一些事物——像邮箱一样普通的物体，消防水龙头，你已经见过无数次的物体。但是这次，你觉得这个物体不一样了，就像哲学家布莱恩·马吉（Bryan Magee）解释的那样：“时间好像停止了，只有这个物体还在这儿，不知道和什么东西联系在一起，它毫无障碍地站在我们面前——就只是站在这里，完整地独特地展示着它自身。虽然有些怪异，但它就是如此真实地在那里。”

艺术之所以能够缓解痛苦，是因为人在审美过程中忘记了自己，从而在审美的那一刻忘却了自身的意志，摆脱了意志的奴役，进入纯粹的状态。

当然，这里有个问题。这样的审美瞬间极其脆弱，转瞬即逝。当我们意识到它的时候，意志已经重新占据了我们的意识，“魔法结束了”。

这位哲学家在世时的物品被放在当地大学里一个不显眼的地方。我给管理这些物品的管理者发了封邮件，说明我对这位被遗忘的法兰克福之子的兴趣。

几天之后，我收到了来自斯蒂芬·罗珀（Stephen Roeper）的回信，他彬彬有礼，而且很高兴。这样的回复令我感到非常惊讶，也给我留下了深刻的印象。当今时代，并没有多少人专门拜访他了。

第二天早上，下着蒙蒙细雨，天气阴郁得恰到好处。走过几个街区，我来到这所大学。迈入一座土褐色，充满实用主义气息的建筑之后——我很快就迷路了，只能走向柜台后年轻的女士那里寻求帮助。

我说，“叔本华？”——或者，我是在发问，就像这个名字本身已经是一个形而上学问题一般。她冷漠地点点头。我相信，处于不同情绪时，她们的面部肌肉和眼睛的活动会发生轻微的改变，但是作为一个外来者，我还没有识别这种变化的能力。

我按了一下蜂鸣器。几秒钟之后，出现了一个纤瘦、愉悦、还有些害羞的人，斯蒂芬·罗珀。他留着胡子，发际线有些靠后，蓝色的眼睛清澈明亮，面色红润，让我不禁想起微醺的小天使。

我们走进一个大房间，房间里可以闻到旧书册和消毒剂的味道。墙面上的叔本华就这样看着我们在房间里走动。每平方米都有一幅画像和一两张照片。它们记录了叔本华不同年龄阶段的样子，从十五岁时还带着孩子气的叔本华一直到七八十岁时汉堡大学的叔本华，此时他已经是法兰克福地位神圣的哲学家了。

作为一个大胆宣称“世界就是我的理念”的人，叔本华在这个世界里过得却一点儿都不自在。他认为自己是无家可归的人，即使在家里也是这样。他活生生地印证了，比被批判更糟糕的命运是被忽视，一种哲学式的遥不可及。

约翰娜·叔本华（Johanna Schopenhauer），叔本华的母亲，在文学和社会方面有很高的志向——但完成这个计划并不需要考虑抚养一个年幼的孩子。如她所言，她不久就厌倦了“玩我的新洋娃娃”，之后就完全忽视了叔本华的童年生活，有时叔本华的存在甚至让她感到愤怒。“一个很坏的母亲。”叔本华后来写道。

叔本华的父亲是一位成功的商人，但对叔本华也比较苛刻。在一封信里，他迫切地要求自己的儿子通过适当地运用大写，并且减少华丽的辞藻来提高手写水平。在另一封信里，叔本华的态度引起了他的愤怒。“你母亲和我一样期待着，不需要耳提面命，你就能像其他受过良好教育的人一样走得端端正正，”他如此写道，父母式凌厉的笔锋随之一转，又加上一句，“她向你问好。”

老叔本华希望儿子能继承家族企业，也一直按这个方向来培养儿子。他甚至给儿子选了“亚瑟”这个名字，因为这个名字听起来很国际化。但是，令他父亲失望的是，叔本华缺乏做生意的社交技能。因此，他父亲在一封信里轻蔑地说，“我希望你能学着让自己平易近人”。

叔本华从未学过这些。他几乎疏远了每一个遇到的人。如果他想，他可以很迷人，但是他很少想这样做。他一生未婚。除了和歌德有过短暂的友谊之外，他也没有真正亲近的朋友——除了他钟爱的贵宾犬，名为阿特曼（Atman，灵魂一词的梵文表达），面对阿特曼时，叔本华展现出了他从未对人类展现出的温情。这只小狗做错事时，叔本华会亲切地斥责它，“嘿，伙计！”

叔本华引入了另一种动物——豪猪——来解释人类之间的关系。想象一下，在一个寒冷的冬天，一群豪猪依偎在一起。他们彼此之间靠得很近，以便于摄取其他豪猪身上的热量，防止自己被冻死。然而，如果它们靠得太近，就会被彼此身上的刺扎到。叔本华说，这些动物“进退两难”，它们一遍又一遍地靠近和退后，直到找到它们“最能够互相忍受的那个距离”。

现在这一说法被大家称为“豪猪困境”，这其实也是我们的困境。我们需要他人才能生活下去，但是他人会伤害我们。正如航海一样，人际关系也需要不断完善，修正行驶方向，即使最娴熟的航海家也会时不时地被刺痛。

斯蒂芬·罗珀伸向一个大的方形盒子，取出一把生锈的叉子和一把勺子。在外面吃饭时，叔本华都会随身带着它们，就像带着自己的水杯一样。他不信任餐厅的卫生状况，也不信任很多其他的东西。他不到理发店去，害怕理发师们切断他的喉咙。焦虑不安和偶尔的恐慌一直折磨着他。

斯蒂芬又伸向另一个盒子，取出一个圆柱形物体，一个象牙风笛。老叔本华送给他儿子的礼物。我拿起来端详着。它很结实，不轻不重，同时还带有已故的主人那种似有若无的毛骨悚然的感觉。感觉触摸它就是一种打扰，一种侵犯。我几乎能听到脾气暴躁的叔本华对着我大吼：把你的脏爪子从我的风笛上拿开！

这只风笛陪伴叔本华度过了成年后的生活，那些生命中的困难时期或者更糟糕的生活。每天，将近中午时分，他会坐下来温柔地吹奏风笛，满怀爱意。叔本华喜欢莫扎特，但崇拜的是罗西尼。只要一听到这位意大利作曲家的名字，他就会翻白眼。他让人把所有罗西尼的音乐都改编成了风笛曲。

叔本华享受愉悦的风笛演奏，这与叔本华指出的悲观事实并不矛盾。世界确实是痛苦的，是一个巨大的错误，但是这种痛苦也有短暂的停歇，人们得以从中获得片刻的愉悦。

没有比艺术更令人愉快的东西了。叔本华相信，艺术——好的艺术——不是用来表达情感的。艺术家要传递的不是一种情绪，而是一种知识的形式，一扇得以窥见现实之本质的窗户。这种知识无法用“单纯的概念”来表达，因此是无法言喻之物。

好的艺术也超越了各种激情。增加人们欲望的东西，会带来相应的痛苦。降低欲望的东西——用叔本华的话说，降低意志——也会减轻人们的痛苦。当我们注视着一件艺术品时，会变得无所欲求。这也是色情文学不属于艺术的原因，它恰恰是艺术的对立面。色情文学的主要目的是激起人们的欲望。如果它不能达到这个目的，那它就是失败的。艺术的目的在于一些更高尚的东西。面对画着一碗车厘子的画时，如果我们唯一的反应是饥饿，那艺术家就没有达到他的目的。

叔本华设计了一种美学的层次：最底层是建筑，最顶层是戏剧（当然，尤其是悲剧）。音乐没有出现在这些层次中，它自身就构成了一种独特的类别。

叔本华说，音乐与其他一切艺术有着不同的性质和起源，因为其他一切艺术是现象的摹本，而音乐却是意志本身直接的写照，所以它体现的不是世界的任何物理性质，而是其形而上性质，不是任何现象，而是自在之物。

与人类发明的语言不同，音乐像重力或者雷雨一样，独立于人类的思想而存在。如果森林里响起了喇叭声，即使没人去听，喇叭声也仍然在那里。叔本华曾经说过，即使世界消失了，音乐都不会消失。

音乐有一种其他艺术形式没有的私人性。你可能没有最喜欢的画作，但你很可能有一首最喜欢的歌。我13岁的女儿正在尝试各种不同类型的音乐，探索她喜欢和不喜欢的音乐。她不是在塑造她的“音乐身份”，而是在塑造她自己的身份，周期性地进行塑造。我们选择听的音乐能更充分地表达自身，比我们穿的衣服、开的车或者喝的酒更能表达自己。

当其他事物都触摸不到我们时，音乐可以。它是黑暗中的一线光明。威廉·斯泰隆（William Styron），在关于抑郁症的回忆录《看得见的黑暗》中，描述了当他正想着自杀时听到勃拉姆斯激昂的音乐声时的感受。“我已经有好几个月麻木得没有任何反应了。这个声音，像所有音乐一样——确实，像所有快乐一样——如匕首一般穿透我的心脏，洪水般的记忆迅速袭来，我记起了这座房子里发生的所有那些欢乐的事情，在房间里跑来跑去的孩子们、各种节日、爱和工作。”

音乐是一种疗法。多项研究表明，听音乐可以加速恢复中风患者的认知能力。听着最喜欢的歌曲时，处于低级意识状态的病人，甚至植物人的大脑活动都会呈现出更加健康的状态。

我在理智上认识到了音乐的好处，但是好像不能再进一步理解音乐了，因为我一直受困于对音乐无动于衷的状态。当我还是一个十几岁的孩子时，我从来没有收集过专辑或者歌曲合集。我也很少参加音乐会，只在朋友的强迫下去过几次。直到今天，我对所有的音乐流派一无所知。我并不反对音乐。虽然听音乐不如一杯可口的苏格兰威士忌或者一个优质的包带来的快乐多，但是如果放音乐，我也喜欢听。我时常因为这种音乐欣赏能力的匮乏而感到很奇怪，因为我是喜欢声音和口头语言的。

美国国家公共电台里有一个我们喜欢讲的老笑话。

“为什么收音机比电视机更好？”

“因为收音机有更好的图像。”

口头故事中有一些原始的东西。人类听别人讲故事的时间远远多于阅读故事的时间。声音很重要。书面语言重在传递信息，口头语言重在传递意义。书面文字毫无生气，口头语言则亲切生动。听一个人说话就会了解这个人。这解释了国家公共电台、播客和听书为何如此受欢迎，也解释了为什么每周一我母亲都坚持和我通电话，而不是发邮件。

作为国家公共电台的驻外记者，我学会了欣赏各种丰富多彩的声音，比如德里街头小贩们抑扬顿挫的叫卖声和日本弹珠机的刺耳声。但我最感兴趣的，还是人说话的声音。人类的声音是自然最伟大的测谎仪，我能够在几秒钟的时间里判断说话者的真诚度。政客们是最不真诚的，这不仅因为他们的词汇毫无生气，还因为他们声音的腔调，一种小心谨慎的假声。即便是小孩都能听出来。

为什么我无法将这种声音的直觉转移到音乐世界里呢？也许是因为我对音乐的了解不够多，又或者是因为我切实拥有的音乐知识阻碍了我，使我无法倾听来自心灵世界的语言。

我的朋友约翰·李斯特（John Lister）是古典音乐和德国哲学的狂热粉丝。另外，他住在巴格达，在那里的一家援助机构工作。出于安全原因，约翰需要在他的旅馆中连续待上好几天。所以他现在有大把的时间，真是通信的好时候。

我打开笔记本电脑，询问约翰，他的音乐知识是提高了还是阻碍了他对音乐的享受呢？我怎样才能学会欣赏音乐呢？

几个小时之后，我的邮箱收到了一封长长的回信。我浏览了一下约翰的邮件，有好几页，我默默地感谢了他的博学和他手上富余的时间。

"这些都是很难回答的问题。"约翰写道，然后继续一一解答这些问题，好像它们一点儿都不难回答。他说，音乐知识会帮助我更好地欣赏音乐。"欣赏音乐时，这些知识可能会给你提供一种具体的见解，否则你可能不会拥有这样的见解，也可能防止你仅仅将音乐视为一种审美体验，防止你被它的音调美所迷惑。"

音乐没有一个唯一的家，它"在两个世界之间盘旋"。（我几乎能听到叔本华低声表示赞同。）约翰继续说道，不同类型的音乐要求不同的倾听方式。瓦格纳的音乐是容易聆听的。"这是感觉性的音乐，它使人的感官获得超级美妙的快感。"贝多芬、马勒和勃拉姆斯的音乐则更狡猾一些。"你会感觉到，你试图理解另外一个人试图直接和你交流的内容。瓦格纳和你说的是关于某些事物的事，而贝多芬、马勒、勃拉姆斯是直接和你对话。这就是不同之处。"

约翰解释道，了解一些音乐结构，还有一个更实际的原因。这些知识可以规训你的耳朵，让你知道要听哪些东西。这样一来，意识就不太可能无目的地漫游了。

叔本华思考了很多关于意识漫游的问题。他说，我们是以一种精打细算、唯利是图的方式来看待这个世界的。一心想达成一笔交易的阿姆斯特丹股票经纪人对他周围的世界一无所知；国际象棋选手看不到优雅的中国棋子；制定作战计划的将军也看不到美丽的风景。

我们和音乐的关系必须是一种不同的、不那么事务性的关系。我们必须从一个无私的角度来欣赏音乐。无私不是无趣，两者是不同的。对一首音乐不感兴趣是当你听到这首音乐时很冷漠，无动于衷；无私则是听到这段音乐时，你心中没有任何期待，不要求这段音乐给予什么东西，但是开放性地接受这首音乐可能带来的所有审美愉悦。真正的倾听要求我们推迟判断。叔本华说，当我们没有判断地倾听时，就会“感到一种积极向上的快乐”。

读到这里我为之一振。这是我第一次看到叔本华使用“快乐”这个词，一闪而过的亮光。

叔本华告诉我，音乐不是我认为的那样。它不传达情绪，它传达的是没有内容的情绪本质，或者说音乐是情绪的容器。当我们听音乐时，我们感受到的不是具体的悲伤或高兴，而是悲伤本身和高兴本身——如叔本华所说，是“从这些情绪中提取出来的精华”。悲伤本身并不痛苦，关于某些事情的悲伤才具有伤害性。这也就是为什么我们喜欢看催人泪下的电影或者听莱昂纳德·科恩（Leonard Cohen）的歌。我们对戏剧性的关注并不多，而主要在于经历情感本身，自由地欣赏悲伤之美。

对叔本华来说，缓慢的旋律是最美丽的忧伤。他称之为“一声痉挛性的哀号”。塞缪尔·巴伯（Samuel Barber）的《弦乐柔板》

就是一个很好的例子。我感到悲伤时总会听这首音乐。我认为，这不是自我放纵，不是在自我的痛苦中翻滚，而是更高尚的一件事情。音乐和我的情绪相匹配，证实了我的悲伤，同时促使我远离悲伤的根源。我可以在不吞咽悲伤，或者不被悲伤吞噬的情况下尝到它的滋味。我得以品尝痛苦。

在柏林做教授的短暂时间中，叔本华坚持把自己的讲座与弗里德里希·黑格尔（Friedrich Hegel）安排在同一时间。他很讨厌黑格尔，他认为黑格尔是一个“愚蠢的、恶心的江湖骗子，恶毒的，以康德传人自居，腐蚀了年轻人的头脑”。当时的黑格尔是哲学界的摇滚明星，但是叔本华还不为人所知。不出所料，叔本华吸引到的学生都不到五个人。他不会再教学了。

他鄙视僵硬的学术规则和“穿衬裙的哲学家们”，更喜欢闲云野鹤般的哲学生活。多亏了他父亲的遗产，他才能支付得起这样的生活，而不需要像斯宾诺莎那样到眼镜店里研磨镜片，或者像康德那样去给大学生上课。

我有时候也在怀疑是不是世界本来是痛苦的，但是并不确定。

想一下《塞翁失马》的故事。有一天，农民的马跑丢了。那天晚上，来拜访的邻居对此深表同情。

他们说：“听说你的马跑丢了，我也替你感到难过，真是太糟糕了。”

农民说：“这可能是坏事，也可能不是。”

第二天那匹马又回来了，还带回了七匹野马。邻居们说：“哇，你真的太幸运了，现在你有八匹马了。多好的转变啊！”

农民说：“这可能是好事，也可能不是。”

又过了一天，农民的儿子在训练其中一匹马时摔下马背，摔断了腿。邻居们说：“天哪，这太糟糕了。”

农民说：“这可能是坏事，也可能不是。”

接下来又一天，征兵官员到这个村庄来为军队招募年轻男子入伍，但是农民的儿子因为腿断了，所以没有被征召入伍。所有的邻居都说：“这真的太好了！”

农民说：“这可能是好事，也可能不是。”

我们在一个广角世界里过着长焦镜头式的生活，无法看到生活的全景。面对这样的生活，唯一明智的反应就是像这位农民一样，采取一种“可能主义”的哲学态度。

优秀的哲学家都是优秀的倾听者。他们会听取各种声音，无论这些声音多么奇怪。因为，你不知道智慧可能藏在什么地方。亚瑟·叔本华发现，智慧隐藏在古代的异域文本中。

那是1813年，当时叔本华还和他的母亲来往。他参加了母亲定期去的一个沙龙。众多参与者中有一个名叫弗里德里希·马耶（Friedrich Majer）的人。他擅长东方哲学，东方哲学在当时还很罕见，也颇受质疑。马耶给叔本华展示了一本不出名的杂志，《亚洲人》（*Asiatic*），还和叔本华说了印度的一本名为《奥义书》的作品。叔本华顿时迷上了东方哲学。

今天我们很自然地认为东方哲学和宗教是伟大智慧的源泉，这件事在每家书店里都可以得到验证，但叔本华生活的时代不是这样的。30年之后，一本《薄伽梵歌》才得以出现在梭罗瓦尔登湖旁的小屋里。学术界对于东方哲学也知之甚少，同时还诋毁他们仅知道的那点儿东方哲学。

叔本华与他们不同。他吞噬着这些教义，迷恋于其中“各种超人概念”。他无比饥饿，每天晚上都会读几篇《奥义书》里的文章，无一例外。他说，这是“世界上最有益和最高尚的阅读；它已经成为我生活中的慰藉，并且会一直陪伴着我直到我离开这个世界”。

之后，他研究了佛教，并宣称佛教是所有宗教中最伟大的宗教。他在法兰克福的书房中还摆放了一尊佛像。有些传记家称叔本华为“法兰克福之佛”，但他并不是一个僧人。虽然他深入且罕见地发展了对佛教的理解，但是他并没有将自己知道的佛教知识付诸实践。他没有冥想，也没有放弃世俗世界的快乐。他喜欢美食和昂贵的衣服，并且一生都有性生活，甚至曾经发表评论，说“这才是世界真正的中心”。

有些人说西方哲学近视了，完全看不到其他哲学中蕴藏的智慧，西方哲学是一个由活着的白人和死去的白人组成的僵化排外的俱乐部。这种指责有些道理，但是如果仔细观察西方哲学的脉络，就会发现其中贯穿的东方思想。早在伊壁鸠鲁时代，公元前350年左右，东方和西方已经开始交流了，即使当时他们并不总是互相倾听。几个世纪之后，这一对话又复活了。不仅包括梭罗和叔本华，还有其他人。尼采、海德格尔和威廉·詹姆斯（William James）都很熟悉印度和中国的智慧。这些智慧都渗透进他们的哲学中了。

我越来越喜欢叔本华。这位黑暗中的王子，是一位大师级的设计者，他的作品读起来很有趣。他的写作清脆生动，几乎就是诗歌。在众多德国哲学家中，他是最容易读的（不可否认，标准很低，但是叔本华很容易就清除了这个标准）。叔本华研究者布莱恩·马吉（Bryan Magee）说，没有哲学家会比叔本华“离你更近，当你读他的作品时，几乎可以触摸到他和听到他的声音，你能完全感觉到他的存在”。

确实，他是一个受伤的灵魂，也许比多数人受到的伤害都要多，但那只是程度不同，而非种类不同。我们每个人心中都有一个小小的叔本华。我们都受过伤，只是伤口的大小和形状不同而已。

叔本华不是一个容易让人喜欢的人——而是“一个令人讨厌的人”，一位传记作者如是说——但他是一个容易令人钦佩的人。作为艺术和音乐的热爱者，叔本华发展了哲学中最深刻和最迷人的美学理论之一，影响了一代又一代的艺术家和作家。托尔斯泰和瓦格纳都在自己的书房里挂着他的画像；阿根廷作家豪尔赫·路易斯·博尔赫斯（Jorge Luis Borges）为了读他的原作，特意学了德语；喜剧演员也喜欢他，因为他证实了幽默背后隐藏着黑暗的猜疑。

当其他哲学家企图解释外在世界时，叔本华更加关心的是我们内在的世界。如果我们不了解自己，就无法了解世界。这在我看来是显而易见的事实。为什么这么多哲学家——或者说在其他方面很聪明的人们——没有想到这个事实呢？我认为一部分原因是，考察外部世界更简单一些。我们就像谚语中说的那个在明亮的小巷里寻找钥匙的醉汉。

“你是在这里丢的钥匙吗？”一个路人问他。

“不，我在那边丢的钥匙。”他指着一片黑暗的地方说。

“那你为什么在这里找呢？”

“因为这边有光。”

叔本华没有这样做，他到最黑暗的地方去寻找。你可能不同意他阴郁的外表或者黯淡无光的形而上学，但是你不能责骂他做得不够彻底。他探索了最深切的领域。他是一个英雄式的哲学家。

人们迷恋的每一个物品都暗示着另一种等量且对立的反感；每份激情都暗示着相应的烦恼。叔本华也不例外，他对音乐强烈的爱暗示着他对噪声的厌恶。

他在文章《论晚餐和噪声》中写道，“在我的生活中，敲门声，捶打声和撞击声都是对我的折磨”。他尤其不喜欢鞭子抽打在马身上那种“突然尖锐的断裂声”，那是一种“使大脑瘫痪，撕扯反思的挑战，谋杀所有思想”的声音。我在想，叔本华作为一位动物爱好者，可能感受到了马的痛苦。

晚上的时候，他会因为轻微的噪声而暴跳如雷，甚至拿起他总是放在枕边且已经上膛的手枪。在法兰克福时，他给剧院经理写过信，督促他做点什么来减轻吵闹声：控制人群，在门上安装缓冲设备，以及采用铰链式座椅，任何事情都可以。他写道，“诸位女神和听众会因为你对这些问题的改善而感谢你的”。

对叔本华而言，噪声不仅是令人烦恼的，还是性格的晴雨表。

他相信，一个人对噪声的忍受程度内在地与这个人的智力成反比。“因此，当我听到院子里的狗叫了几个小时都没人管时，我就知道应该如何看待这些住户了。”

我也一样，我的思路就不稳定，很容易脱轨。即使是嘀嗒的时钟声都会颠倒我的注意力。我妻子的吹风机，或者一个名为“生物离子动力灯”的邪恶小混蛋，就能够毁掉我的一整天。我就不再说吹叶机带来的烦恼了。

最近的研究表明，噪声污染会潜在地影响我们的生理健康和心理健康。《南方医学杂志》上发表的一项研究结果显示，噪声污染会导致“焦虑，压力大，神经紧张，恶心，头疼，情绪波动，好辩，阳痿，心情的改变，社会冲突的增加，神经衰弱，歇斯底里，以及精神病”。另一项研究发现，飞机起飞和降落的轰鸣声会导致人们的血压急剧上升，心率加快，释放应激激素——即使熟睡中的人都难以避免。

叔本华可以在这些研究中获得证据，但这不会令他高兴，因为这些研究没有解释另一种更深层次的噪声：心理层面的噪声。心理噪声不仅会打扰我们，它还会模糊我们的环境。在一个喧嚣的环境中，我们会失去信号和方向。150多年以前还没有电子邮件的时候，杂乱的邮箱经常引起叔本华的担心。

这位哲学家在《论作者》这篇文章里预料到了社交媒体带来的麻痹心灵的喧嚣声，真理之声不断被新的噪声淹没。“设想一下，没有比这更大的错误了：新近作品论调总是最正确的；后来的作品总是对前期作品的提高；每一种改变都是进步。”

我们每一次毫无意识的点击都在犯这样的错误，像实验室里拉杠杆的老鼠一样，漫无目的地拉一下，然后期待着回报。我们不知道这个回报会是什么形式的，但这不是重点。像叔本华那些饥饿的读者一样，我们混淆了新的和好的、新奇的和有价值的东西。

我为此感到愧疚。我不断一遍又一遍地检查我的数字生命体征。写这段话时，我查看过邮箱（什么都没有），打开脸书（宝琳的生日要到了，一定要记得给她发信息），在易趣网上出价竞标一只漂亮的皮革双肩包，又查看了一下邮件（还是什么都没有），订购了颇多的咖啡，增加了那只双肩背包的出价，又查看了一遍邮箱（还是什么都没有）。

在叔本华生活的时代，百科全书就相当于现在的因特网，其诱惑力也和因特网不相上下。当已经可以直接在书里找到问题的解决办法时，为什么还要苦苦思考这个问题呢？叔本华说，因为“通过自己的思考找到答案将会比直接翻书高出百倍的价值”。他说，人们太频繁地直接翻书而不是好好地思考问题。“只有当自己思想枯竭时才应该去读书。”

用“点击”代替“读书”，这就是我们的困境。我们混淆了数据和信息，混淆了信息和知识，混淆了知识和智慧。这种趋势使叔本华感到担忧。他看到人们到处都在争夺信息，误把这些信息当作洞见。他写道：“他们不曾想到，信息只是获得洞见的手段，信息本身几乎没有什么价值可言。”我想更进一步说明这个问题。这种过量的数据——确实都是噪声——只有负面的价值，只会减少产生洞见的可能性。在噪声的干扰下，我们听不到音乐。

我走回旅馆，把斯蒂芬·罗珀和悲伤的叔本华档案馆留在“所有可能的世界中最糟糕的那一个”里自谋生计。

游走在法兰克福长满绿叶的林荫大道上，呼吸着柔软而坚韧的空气，我并不觉得这是最糟糕的那个世界。这是一个令人愉快的傍晚，叔本华的午后型体质喜欢的那种傍晚。我听着街上的声音，混乱的日耳曼声音与我内心的声音产生了共鸣。我惊恐地发现，我内心的声音也是混乱的。叔本华说的对，当你头脑中装进别人的思想时，这些思想就会取代你自己的思想。我做了一个精神警示来驱逐这些不请自来的声音。

回到房间，出于厌倦或者本能反应（或者两者怪异的组合），我决定打开电脑。就在我心不在焉地点击网页的时候，突然想到：因特网就是叔本华所说的“意志”在数据时代的显现。如同意志一样，因特网无所不在，而且毫无目的。它总是在奋战，从未厌倦。它吞噬着所有事物，包括我们最珍贵的资源——时间。给我们带来快乐的同时，也给我们带来痛苦。想要摆脱它就是叔本华给出的方法。

我选择音乐，自然是罗西尼的音乐。我准备了一浴缸的热水和一杯苏格兰威士忌。喝了一大口麦芽酒之后，我闭上眼睛开始聆听。我跟随着音乐的旋律，无私但非无趣，参与其中却不急于做出反应。我任凭音乐冲洗着我，像浴缸的水一样温暖舒适。没有文字的声音，没有内容的情感，没有噪声的符号。

我意识到，这才是叔本华在音乐里看到的东西：不是在这个世界里获得短暂的休憩，而是融入到另外一个更加丰富的世界里。

Chapter 2

第二章

正 午

6
如何像伊壁鸠鲁一样快乐生活

17:35，蒙大拿州的某个地方，从芝加哥驶向俄勒冈州的波特兰的“帝国建设者号”列车上。

我们为了逃避专制的习惯而旅行。然而，没有了结构，我们人类就会迷失方向。在火车上待了两天之后，我极度渴求结构。我阅读关于思考的问题，思考关于阅读的问题。我重新布置列车上的小包房，把行李从角落移到空闲的地方，又从空闲的地方移到角落。我在尾部的车厢待上好几个小时，透过一扇小小的窗户，看着世界不断后退，就像一部永远不会结束的电影一样。多数时候，我都在等待奥利弗小姐欢快的声音，因为它诱惑我回到车厢的餐厅去。

没有什么东西能够像食物一样诉说结构。膳食是挑起一天的大梁。没有饭菜，时间就会坍缩，引力也会呈指数级增长，就像在黑洞里一样，这是科学事实。

虽然吃饭时坐着不动已经很愉快了，但是如果吃饭的同时能够活动的话，我的快乐就会呈指数级增长。吃饭和活动的组合中就是有这么一种奇妙的颓废性。至少曾经是这样的。

1868年，乔治·普尔曼（George Pullman）为第一节餐车车厢举行了揭牌仪式。他以著名的纽约餐厅来命名，称之为德尔莫尼科。精美的餐饮已经被带到火车上来了。

印在丝绸上的菜单给人们提供了多种选择，包括牡蛎和威尔士干酪。这些食物都很自然地盛在精美的瓷器中，同时搭配一瓶玛歌酒庄的葡萄酒或者一瓶起泡库克香槟。

一位《纽约时报》记者上气不接下气地记录了他在1869年从奥马哈到旧金山的旅程中乘坐普尔曼命名的这种车厢的经历。他盛赞其中的羚羊排（“没有尝过这种美食的人——他对肥肉盛宴知道多少”），沉迷于来自山野溪流中的鳟鱼（用一种“辛辣而且买不到的”酱汁做的）。他提到，所有菜品都放在“铺着雪白亚麻布的桌子”上。

我想了一下美铁上的食物，很遗憾错过了一个世纪以来火车用餐的黄金时代。我用的亚麻布不是雪白的，瓷器也不精致。虽然公平地说，健怡可乐也能起泡，但是却没有起泡的库克香槟。我的开胃菜——据说是烤虾配手抓饭——也不能让我沉迷其中。这些确实是可以吃的，但不能称之为美食。

像所有青少年一样，所有的哲学家也都被误解了。这种误解来自地域的差别。但是，被误解程度最深、受到最多不公正诽谤的人就是享乐主义哲学家伊壁鸠鲁（Epicurus）。

公元前341年，伊壁鸠鲁在萨摩斯岛上出生。他很早就投身哲学了，原因非常常见：他有很多问题，而且他深切地质疑大人们给出的答案。他研究了各种伟大学者的思想——尤其是赫拉克利特和德谟克利特。不久之后，他就有了自己的学生，这些人被他的魅力和平易近人的教学风格所吸引。他的语言经常是五彩缤纷、令人震惊的。

伊壁鸠鲁周游希腊世界，分别在科洛芬（现在属于土耳其）和莱斯博斯岛短暂地居住过一段时间，然后在35岁的时候在雅典定居。他在雅典城外买了一所房子。房子周围是一堵高墙，带着一个苍翠繁茂的公园。他想，这是建立学校和社区的好地方。这个地方很快就闻名遐迩，最终被称为花园。

各种花园和哲学相得益彰。法国启蒙运动的泰斗——伏尔泰说，“我们必须培育自己的花园”。17世纪英国作家和园艺家约翰·伊夫林（John Evelyn）表示赞同，并且认为“花园的空气和精神”能够带领人们走向“哲学式热情”。

我喜欢那个短语。世界需要更多的哲学狂热者，不是哲学专业的学生，更不是专家，而是狂热者，有着毫不掩饰的热情。花园，远离世界喧嚣的幽静之地，让人产生了这样的哲学热情。

花园需要打理，我们的思想也一样。认为自己不是哲学家的人就像在自家后院闲逛的人不是园丁一样。园艺和哲学这两种追求都需要成年人的自律承诺和孩子的轻松快乐。

两种追求都企图在混乱中创造一种秩序，而非施加一种秩序。这种秩序像梭罗一样保留了一种野蛮性和一丝神秘感。园丁与自然合作。如伏尔泰所言，园丁装点着自然。园丁们做着自己的工作，种植、铲土、除草。但是花园最终的命运不取决于园丁，而是取决于自然过程——以及，是的，还有魔力——在花园围墙内展开的魔力。哲学也有其自身的魔力，前提是你要先努力做好自己的工作。

地点很重要。它们是思想的宝库。这也是我为什么要旅行，为

什么到雅典来，我要来寻找伊壁鸠鲁和他花园的痕迹。这是不容易做到的。考古学家们带着可以调遣的所有工具和智慧来这考察，目前也只确定了伊壁鸠鲁花园的确切位置而已。但是这并不影响我的哲学热情。你不需要知道要找什么才能找到它，进取心是最好的指引者。

经过几次错误的转弯，我找到了第一个地标：迪普利翁门，或者叫双门。这是古代世界最大的门，曾经是进入雅典的主要入口。经过几个世纪的发展，这道门已经收缩为一段矮墙，我想这和雅各布与埃里亚斯坐在上面一起体验问题的费城矮墙没什么不同。

在古代，城墙代表着两个世界的划分。要想走出城墙，不仅需要发表一份声明，还要像卢梭熟知的那样善于冒险才行。今天，双门外面的社区是一个中间世界：之前只有一个大致样貌的世界与目前价格昂贵的世界之间的短暂间隙。汽车修理店紧挨着时髦的咖啡馆。我像叔本华那样停下来倾听。汽车店里传出有节奏的敲打声，咖啡馆里则传出流行音乐和大笑的声音。人们在寻找快乐，就像他们很久以前在伊壁鸠鲁时代做过的事情一样。

我停在一小片空地上，两座差点挨在一起的混凝土建筑之间的空地。混凝土的缝隙中杂乱地长出来一些植物。确切地说，这不是花园，但也很接近花园的样子了。我努力想象大约2500年之前的场景。

那时的街道上很拥挤。我能够在这些人中想到一个年轻的女人。我从历史书上得知，她名叫蒂米斯塔。对一个女人来说，即使在最好的时代，生活也很艰难，更何况那还不是最好的时代。那时所有的事情都是不确定的。亚历山大大帝的去世颠覆了整个世界，旧秩序已经崩溃，新秩序还没有成形。

我能想象蒂米斯塔不断在城门外探索，一旦看到带有围墙的建筑就想抓住机会试一下的场景。她看到有一边刻着很奇怪的一句话：“陌生人，你将在此过着舒适的生活。在这里享乐乃是至善之事。”

蒂米斯塔心动了。这听起来比不远处柏拉图的学园更有诱惑力。那里问候拜访者的话给人不祥的预感：“不懂几何学的人禁止入内。”她进门之后不仅发现了一个花园，还发现一个小型农场，以及热情好客的氛围。

伊壁鸠鲁选择这么一个相对偏远，带着围墙的花园是有原因的。与斯多葛学派以及其他哲学流派彻底决裂后，他督促自己的跟随者远离“商业和政治事务的牢笼”。伊壁鸠鲁认为，政治联系会降低人们自给自足的能力，最终穷尽人们的幸福感。他的名言是：“默默无闻地生活。”那时，这样隐居的生活也像在今天一样引发争议。人们总是怀疑那些远离世俗生活的人。我们如此取笑那些隐居的人，甚至会感觉被他们威胁。

伊壁鸠鲁也在其他方面打破了传统。当多数学校只接受雅典城邦的男性公民时，伊壁鸠鲁欢迎自由奴隶和女性，比如蒂米斯塔，他把好多作品都献给了蒂米斯塔。

这个围墙内的社区不仅接受那些一般不被欢迎的人，而且崇尚享乐的生活。不出所料，这样的社区势必引起人们的怀疑。谣言四处流传开来，说他们放纵欲望，尽享奢华盛宴。

这些谣言都没什么根据。伊壁鸠鲁的花园更像一个修道院。那里的生活都是公共的，几乎没有隐私。伊壁鸠鲁说，“不要在生活中做任何事情，因为一旦被你的邻居知晓，你就会感到害怕”。但是他的追随者中很少有人把这句话放在心上，因为他们没有什么需要隐藏的东西。

像我在旅途中遇到的其他哲学家一样，伊壁鸠鲁不仅是关注思想的哲学家，更是关注身体的哲学家。他相信，身体中蕴含着最伟大的智慧。

伊壁鸠鲁是一个经验主义者。他相信，感觉是我们认识世界的唯一方式。感觉可能并不完美，但是不存在其他可靠的知识来源。如果一个人告诉你其他的方式，那他要么是被骗了，要么是在卖什么东西。

伊壁鸠鲁不断训练自己的感觉。他能够非常敏锐地观察人们的行为。他走遍雅典，在每个地方他都能看到拥有足够多东西的人：足够的食物，足够的金钱，肯定还有足够多的文化。为什么这些人不幸福呢？

伊壁鸠鲁像医生诊断那些症状不明的病人一样去破解这个谜题。他说，应该像药剂一样把哲学发放给每一个灵魂。他前四个主要学说被称为"治愈四部曲"。必须和药品一样，按规定剂量定期给人们注射哲学知识。同时，哲学也和药品一样有潜在的副作用：头晕眼花，迷失方向，以及偶尔发作的躁狂。

这种医疗方法不是伊壁鸠鲁偶然发明的。他生活的时代是治疗哲学的鼎盛时期。在后来被称为"希腊化时代"的阶段，人们选择哲学派别时的热情与深思熟虑，就像现在选择配偶或者无线计划一样，需要下很大的赌注。因为你不是在普林斯顿和斯坦福之间做选择，而是选择一种生活方式，以此来塑造你的性格，进而决定你的命运。

这些学校是大学、健身俱乐部、自主研讨会等。教师们专注于伦理学。伦理学来源于"品格"的希腊语表达，研究的是好的生活：

幸福。一些哲学家认为，只有神和极少数被神庇佑的人才能过上这种高度幸福的生活。伊壁鸠鲁认为每个人都能过这样的生活。他认为快乐是生活的目的，是天生最高的善。但是应当区分不同的快乐，解除对神灵和死亡的恐惧，节制欲望，远离政务，审慎地计量和取舍快乐与痛苦的事物，达到身体健康和心灵的平静，这是生活的目的。他虽然把快乐与幸福相等同，但坚决反对把快乐与享乐相等同。

伊壁鸠鲁说，放松，然后享受。他认为，快乐是"幸福生活的开端和归宿"，并且带着挑衅的意味说："如果抽掉了嗜好的快乐，抽掉爱情的快乐以及听觉和视觉的快乐，我不知道我还能怎样想象善。"

伊壁鸠鲁说，快乐的主导性是不言而喻的。什么东西能让孩子有所反应？快乐和痛苦。你不需要教她火是烫的，糖是甜的，这些她都知道。人们像呼吸一样自然和主动地寻求快乐和规避痛苦。

伊壁鸠鲁定义快乐的方式和我们多数人都不一样。我们认为快乐是一种存在，是心理学家称为积极情绪的东西。伊壁鸠鲁却认为快乐是一种达到不受干扰的宁静状态，并要习得快乐，是焦虑的缺席而不是其他东西的在场才带来满足的感觉。快乐不是痛苦的反面，而是痛苦的缺席。伊壁鸠鲁不是享乐主义者，而是"平静主义者"。享乐主义者多偏重于感官、肉体上的享受，而伊壁鸠鲁特别强调的是精神上的享受。

一些心理学家反对伊壁鸠鲁，认为他几乎只专注于缓解疼痛。原先我表示赞同，但现在我不确定了。如果诚实地面对自己，我意识到自己最想要的不是名声或者财富，而是心灵的平静，"存在的纯粹快乐"。除了那种缺席的表述，几乎没有其他方法能描述这种状态。

避免痛苦是可靠的建议——我完全同意——但它作为哲学基础

不会过于薄弱吗？伊壁鸠鲁认为，如果我们正在经历着痛苦，那这个基础就不薄弱。设想一下，如果你从一匹马上摔下来，摔断了腿。来了一位医生，他迅速给了你一碗葡萄。有什么不对吗？葡萄是令人愉快的，难道不是吗？

伊壁鸠鲁相信，这个荒谬的场景正是多数人所处的境地。我们把一些琐碎的快乐置于大山一样的痛苦之上，然后还在想我们为什么不幸福。有些人遭受着身体疼痛的剧烈冲击，有些人遭受着精神上的沉闷之痛，或者心碎时想要死去的痛。但是痛苦就是痛苦。如果我们想获得满足，就必须解决这些痛苦。他说，"生命只有一次——不可能有两次"。伊壁鸠鲁相信，每个人的生命都源自机缘巧合，都是突然转弯的原子运动，在某种程度上都是一种奇迹。难道我们不应该庆祝这样的生命吗？

我离开那个是或不是伊壁鸠鲁花园旧址的地方，退回诱人的咖啡厅里。我点了一杯神话啤酒[1]，开始思考伊壁鸠鲁各种各样的快乐。他不仅庆祝快乐，而且解剖快乐，将其发展为一个完整的欲望分类系统。

梯子顶端是"自然且必要"的欲望。例如，艰苦地穿越沙漠之后，一杯水就是"自然且必要"的欲望。然后是"自然但不必要"的欲望。艰苦地穿过沙漠，喝一杯水之后，再加上的那杯餐酒就是"自然但不必要"的欲望。最后，金字塔底部是那些既不自然也不必要的欲望，也就是伊壁鸠鲁称为"空泛"的那些欲望。艰苦地穿过沙漠，喝一杯

[1] Mythos是希腊啤酒品牌，创建于1997年，自2015年起由嘉士伯集团的子公司奥林匹克啤酒厂生产。

水，啜饮一杯简单的餐酒之后，再加上的那一瓶过于昂贵的香槟就属于“空泛”的欲望。伊壁鸠鲁认为，这些空泛的欲望造成的痛苦往往最大，因为这些欲望一般不容易被满足。“对你来说，自由自在地躺在稻草床上、比心事重重地坐在金色沙发上看着豪华的桌子更好。”

我喝了一口啤酒——自然但不必要——然后默默记下自己的各种欲望。我不喜欢自己发现的东西。我的精力——我知道，太多的精力——都被用来追求一些海市蜃楼般的东西。我花了很多精力在背包上。我喜欢包（主要是小背包，也包括双肩包和文件包）。而且，和其他爱好一样，这个爱好不断消耗我。伊壁鸠鲁会看一眼我收藏的这些包（诊断出我的问题），继而宣布，我这个爱好最多算作“自然但不必要”的欲望。确实，我们需要一些东西来盛放物品，但我们不需要54个产于不同年代、用皮革或帆布做的各种样式的包。一个简单的帆布包就够了。

伊壁鸠鲁说，快乐不仅有不同的种类，而且它们的运动速度也不同。他把快乐分为静止的快乐和运动的快乐。用一杯冰水来摆脱干渴的行为就是运动的快乐。在这之后经验到的满足感——不再干渴——就是静止的快乐。或者，换句话说，喝水是运动的快乐，喝完之后是静止的快乐。

我们一般认为运动的快乐是最令人满意的，但是伊壁鸠鲁不这样认为。静止的快乐是更高级的，因为我们是为了这种快乐本身而寻求这种快乐。静止的快乐是目的，而不是工具。伊壁鸠鲁说：“我发现当我靠面包和水生活时，身体中充满了快乐。我鄙视奢侈生活带来的快乐，但我鄙视的不是这些奢侈生活本身，而是这些生活过后的那种不适感。”

随之而来的有哪些不适呢，比如说，在米其林三星餐厅吃过一顿五道菜的饭之后会有什么不适呢？虽然伊壁鸠鲁说的是生理感觉——消化不良、宿醉——但主要是指另一种潜藏的痛苦：不再拥有的痛苦。你喜欢太平洋野生王鲑沙锅——这是真实的快乐——但现在这种美食消失了，你却又燃起了这种渴望。你已经把自己的快乐寄托在鲑鱼砂锅——以及捕捞这些鱼的渔民，供应这种美食的餐厅，削减账单以使你能买得起这种美食的餐厅老板上面。你现在就是一个对鲑鱼罐头上瘾的人，你的快乐取决于这种食物的定期刺激。这都是因为你误把不必要的欲望当成必要的欲望了。

不要气馁，伊壁鸠鲁劝说道。自然会保护你的。在自然的安排下，必要的欲望是容易满足的，不必要的欲望才难以满足。苹果就长在树上，但特斯拉汽车不会。欲望是自然的定位系统，可以指导我们走向最高级的快乐，远离空泛的快乐。

我们本应该生活在快乐的黄金时代。但是一键点击之下，有太多诱人的选择：鲜美的食物，记忆泡沫床垫，变态性行为，各种小玩意。伊壁鸠鲁会说，这些都是快乐的诱惑者。它们像任何好的诱惑一样，看起来都很真实，所以我们会以此为目标。如果我们不能击中目标，就难免责怪自己枪法不好，然后填满弹药重新开始。

不要瞄准这些虚假目标了，伊壁鸠鲁建议道。最好不要再射击了，他说："让我们变得愈加丰富的不是我们拥有的东西，而是我们享受的东西。"他指出，只要有良好的心态，即使一小罐奶酪也可以把简单的饭菜变成一顿盛宴。

伊壁鸠鲁认为，超过某个特定的点之后，人们就不可能再提高快乐的程度了——就像已经很明亮的天空无法变得更加明亮一样——只能变换不同的样子。一双新鞋或者一只智能手表代表着不同种类的快乐，而不是更高程度的快乐。但是我们所有的消费文化都建立在这样的假设上：各种不同的快乐等于不断提高的快乐。这个错误的等式造成了很多不必要的痛苦。

快乐的多样性不仅没有我们想的那么重要，而且快乐持续的时间也没那么重要。一次20分钟的按摩并不一定比10分钟的按摩更快乐。你要么处于平静的状态，要么不是，总之不可能获得加倍的平静。

这一哲学思想听起来可能不那么有趣，但它曾经很有趣。这些伊壁鸠鲁学派的人舒适地坐在花园里，过着简单的生活，偶尔还会享受一次盛宴。他们知道，最好间歇性地享受奢侈的生活，同时欢迎任何好事的到来。伊壁鸠鲁主义是一种接受哲学，及其近亲，感恩哲学。当我们真正地接受某些事物时，内心只会情不自禁地充满感激之情。

我最近遇见一个名为罗伯（Rob）的年轻心理学家。我认为，他身上所体现的就是伊壁鸠鲁主义，虽然他自己并没有意识到这一点。我和罗伯在一起度过了三天。我们在犹他州南部超凡脱俗的荒野中徒步。这是为了体验自然带来的健康益处而做的部分实验（我自己就是实验对象）。

一天，我注意到了罗伯的水杯，圆滑精致，而且符合人体工学设计，这几乎像背包一样让我异常兴奋。

“你在哪儿买的这个水瓶？”我问罗伯。

“不是我买的，是它自己来到我这儿的。”他回答说。

很多东西降落在罗伯那里。不仅是水瓶，还有咖啡杯，手电筒以及其他一些东西。探险结束之后，我们时常互通邮件。他告诉我："大约一个小时之前，我走过校园时收到一个崭新的咖啡杯；杯子很精致，因为某些深不可测的原因，还带着原包装的盒子。我把它放在办公室了，和另外五个咖啡杯，八个水瓶，一个蛋白质奶昔，两个头灯放在一起，这些都是自己来到我这儿的东西。如果一直这样下去，我可能会提前退休，然后开一个礼品店。"

罗伯的态度是纯粹的伊壁鸠鲁主义。如果你身上发生好事，就好好享受它，不要去刻意寻找。那些不奢求发生好事的人身上往往会发生好事。罗伯没有花费精力搜寻这些小玩意儿，它们偏偏落在他那里。当这些东西出现时，罗伯是心怀感激的。

伊壁鸠鲁去世后的几个世纪里，伊壁鸠鲁花园在地中海区域蔓延开来。它们吸引了大批热心的追随者。而且，不同于其他学派，伊壁鸠鲁学派的退学率很低。加入花园的人很多，从中逃走的人很少。

花园围墙外面的人向里面扔石头。斯多葛学派教师爱比克泰德（Epictetus）称伊壁鸠鲁为"满嘴脏话的混蛋"。伊壁鸠鲁主义对原则性快乐的崇尚威胁到了其他学派的哲学，尤其是一种新流行的宗教：基督教。最终，教堂广泛流传开来。很多世纪以来，伊壁鸠鲁主义几乎消失了。

之后，一位勇敢的学者，波焦·布拉乔利尼（Poggio Bracciolini）在1417年彻底考察欧洲南部的古代遗物，找寻失落的宝藏。他发现了仅存的一份《物性论》，即罗马诗人卢克莱修（Lucretius）撰写的一篇伊壁鸠鲁主义论文。1473年，这本书成为最早在新发明的机械印刷机上印刷的图书之一。

伊壁鸠鲁的思想——关于快乐，简单和好生活的思想——被从法国到美国殖民地的新受众所接受。1819年，退休的托马斯·杰斐逊（Thomas Jefferson）宣称，“我也是一个伊壁鸠鲁主义者”。他在写给朋友的信中解释道：“我认为真正的（而不是推测的）伊壁鸠鲁主义包含了希腊和罗马留下的道德哲学中蕴含的所有理性之物。”

杰斐逊不怎么熟悉佛陀的教义，但是那些教义和伊壁鸠鲁主义极度相似。两者都把平静视为实践活动的终极目标，都认为具有相同观点的思想家需要组成一个社区：伊壁鸠鲁的花园，佛陀的僧团。两人明显都对数字“四”情有独钟。佛陀有“四大真理”，伊壁鸠鲁有“治愈四部曲”。

这些相似之处可能不仅仅是巧合。伊壁鸠鲁思想的两个早期影响者，德谟克利特（Democritus）和皮洛（Pyrrho），曾经远游至印度，遇到了那里的佛教宗派。也许伊壁鸠鲁了解过佛陀的教义，或者两人的思想殊途同归。

今天，伊壁鸠鲁的花园几乎像所有其他事物一样，被转移到了网络上。我也是在网络上发现了汤姆·梅尔（Tom Merle）。我没有刻意找过汤姆这样一个人，而是他恰好出现在我面前。

汤姆是一个大写的伊壁鸠鲁主义者——秉承着这个哲学家最初的原则——住在小写的伊壁鸠鲁花园里，即加利福尼亚州的纳帕，一个以沉迷烹饪著称的地方。他如何调解大写的哲学精神与小写的世俗食欲的共存呢？这是我在笔记本上记下的第一个问题。然而，问题就像玛氏巧克力豆或者背包一样：不可能只有一个。不久之前，我已经在笔记本上记下了很多问题。伊壁鸠鲁，极简生活的提倡者，不会赞赏这种做法的。

我意识到，所有问题都可以归纳为这个问题：这样一个早已去世的希腊人，倾向于诅咒和鄙视，住在花园里，追求极简主义生活的人，如何能够和今天这种复杂且高度技术化的世界联系起来呢？

我穿越半个世界，从雅典到纳帕，就是为了见到汤姆，和他一起吃顿早午餐。我让他来选择见面地点。这样做部分因为是在他的城市见面，更因为我好奇他会倾向于哪种方式，大写的伊壁鸠鲁还是小写的伊壁鸠鲁。他建议我们在市中心见面，然后再步行去餐厅。

汤姆已经73岁了，但是看起来至少比实际年龄年轻10岁。他戴着黑色的太阳镜，从没摘下来过，即使在阴凉地方也一直戴着，同时穿着一件装饰着彩色酒瓶图案的丝绸衬衫。汤姆显然对他晒成棕褐色的皮肤很满意。我喜欢他。走路的时候，我和他闲聊起来，询问他在纳帕的生活。

汤姆喜欢在这里生活，虽然他厌倦了隐秘的自满，过多的美人——以及一点儿砂砾都没有的环境。

我同意，砂砾非常重要。不要信任一个没有砂砾的地方。

在汤姆的引导下，我们走进一间不大的咖啡馆。菜式简单且不贵。大写的伊壁鸠鲁主义。我点了一份三明治，名字叫“点燃森林之火”，这个名字让我好奇瓦哈卡奶酪的前景，同时让我想起读过的关于梭罗的一些事情。他和朋友不小心点燃了瓦尔登森林的一大片区域，他们为此非常懊恼。

帮我们点餐的女士问道：“您需要一些喝的东西来搭配食物吗？”

我看了一下手表：上午10:00。

我问："现在喝酒会不会太早？"

汤姆和她会意地交换了一下眼色——我们面前这个人是个游客。在纳帕，喝酒不分早晚。

在汤姆的建议下，我点了一份黑皮诺。我们选了室外的一张桌子坐下，阳光温暖，加利福尼亚湛蓝的天空一尘不染。目光所及之处，一粒沙子都没有。一辆特斯拉飞驰而过。

在等待食品的时候，我一头扎进自己的问题里——在我不注意的时候，一个问题已经变成多个问题了。

我问汤姆，你是怎么发现伊壁鸠鲁的，或者说是伊壁鸠鲁主动找上你的吗？

汤姆解释道，他一直是个"理念之人"。还在读本科的时候，他就开始涉猎哲学，但直到后来成为研究生，他才深入研究哲学。那是20世纪60年代，正是做一个理念之人的好时机。

汤姆读了斯宾诺莎、康德以及其他哲学家的作品，但是被伊壁鸠鲁和他对快乐的关注吸引了。"对我而言，快乐如此包含万有——甚至比幸福包含的东西还要多。"他在喝酒的间隙如是说道。

汤姆总是不厌其烦地更正关于伊壁鸠鲁的说法。伊壁鸠鲁并不是美食家。如果他发现一个烹饪网站竟然以自己的名字来命名，他会非常震惊的。他重视的是简单的生活方式，触手可及的水果味道最好。

我大声问出了自己的疑惑，汤姆如何能调解简单生活的理念和居住在纳帕的事实呢？因为在这个地方，触手可及的水果似乎是一定要花200美元才能买到一瓶的梅洛葡萄酒，头上简单的屋顶就能轻易花掉整整一百万美元。

汤姆承认，这不容易做到，但也是可以实现的。你自己需要盘算一下。

一提到数学我就想退缩。对我来说，数学、几何学和众神、死亡一样，都住在那些可怕的公寓里。以柏拉图严格的入学要求，我永远都不会踏进他的学园。

汤姆解释说，虽然所有的快乐都是好的，所有的痛苦都是坏的，但这不意味着，我们总是应该选择快乐，而不选择痛苦。有些快乐可能在未来带来痛苦，因此就要避免这些快乐。肺癌的痛苦就超过了吸烟的快乐。类似地，有些痛苦会在未来带来快乐，因此应该忍受这些痛苦。比如，体育锻炼就是这类痛苦。

这听起来虽然有些奇怪，但是伊壁鸠鲁教导我们，可以依靠推理来获得快乐。如果我们不高兴，那不是因为我们懒惰或者有缺陷，只是因为我们算错了。我们还不够审慎，在评估快乐和痛苦时，应该“冷静地推理”。

汤姆不断地做数学运算，像他说的那样，以此来“检查他的快乐”。快乐带来的好处是否多于它索取的痛苦呢?

汤姆解释道，几天之前，他注意到想看的一场戏剧要在旧金山上演了。他应该去吗？账簿的一边是观看表演的快乐，但是他把这份快乐和票价带来的痛苦，以及加利福尼亚高速公路交通带来的痛苦进行对比。最后，汤姆决定去看演出。因为这种情况下，快乐要多于痛苦。他买了票。

“很少有不掺杂质、纯粹快乐的东西，”他说，“这就是为什么这种哲学对我而言是完美的，因为我是个非常优柔寡断的人。”

我也是，被各种选择弄得狼狈不堪。奇怪的是，绊住我的并不是生活中的大事——我应该追求什么样的事业？——而是各种小事：我应该点危地马拉咖啡还是苏门答腊咖啡呢？我意识到，难以做出选择的根源是害怕。害怕做出错误的选择，害怕只是选了好的，但是没有选最好的。

随着汤姆和我一起品尝黑皮诺，我开始看到伊壁鸠鲁主义的迷人之处。然而，仍然有些东西困扰着我：心神安定，内心不受干扰，是伊壁鸠鲁所认为的最高目的。这似乎是一种消极形式的快乐。我问汤姆，积极寻求满足的欲望有什么错呢？

“想想这根薯条。”他说着拿起一根薯条晃了一下，好像那是一只魔法棒。

“好的。”我说，不知道他要说什么。

“如果你有吃薯条的欲望，伴随这一欲望的还有一种痛苦。没有薯条的话，你就会一直渴望，一直寻找，会发痒。”

“所以，快乐就是抓痒的感觉？”

“是的，但这不是你能得到的东西，因为总会有其他的痛苦，其他你必须去抓的发痒的地方。”

这听起来很可怕，发痒和抓痒的无限循环。只是这样想一下我就感觉痒了。比如我们尝了鱼子酱，感到很快乐，这很好，但是当我们再次渴望鱼子酱时就出问题了。鱼子酱尝起来味道再好，都不如那种渴望带给我们的伤害大。以快乐开始的东西总是以痛苦结束，唯一的解决办法就是减少各种欲望。

对话难免转到酒上来。我本以为汤姆是纳帕的外地居民，在酒这方面是个假内行。但是我错了。汤姆·梅尔，纳帕的居民，业余酒类学家，一家名为“杯中辉煌”的餐饮店的股东，喝的是“两元恰克”。这是查理·萧（Charles Shaw）品牌下的一种葡萄酒，两美元一瓶，卖得很好。

“真的吗汤姆？这么便宜的东西？”

“当佐餐酒挺好的。花35美元买一些消耗性的东西，吞下去，然后就没了，做这种事的人真是疯了。查理·萧如此成功是有原因的。‘两元恰克’是不错的酒，就是我说的‘足够好的酒’。”

“足够好？”

“是的。在我看来，足够好就是足够好。它可以为人们留下时间来做生命中其他更重要的事情。此外，对于一个觉得‘足够’太少的人来说，没有什么东西是足够的。”汤姆带着伊壁鸠鲁的味道说道。

我停下喝了一半的酒。多少才是足够呢？我很少停下来问这个问题。我一直以为答案是“比我现在拥有的更多”。事实证明，“更多”是一个不断移动的目标。心理学家称这种情况为“享乐适应症”。人类这一本质怪癖解释了为什么第三个法式炖蛋永远不如第一个或者第二个好吃，也解释了为什么试驾时让我们感到无比兴奋的新车，上路一个月之后就令人厌烦了。我们适应了新的快乐之后，这些快乐就不再是新的，也没有那么快乐了。

我们对我称为“只要多一点主义”的情况尤其敏感。我们不需要很多——金钱，成功，朋友——才会变得幸福起来，只要多一点点就够了。得到多的那一点时，我们会重新调整标准，然后计算着我们还需要……再多一点。我们不知道多少才是足够的。

足够好并不意味着从此安定下来。足够好不是逃避。足够好代表对你身上发生的所有事情，都怀有深刻的感激之情。不仅完美是好的敌人，好也是足够好的敌人。只要足够长久地遵循足够好这一信条，就会发生出乎意料的事情。“足够”会像蛇慢慢蜕皮一样逐渐消失，剩下的就是简简单单的好。

伊壁鸠鲁认为友谊是生活中最大的快乐。他说：“在幸福生活的所有组成部分中，没有什么比友谊更重要、更丰富。”他补充道，在吃饭的时候，朋友是最必不可少的，就像汤姆和我一起享用的早午餐一样。如果吃饭和喝酒的时候没有朋友，就是“像狮子和狼一样在吞食”。

伊壁鸠鲁对友谊的强调似乎与快乐第一的原则相矛盾。毕竟真正的友谊意味着，有些时候要把朋友的快乐置于自己的快乐之上。这样一来不就抛弃了享乐主义的精打细算吗？伊壁鸠鲁说，不是这样的。总的来说，友谊会减轻痛苦，增加快乐。无论与友谊相关的痛苦是什么，它都不仅仅是被友谊的快乐抵消而已，而是始终会收获友谊的快乐。

我不禁想到，自己和汤姆一起度过的就是这样的“伊壁鸠鲁时刻”。一顿简单的饭，搭配着足够好的酒。奢侈的友谊和时间，感受着没有痛苦的快乐，内心平静的快乐。我记住了这种平静的心理状态，但并没有在此过多停留，以防自己掉入快乐悖论的陷阱。沉思幸福时，就已经不再幸福了。

当我们告别时，我问汤姆，他能否推荐一家咖啡店。我希望他给我推荐当地一家诡诈的咖啡馆，可爱的店员会在那儿精心制作每一杯咖啡，一个特别的地方。

他说："沿路有一家星巴克。"

我有些失望，但是停下来问了问自己，"伊壁鸠鲁会怎么做？"他当然会去星巴克。所以我也去了。

这里并不奇特，也没有可爱的咖啡师，没什么特别的地方。但是这已经足够好了。

换句话说，完美。

7
如何像西蒙娜·薇依一样集中注意力

8点24分，英国怀伊火车站，等待乘坐开往阿什福德的东南有限公司的列车。旅途总时长：7分钟。等待总时长：9分钟。

时间还早，正好可以看看漂亮的车站。车站是简单的木质建筑，算是一间华丽的小屋，散发着社区般的温暖感和安静的效率感。我从一块小小的布告栏上得知，当地的读书俱乐部会在下周四见面，我如果能带着土豆沙拉或者一些烤饼去参加的话就好了。旁边的标语写着，怀伊是一个“自然景色非常优美”的地方。确实是这样，无边无际的草地，连绵起伏的群山，到处都郁郁葱葱的。

我坐在小小的候车室里，和这个词携带的奇特荒唐感一起坐在这里。候车室。为了“等待”这种不需要任何活动的事情而特意建造的一间房子。我开始摇摆脚跟。看了一眼手表，还有8分钟。我看了一下这个真的很小的图书馆，只有几排经常翻阅的平装书。

扫了一眼小小的离站告示牌，还有7分钟。我开始坐立不安，踱步。看着手中的车票：怀伊到阿什福德，往返旅程。比起美国的“环形旅程”，我更喜欢往返旅程这个表达。环形旅程听起来浮夸且毫无意义。

我又看了一下离站告示牌。还有6分钟。我叹了口气。这段时间能做什么呢？时间太短，完不成任何一件有意义的事情；这段时间又太长，不是一眨眼就能过去的。我知道，6分钟不算什么。但是时间是会累加的。我在《每日电讯报》上读到，平均每个英国人一生中大约有6个月都在排队。

6个月不是一个小数目。6个月可以是一个学期，6个月可以是工作的半年。6个月是生命中的一大块时间。这只是排队的时间。我们还需要等着一壶水烧开，等着医生来看我们，等着网站内容的下载，等着客户服务代表接电话，等着煮一壶咖啡，等着蹒跚学步的孩子入睡，等着疏通交通堵塞，等着用恰当的词来表达，等着从来都没有那么晚回家的女儿从外面回来，等着爆米花做好，等着冰块冻好，等着冰雪融化。

6分钟。如果有更多的时间，我会阅读。我为这段短途旅行准备了一些合适的文学作品。一本俳句集和塞涅卡（Seneca）的文章，《论生命之短暂》。大约2000年之后，费利斯·布依勒[1]（Ferris Bueller）在逃学的日子里回应了塞涅卡："生活过得相当快，如果你不偶尔停下来看一下周围的风景，就会错过生活。"

速度让人们越来越急躁。我们等待的能力与生活速度的加快成反比。为什么网络连接得这么慢？我的披萨怎么还没好？急躁是对未来的贪婪，耐心是对时间的宽容。

远处的小点稳定地变大，直到最后东南有限公司的火车侧身挤进怀伊车站，我转动身体，轻快地登上列车。我找到靠窗的座位坐下来，正打算看一眼手表时，我停下来了。我转而看着窗外，静静地等着。

火车开始加速，逝去的每一秒都让我离阿什福德更近了一些。那是

[1] Ferris Bueller，电影《春天不是读书天》的主角，该影片是约翰·休斯执导的美国剧情类影片，讲述了中学生费利斯与女友、好友一同逃学并在芝加哥市内到处游玩，被老师围追堵截的故事。

一个哲学家最后安息的地方。这位哲学家思考了很多关于等待和时间的问题。并且，在那些似乎不成比例地降临在哲学家身上的可悲讽刺中，很少有这样的事情发生在她身上。

哲学不会溺爱谁，它总是在挑战，不断提要求。最好的哲学家都是最严苛的人。苏格拉底要求我们质疑各种假设，尤其是我们自己的假设。马可·奥勒留要求我们以自己的责任为荣。

相较而言，西蒙娜·薇依的恳求更加简单，但也不容易做到。她要求我们关心某物，把注意力给予某物。这不是随便一种注意力。薇依所说的注意力是我之前从未遇到过的。

看着西蒙娜·薇依的一张黑白照片，我猜想，照片上的她也不过20出头。我首先注意到的是她乌黑油亮的头发，浓密且桀骜不驯；之后是她的眼镜，厚厚的小镜片略显滑稽。我想，主要就是她的头发和眼镜了。

但是我又注意到了她的眼睛。黝黑坚定，同时透露出温暖且强有力的超自然智慧。这是一双能伤人的眼睛，严肃的眼睛，梭罗式的眼睛。每个人都会评论这双眼睛。薇依的一个朋友回忆道，“她有力的目光能够穿透厚厚的镜片”。另一个人则震惊于她的目光，因为“只要她在场，所有的谎言都无所遁形……她的凝视能够撕碎一切伪装，牢牢抓住被看的人，让他无所适从”。

薇依一生完全不关注时尚，所以她的衣服宽阔肥大，丝毫没有吸引力。她穿的衣服总是黑色的，而且有些破旧，鞋子也都是平底鞋。一个朋友回忆说，她“真的是一个邋遢的人”，另一个朋友说她是"中世纪的隐士"。

这位强调注意力的哲学家不想被任何人注意到。她只想看，但不想被看。无论是乘坐火车还是在工厂里工作，她只想做一个无名者——"融入到人群中，消失在他们中间，那样他们就会展现出自己真实的样子"，薇依说道。但她总会成为突出的那个人。她怎么可能不突出呢？知识分子，尴尬的样子，犹太人。

1909年，薇依出生在巴黎一个极端世俗化的高级知识分子家庭。她很小的时候就能从书本中得到慰藉和灵感。14岁时她已经熟知布莱斯·帕斯卡（Blaise Pascal）的《思想录》。她能够阅读用梵文和亚述-巴比伦语写的作品。（她和一个朋友说："这真是一门简单到爆的语言。"）她能连续好几天不吃饭，不睡觉。

薇依虽然一直保持着优异的学业，但是她并不是因为知识本身而重视知识。她说，"学校作业唯一严肃的目的就是训练注意力"。这个词——注意力——将会占据她的一生。就是这根线把漫无规则的哲学思想和她的生活缝合在一起的。

注意力与直立行走的能力或者打开泡菜坛子的能力一样，是我们人之为人的基本能力。每一项杰出的科学发现，每一件伟大的艺术作品，每个善意的举动，都来自某些纯粹且忘我的专心致志时刻。

注意力很重要。在塑造我们的生活时，它发挥着最重要的作用。美国哲学家威廉·詹姆斯说："目前，我们所关注的东西就是现实。"只有当我们关注一些事情的时候，对我们来说这些东西才是存在的。这不是比喻，而是事实。正如多项研究揭示的那样，我们看不到不关注的那些东西。

注意力的质量决定了生活的质量。你选择关注什么，尤其是如何关注的，自己就会成为什么样的人。回顾你的生活，哪些记忆会浮现眼前呢？也许是一些大事，比如说你结婚的那一天，又或者是一些小事，比如某天在冗长的邮局队伍里，你出乎意料地和身后的人善意地换了一下位置。然而，机遇就是你最全神贯注的那些时刻。不多不少，我们的生活就是由这些最全神贯注的时刻组成的。薇依说："最高的狂喜就是注意力最丰满的时候。"

在这些罕见的瞬间，我们会进入一种意识状态——一种存在状态——薇依称之为"极度关注"，心理学家米哈里·契克森米哈赖（Mihaly Csikszentmihalyi）称之为"心流"。在心流状态时，你会摆脱所有类似于自我意识的东西，经历一种完全不同的时间观念，拥有更加强烈的真实感。所有事物都变得更加真实。契克森米哈赖说，心流不同于一般的生活状态，那是"一种非常有益的状态，这种状态本身就值得追求"。

沉浸在心流中的人不是沉迷自我，因为这种状态中已经没有自我了。没有音乐家，只有音乐。没有舞蹈者，只有舞蹈。一个热心的水手这样描述他处于心流时的感受："一个人会忘记自己，忘记所有的事情，只看到嬉戏的船只和大海，大海绕着船只嬉戏，抛开了所有和这个游戏无关的因素。"你不需要穿越大西洋或者攀登珠穆朗玛峰才能体验心流，你只需要集中注意力。

说到注意力的重要性，你可能认为哲学家们都很了解它。但是

他们对注意力的关注并不多。也许他们觉得这个主题太明显，或者太隐晦。也许他们只是太分心了。

多个世纪以来，很少有哲学家有足够的耐心来讨论注意力。勒内·笛卡尔（René Descartes），现代哲学之父，将注意力看作一根知识魔杖，一种让我们得以在不可靠的思想和毋庸置疑的“清晰明确”的思想之间做出区分的工具。这位说出著名的“我思，故我在”的哲学家也明确说过：我专注，故我能超越疑惑。我承认，这句话虽然没有那么顺口，但是或许更加准确。

讽刺的是，随着20世纪的结束，注意力的主体陷入一种混乱的分裂状态。有些思想家甚至得出结论（有些人还在论证），说不存在注意力。正如英国哲学家弗朗西斯·布拉德利（Francis Bradley）写的那样，“没有主要的专注行为，没有确切的专注行为，根本就没有专注这样一种行为”。

威廉·詹姆斯认为这种说法非常荒谬，并开始猛烈攻击所谓的这种混乱状态。“每个人都知道注意力是什么。注意力是对思想的控制，以一种明确生动的形式，把一个人从似乎同时存在的多个对象或思路中拉出来。”预言了同时处理多个任务的伤害性之后，詹姆斯警告道，注意力不仅要求只关注现实方面的一些东西，还要求忽略其他方面的东西。

我们目前对注意力的认识可以追溯到1958年。那时，一个叫作唐纳德·布罗德本特（Donald Broadbent）的英国心理学家提出了注意力的“过滤器模型”（也被叫作“瓶颈模型”）。世界上的数据像一直喷洒的消防水带一样，洪水般充斥着我们的感官。大脑处理数据的能力是有限的，所以它用注意力来区分信息的先后次序，进而控制消防水带。

这个理论引人入胜，直觉上似乎就很有道理。我们假设注意力是一个银行账户，或者是一个内存有限的硬盘。我们都有过被太多信息压垮的感觉。如此多的信息轰炸着我们，但我们一个都抓不住。一些研究发现，我们经常高估自己一心多用的能力。

但是，历史上有很多名人，他们的关注能力远超常人。比如拿破仑和丘吉尔，他们能流畅地处理多项任务和对话。牛津大学的实验心理学家艾伦·奥尔波特（Alan Allport）总结道，我们的关注能力是无限的，“目前还没有发现关注能力的上限，无论是一般来讲还是处理某个确切的领域”。就像卢梭提醒我们的那样，一般我们认为自然的东西，“事物所存在的样子”，就真的是它们此时此地的样子。局部的事实容易伪装成普遍的事实。

作为一个体弱多病的孩子，长大后的西蒙娜·薇依也是一个多病的年轻人。13岁时，她开始遭受头痛的折磨，这种头痛非常急剧，而且贯穿了她的一生，让她变得越来越虚弱。有时头痛太厉害了，她只能把头埋进一堆枕头里面。她那小鸟般的胃口更没有帮助她好转。她可以好几天不吃东西，所以也许还患有厌食症。

薇依一家是害怕细菌的家庭。（虽然家里有一位很亲近的朋友是细菌学者，但也于事无补。）薇依的母亲每天都坚持让孩子们洗好几次手，让他们用胳膊肘开门，不让他们与任何人接吻。所以，这就难怪长大后的薇依一想到身体接触就会退缩了。她曾经在给朋友的信里这样落款，“深情而无菌的吻”。

虽然薇依很聪明，但她感觉自己还是生活在少年得志的哥哥，安德烈（André）的阴影下。安德烈后来成为欧洲最伟大的数学家。显然，她的父母想要的是第二个天才儿子。他们有时会把薇依说成“西蒙”（Simon）和“我们的二儿子”。

从幼年开始，薇依就对他人的痛苦感同身受。薇依6岁的时候，一战肆虐，她宣布不再吃糖，因为“前线可怜的士兵们一点儿糖都吃不到”。之后，成为年轻人的薇依又拒绝给自己的公寓供暖，因为她同情那些支付不起取暖燃料的工人们。她甚至坚持睡在坚硬的地板上。有一段时间，她在一个葡萄园里工作，采摘葡萄，还在工厂里做过最乏味的流水线工作。她写道：“他们的苦难已经渗入我的肉体和灵魂里了。”

当薇依听到有国家正在闹饥荒的新闻时，不禁泪如雨下。这给同时代的哲学家西蒙娜·德·波伏娃留下了深刻的印象。她回忆道：“我嫉妒她有这样一颗可以和世界共振的心。”两位西蒙娜是20世纪法国哲学界的伟大人物。她们都是女人，而哲学界曾经是，现在某种程度上仍然是男人的俱乐部。1928年，两人在索邦神学院的院子里见面了，但是并不能愉快地相处。

薇依的极端同情有助于解释她对注意力的极端关注。她不是将注意力视为一种机制或者技术。对她而言，注意力是一种美德，和勇敢或者正义等美德形式没什么区别，也同样要求无私的动机。关心不是为了变得更多产，做一个更好的员工或者父母，而是因为关心是正确的道德行为，是对的事情。

最热情和最慷慨的关注有一个别的名字：爱。关注就是爱，爱就是关注，它们指的是同一种东西。薇依写道：“那些不快乐的人不需要世界上其他的东西，只需要人们的关注。”只有当我们全心全意且不求回报地关注一个人时，我们才能真正参与到这种“最稀有最纯粹的慷慨形式”中去。这也是为什么父母和爱人拒绝关注我们时，我们最伤心。我们知道关注的减少意味着什么：爱的消散。

最终，注意力是我们能给予的一切。其他的东西——金钱，赞美，建议——都是可怜的替代品。时间也一样。给别人时间却不关心别人的人是最残忍的骗子。孩子们本能地知道这一点。他们远远地就能闻到虚情假意的味道。

薇依承认，并不容易做到纯粹的关心，“全心全意地关心一个受苦者是一件稀有且很难做到的事情；这几乎就是奇迹；这就是奇迹”。面对受苦者时，我们的第一反应是转身离去。我们会找借口，我们很忙。我一直知道过马路时要避开那些热心的募捐者，但他们无疑是为了一件有意义的事情而募捐。我看到手里拿着笔记板、脸上带着明亮笑容的人时就会退缩，会感到羞愧。但这不是因为我捐得太少，而是因为我没有办法全心全意地关心他们，不能直视痛苦。

薇依说，这并不需要花多大力气。一句简单的话就能软化一颗心，进而改变一个人的生命：“你这是怎么了？”薇依说，这些字之所以如此有效，是因为在它们的意思中，受苦难者“不仅是整体的一部分，或者从一个贴着‘不幸’标签的社会类别中取出的样本，而是一个人，像我们一样的人，只是他们有一天被苦难盖上了特殊的印章”。

我家在马里兰州的银泉市，家附近有一个人来人往的十字路口。多数时候，尤其是周日，交通岛上会站着一个年纪不小、名叫奇普（Chip）的非洲裔美国人。他瘦削的身体靠在一根拐杖上，一只手拿着一个泡沫塑料杯，另一只手拿着一个写着字的纸板。纸板上只写着“奇普”，没有故事，也没有推销的话，只有他的名字。

现在我能看到奇普了，但有很长一段时间我并没有看到他。直到我的女儿指出他来我才看到，那时她才10岁。现在不管我们什么时候路过那个十字路口，她都会欢快地说，“那是奇普！”，并且坚持要我给他一美元或者两美元。

真正的关心不仅包括注意到他人，还包括承认他人、表扬他人。这一点在医药方面表现得最明显。当患者感到痛苦时，劳累过度的急诊室医生能注意到他的痛苦，诊断这一痛苦及其成因，但是没有关心这位患者。这时，患者有意或无意地会感觉被骗了。

我母亲并不满意她的心脏病医生。从技术上来讲，这位医生很专业。他读的学校都很好。但是他缺少关心的能力。我母亲有一天和我说：“我感觉，即使我在他面前掉脑袋，他都不会关心一下。”她正在寻找新的心脏病医生，一个更关心她的医生。

我在伦敦的圣潘克拉斯车站。这个车站很壮丽，目之所及皆是玻璃和光照，充满希望。和其他很多车站一样，这座火车站的建立主要有两个目的：功能目的和审美目的。一半工厂，一半宫殿。1851年“伦敦水晶宫展览”之后，各大城市开始用玻璃和钢铁来建造火车站大厅，用琢石建造前门。

结果就是建造了一座雅努斯大厦，这样矛盾的建筑必定让你思考。难怪维特根斯坦说，火车站是人们唯一能处理哲学问题的地方。火车站用石头和钢铁呈现了哲学问题。车站对艺术和商业的双重忠诚提醒我们，有时需要同时持有两种互相矛盾的想法。车站是一个工厂；车站也是一个宫殿。两种表达都对，两者都不会否定对方的意思。

我最喜欢的车站是安特卫普中央火车站。如果把火车站比作教堂的话，安特卫普就是圣彼得大教堂。高耸的天花板和抛光的大理石，置身于这样的车站中，我体验到了在其他伟大建筑中体验过的崇高，那种同时被缩小和扩大的感觉。火车站是我最专注的地方。

我喜欢所有火车站，即使最丑的那些也不例外。它们不可能比纽约的宾州车站更丑了。宾州车站不仅屋顶很矮，还很脏，老鼠横行。但是作为一个研究人类怪癖的人，我不禁对这里奇怪的登车习惯感到惊讶。车站工作人员在火车到站的前几分钟才会宣布火车停靠的站台。在那之前，乘客们会拿着等车牌和拿铁焦急地等待着。有些人试图猜测火车停靠的站台，就像轮盘玩家把所有赌注都押在32号红上一样，赌上他们的物品。其他人已经习惯了这种无助的感觉，只是凄凉地盯着地面。即使是不那么好的火车站，也涌动着一股即使是华丽的机场都没有的生命气息。火车站就是训练关注能力的基地，从一开始就是这样。一幅1862年的绘画捕捉到了火车站的生机。这幅画的名字很简单，《火车站》，威廉·弗里斯（William Frith）画的。它描绘了站台上发生的一个疯狂场景，或者说多个疯狂场景。一个年轻的搬运工人，面色红润，正拖着一个硕大的箱子上车；一个带着两只狗的乘客，正调整其中一条狗的项圈；一群参加婚礼派对的伴娘正准备乘车；两名苏格兰场侦探抓住了一名罪犯；一个长着胡子的男人，穿着毛皮大衣，应该是威尼斯贵族，正为他的出租车费讨价还价。

看着这幅画，我的注意力破裂了，成了碎片。这就是注意力的本质，是吗？它就像一定要被“捉住”的凶猛的猫，或者野生的热带草原母狮一样。不是被我们捉到，而是被旁观者捉到，像苏格兰场侦探给逃犯戴上手铐一样。可能是这样，也可能不是。

今天的圣潘克拉斯车站没有威尼斯贵族或者维多利亚风格的伴娘这些特色鲜明的人了，但是生命的力量仍然在离站大厅、售票处和咖啡店里涌动。火车站里没有什么东西是静止的，每个人都在活动。

只有我没动。我把自己固定在一个小小的咖啡店里。我点了一杯价格昂贵的意式浓缩，然后找了一个能够俯瞰火车站的位置坐下来。

我的手伸向背包，一个防水帆布和皮革制成的尤物，拿出一本薇依的作品集。我翻到她这篇文章，《怀揣上帝之爱对正确运用学校研究的反思》，这个标题很古怪。薇依有一种非传统的深刻精神性，她的很多思想都是用宗教术语来表达的。她的作品能与保罗六世产生共鸣。但是你不需要是教皇或者教徒就能领会到薇依的智慧。阿尔贝·加缪这样的无神论者称她为“我们这个时代里唯一伟大的精神”。在登上前往斯德哥尔摩的飞机去接受诺贝尔文学奖之前，加缪特意在薇依位于巴黎的公寓里沉思了一个小时。

这篇文章很短，只有八页，但是我读了很久。开始读，然后停下，之后再开始。每次读都会领会到不同的含义。这篇文章像一块水晶一样，照射的光线不同时，就会显示出不一样的颜色。文章很有吸引力，对读者的要求也比较高。薇依开篇就让我知道，自己一无所知。注意力并不是我想的那样。

注意力不是专注。可以强迫别人专注——听好了，同学们！——

观察一下你专注时的身体状态。你下巴紧闭，眼睛微缩，眉头紧锁。薇依认为这种肌肉式努力很可笑。

专注力会聚缩，而注意力则拓展；专注力使人疲倦，而注意力则使人恢复活力；专注力是思考的聚焦；而注意力则是思考的暂停。“最重要的是，我们的思维应该是放空的、虚位以待的，不寻求任何东西，而是做好充分的准备，接受要穿透思维的事物本身赤裸裸的真理。”魏尔写道。如果这些话尚能够被理解，那么接下来的这个说法，或许将令人十分费解，魏尔进一步宣称，“所有的错误，都因为我们缺乏被动性”。

真的吗？难道人们不是因为过于被动才被痛苦折磨的吗？这确实是文化教给我们的东西。我们认为积极的人在注意，而消极的人不知为何总是毫无头绪。

薇依说，不是这样的。少举重，多练瑜伽。她称之为“消极努力”。她相信，真正的关注是一种等待。对薇依而言，两者几乎是一样的。“我们不是靠寻找获得最珍贵的礼物的，而是靠等待。”注意力的反面不是分心，而是不耐烦。

不要寻求解决办法，而是要等待解决办法。你越不停地在大脑中搜寻“对的”词语，越难以找到这个词。不过，只要耐心等待，它就会出现，终将出现。

速度是关注的敌人。薇依认为，她在工厂见到的最丑陋的事情，就是工厂侵犯工人们关注的能力。传送带的移动“将速度放在第一位，抽干了人们的精力，使人们无法关注任何其他事情”。

我们只关注那些我们认为值得关注的事情。在某种程度上，有必要进行这种心理分类，这种分类能防止我们的生活状态变成威廉·詹姆斯所说的那种“令人眼花缭乱的混乱”。但这种分类也有其代价。如果分得太快、太冲动，我们就要承担错过一些珍贵宝石的风险。

如同我们会仓促下结论一样，我们也会仓促地关注。我们会过快地投入一件物品或者一种思想中，然后也为此付出相应的代价：一个美丽的瞬间，或者一个善意的举动之后就烟消云散了。薇依说，这也是为什么尽量长时间保持不知道、不思考的状态如此重要。这需要耐心，这种耐心在薇依的时代已不多见，在今天更加罕见。

薇依非常注意多数人眼中的小事，比如笔迹。根据她的朋友和传记作者西蒙娜·佩特勒芒（Simone Pétrement）的转述，读高中时，薇依决定改掉自己“马马虎虎，几乎不用心的潦草笔迹”。她改起来不知疲倦，极度专注，头疼和经常又肿又疼的手都无法阻止她。她潦草的笔迹变得“越来越柔软，不那么僵硬了，最终收获了后来那些年里纯粹且漂亮的笔迹”。

耐心是一种美德。最近的研究显示，耐心对人们颇有益处。研究显示，相较于急躁的人，耐心的人更快乐、更健康。耐心的人行动时更加理性。面对生活中的事情，他们也有更好的应对技巧。

虽然如此，但是对我们来说，耐心并不是一件有趣的事情。“耐心”（patience）的英文表达来自拉丁文patiens，意思是痛苦、忍耐、忍受。希伯来语savlanut表达的意思稍微好一些，包含了耐心和忍受两种意思。忍受什么？是的，忍受痛苦，但也忍受我们自身中被抛弃的那部分。对别人没有耐心的人对自己也没有耐心。

我本质上不是一个有耐心的人。我的本质是利益取向。它总是想要一些东西，最好是一些大的东西：伟大的想法，伟大的突破，丰盛的早餐。像个鬼鬼祟祟没人会怀疑的酒鬼一样，我也能在他人面前隐藏自己的不耐心。虽然我一般都隐藏得很好，但有时也会被别人看穿。在耶路撒冷遇到的那位荷兰弥赛亚就看穿我了。

那时我正忙于美国国家公共电台的一则故事，名为“耶路撒冷综合征”。到圣地来的访客饱受这种疾病的折磨。他们来的时候神志非常正常，但是不久之后，就会认为自己是以利亚（Elijah）或拉撒路（Lazarus）或其他圣经中的人物。这种现象比想象的情况更加广泛。

当时我听说，耶路撒冷古城那里有一家旅馆。不知道什么原因，那家旅馆总是吸引着那些被“耶路撒冷综合征”折磨的人。所以我就去了那里，并且确实在那儿见到了那位荷兰弥赛亚。一个秃头的中年男人，长相普通，没什么吸引人的地方。他解释说，救世主很快就到了，他说这些话时就像转述当天的天气预报一样平静。他说：“救世主像我一样，也是荷兰人。”

就是这些材料，我终于拿到了。我知道那就是我将要用到的录像带。我继续听和录像，但是我的意识已经不关心他说什么了，因为我已经得到想要的东西了。感觉到我不再关心之后，这位荷兰弥赛亚突然停止交谈，然后瞪着我。他缓慢地指责我说：“你是一个没有耐心的人。”

他的话让我不寒而栗。他说对了。我没把他看作人类同胞，或者看作潜在的弥赛亚，而是把他看作一段磁带，看作自我的食物，看作一则能让我获得嘉奖的故事。我已经从他那里获得需要的东西。在我看来，我们的交易已经结束了。在他看来，我们是在对话、互换关心，但我却显得很小气。

所有争论都不来自误解本身，而是来自一种“类别错误”。双方不是从不同的角度考虑同一个问题，而是考虑两个不同的问题。一个人认为低效的加载技术无法最大化利用高性能洗碗机的清洁能力。另一个人看到的是尖锐批评他的核心能力，扩展一下，就是质疑他的男子气概。战争和争吵就是这么开始的。

他的话刺痛了我。因为在那之前，自己的注意力一直是我引以为傲的事情。眼睛训练有素，耳朵敏锐异常，我一直寻找引人注目的人、情感丰富的磁带，或者环境中的回音，借此来提高故事中的听觉质感。我很专注，但并没有关心。在找到我想要的东西之前我就知道要找什么。我牢牢地困在自己的欲望里。这一直是危险的事情。

薇依反对的就是我在耶路撒冷表现出的这种唯利是图的急躁，以及其他类型的急躁。知识分子那种生来就缺乏安全感的急躁。他们匆忙地抓住一个思想，即使那个思想是错的也不放手，就像溺水者会尽力抓住所有东西一样，即使那是一把剑也不松手。薇依说，我们所有的错误都“由于这一事实，即思想过于仓促地抓住一个观点，过早阻断了接纳其他思想的可能性，过早把真理关到了门外”。

我们在人类身上看到了这种动态，他们急于抓住一个“伟大的思想”，一个他们希望借以把自己从思考者转化为“思想领袖”的想法。比起好好思考，他们更感兴趣的是包装这些想法，把这些还未成熟的想法当作自己的“伟大思想”投放到社会中。

这些志向远大的“思想领袖们”不想做关心要求的艰苦工作。关心要求的艰苦不是柔道或者箭术的艰苦，而是沉思或者养育子女的艰苦，是等火车的艰苦。注意力不像编织或者击剑一样，是一项可以习得的技能，而是一种精神状态、一种取向。与其说我们学习如何集中注意力，不如说我们向注意力转化。这一转化的契机只有在我们像苏格拉底一样暂停的时候才会出现，而且要抛开自己的思绪。薇依称之为“减法”。

我更喜欢艾丽丝·默多克（Iris Murdoch）的说法：“无我化。”这位英国小说家和哲学家这样描述去我化的瞬间。她看着窗外，正因为今天早些时候的轻微的变化而焦虑和愤怒，然后她看到一只盘旋的红隼。她说：“在那个瞬间，所有事情都变了。沉思的自我和受伤的虚荣心都消失了，只剩下那只红隼。当我回过头来思考其他事情时，那些事情都变得没那么重要了。”

一切忽视都是自私的表现。其实我们已经认为，头脑中发生的任何事情都比世界上的其他事情更有趣、更重要。这就是自恋者如此怠慢别人的原因。他们的注意力被压抑，因此停滞不前了。注意力是我们的命脉，它需要循环，把它束之高阁会毁灭它。

有时，结局比开始更能说明问题。我怀疑薇依的一生就是这样。她生命的最后一个月就像一部快进的电影，包含了她惊人且英雄般的输出，她表现和接受的善意，她的倒下，以及不可避免的、模糊不清的结局。

所有这些都发生在伦敦，发生在最激烈的二战时期。我对薇依在伦敦的生活越来越着迷，着迷于她爱的这座城市，她在这里遇到的人，以及悬在她死亡之上的巨大问号。

衡量薇依一生的标准不是咖啡勺，而是火车票。1940年6月，她和父母坐上了最后一列离开巴黎的火车，比希特勒的军队早了一步。

她有一段时间在教铁路工人学习哲学，之后在伦敦度过了最多产的岁月，她在那里一边乘坐地铁，一边读书和思考。

这也是我所在的地方，中央线。更确切地说，这是我始于圣潘克拉斯火车站之旅的最后一站。我的口袋里装着一张设计独特的地铁线路图。这张图胜在简洁易懂，它的故事要追溯到1931年。那时，为地下信号办公室工作的技术制图员，哈里·贝克（Harry Beck），开始关心地铁线路图了。贝克知道旧的地铁线路图有什么缺陷。旧的线路图将地铁线叠加在城市线路图上，这就容易让人产生疑惑。同时，旧的线路图还按车站间的距离比例分布车站位置，这更加深了人们的疑惑。没有人关心车站离他们有多远或者他们上方是哪条街道。他们只想知道如何从一个车站到另一个车站，以及在哪里可以换乘。但是现在，他们发现自己落入夏洛克·福尔摩斯警告的那种认知陷阱："重要的东西都被不相关的事物覆盖和隐藏起来了。"

贝克利用自己的业余时间创造了一种新线路图，一种以电路原理图为模型的线路图。贝克的线路图使实际的路线看起来更加整洁和简单：车站之间的距离是相等的，线路之间整齐地以45度或90度相交。公众很喜欢贝克的地图，这种地图直到今天都没有太大改变。贝克之所以成功，就是因为他的关心。他不仅是一位工程师，而是像一位乘客那样思考问题。

每到一站，地铁车厢就会呼出一群乘客，然后吸入另一群乘客。吸入，呼出。吸入，呼出。录音广播用清脆的英国口音提醒乘客，"下车时请注意列车与站台之间的空隙"。坐地铁是锻炼注意力的好方法。这里有各种各样的人：睁大眼睛的游客，微微眯眼的银行职员，还有闭着眼睛的乞丐。空气中充满各种语言碎片：法语的动名词，意大利的分词，美国的感叹语。可以说，需要注意的东西太多了。但这是不对的，与其说这些东西在竞相争取你的注意力，不如说它们只是一种野生组合。

我引导我的注意力，就像引导一个聚光灯，并照到坐在我对面的女人身上。她穿着带有花朵图案的裤子，神情极度专注，因为她的大腿上正放着一份画报，她正玩着上面的填字游戏。她有节奏地点头，同时挥舞着手中的笔，宛如乐队指挥的指挥棒或者一根薯条一样。她很专注，但是她在集中注意力吗？薇依会说，不，她不是。

列车到达荷兰公园这一站时，我注意着列车与站台之间的间隙，走向出口。与其说我在走路，不如说我在冲浪，被拥挤的人群推着往前走。我尽力注意一些东西，但是前进的速度阻碍了我。速度是关心的敌人。走出车站，我眨眨眼以适应突然而来的阳光，经过一番挣扎之后，我终于重新站稳了。

生活从地下转移到地面上时总有些棘手。人们会有一瞬间迷失方向，不知道自己在哪里，而且奇怪的是，还会不知道自己是谁：是受人敬重的陆地生物？还是身份不明，来自地下的外来居民呢？陌生人会看着你，或者在你的想象中是这样的，他们会抓住你，因为他们不确定你是否属于这个有光亮的地方。

我急于确认自己属于地表生物的身份，所以开始行走。虽然我不知道自己具体在哪里，但最重要的是向前移动的动力。这个社区离诺丁山不远，是伦敦式的舒适。我走过几家咖啡厅，只需要一杯咖啡就可以在那里度过一整天；走过几家书店，精心挑选并展示的书籍，它们顽强地继续存在，无视经济规律；还看到一位卖花的巴基斯坦男人。

我转到波特兰路上，一直走过好几个庭院才来到31号。前门刷了一层崭新的白漆，否则无法把它和这条街其他镇上的房子区分开。没有标语，也没有雕刻的布告牌。显然，薇依的仰慕者没有到伦敦监护者那里申请历史遗址。我并没有很惊讶。就像传记作家说的那样，她是"处于边缘和悖论中的哲学家"，没有期待过名誉，也不想要这些东西。

薇依住在二楼，这是她从弗朗西斯太太（Mrs. Francis）那里租来的房子。弗朗西斯太太是一个学校的老师。她的丈夫已经去世了，所以她独自抚养着两个年幼的孩子。薇依很喜欢这两个男孩，会帮助更小的那个孩子，约翰，做家庭作业。他会蜷缩在前门那里，等着"西蒙娜小姐"。

薇依很喜欢她的小房间。白天，从房间里可以看到树的枝杈，晚上则可以看到天空的繁星。她也喜欢伦敦和幽默善良的英国人。"尤其是他们的善良"，她在给父母的信里写道。她的父母到纽约寻求庇护去了。"虽然人们的神经都很紧张，但是出于自重和对他人的慷慨，他们都控制得很好……我温柔地爱着这个伤痕累累的城市。"住在一个受伤的城市里的一个受伤的灵魂，我这样想着，同时看到一对年轻夫妇手里拿着一瓶酒，按响了31号旁边那幢房子的门铃。

薇依白天的工作是参加法国自由运动。这是一群法国流亡者组成的下层团体，运动的目的是努力把他们的国家从纳粹占领下解放出来。在这个团体中，薇依收获了自己的名声，孜孜不倦的工作者——和坚持不懈的梦想家。她的朋友西蒙娜·佩特勒芒回忆道："她总是源源不断地有新想法。"她那些堂吉诃德式的计划中，有一个是带领一队前线护理班（"温柔而坚定的女人"），然后借助降落伞进驻被占领的法国。她仔细考虑这个计划的每个细节，甚至买了一个伞兵头盔和一本航空飞行手册。但不是每个人都有她这样的热情。“但是她疯了！”夏尔·戴高乐（Charles de Gaulle）看到她的某个计划时这样喊道，她的计划都没有被通过。

当不做梦时，她就在写作，不停地写。她只用了4个月就写出了800页手稿，还有无数信件。她每天晚上睡觉的时间很少超过3个小时，时常一直工作到黎明才开始休息。这样的节奏令她体弱多病的身体雪上加霜。她吃的越来越少，咳得越来越多。她的头疼越来越厉害。她担心自己要疯了。

1943年4月15日，她没能起来工作。一个担心她的朋友匆忙赶到波特兰路31号。他发现薇依躺在地板上，不省人事。薇依被迅速送往米德尔塞克斯医院，那里的医生诊断她患了肺结核。

她极度虚弱，甚至连勺子都拿不起来，但她还是继续阅读和写作。医生坚持让她不要这么着急，但是她不听。佩特勒芒说：“即使在她最后的那些信件里，她稳定的写作令人震惊，预示着一种非凡的意志行为。”

薇依不喜欢从窗户里看到的沉闷的城市景观。这些景观让她感到伤心。医生也认为乡村的空气更有利于她的健康。所以，在1943年8月，她被送到阿什福德这个田园小镇里的一家疗养院。那些最珍贵的书在她的监督下被一一打包：《柏拉图》《十字架上的圣约翰》《薄伽梵歌》。

在疗养院时，她的神志还很清醒，严肃的眼睛像往常一样明亮和锐利。但是她的身体健康每况日下，这无疑和她吃的哪种食物都不够多有关。她从没有告诉父母关于自己病情的事情，我不确定这种行为是欺骗还是同情。在给父母的最后一封信里，她用愉快的语气写道："再见，亲爱的。永无止境的爱意。"8月24日晚上，接待完一个来看她的同事之后，她很快陷入昏迷状态。5个小时之后，34岁的西蒙娜·薇依去世了。

照顾她的医生总结说，她死于"由饥饿导致的心脏功能退化和衰竭"。这一诊断报告引起当地几家报纸的关注。一家的标题是"饿死自己的法国教授"，另一家是"来自饥饿的死亡"。从那之后，这个诊断结果就饱受争议。一些人说薇依是自杀的，其他人坚信她没有这样做。

参加她葬礼的有7个人，多数都是薇依参加法国自由运动时的朋友和同事。有一个神父因为主持某项宗教仪式错过了火车，所以未曾露面。对于这种关心方面的小毛病，慷慨大度的薇依一定会原谅的。

从怀伊到阿什福德的7分钟旅途转眼就结束了。我无法告诉你自己看到、听到或想到了什么。我的注意力需要七分钟以上的时间才能上线。在我意识到结束之前，列车就驶入阿什福德车站了。我走出车站，走过几个街区，进入了主要的商业街。这是一条令人愉悦的人行道，路边是一家家咖啡店和二手商店。

享受着罕见的阳光，我往远处走去。在人行道上，我注意到一个男人，他在全神贯注地摆弄着什么东西。又走近一点，我看到他手里拿着一把刷子，正在梳理一只小狗的毛发。真可爱，我想。

我更仔细、更用心地看了一下，然后发现那竟然不是一只真正的狗，而是一只沙狗，一只由沙子做成的狗。他极其专业地塑造了它的尾部曲线，鼻子上的肉褶，以及它脖子上刻画的皱纹，以至于我误认为这是一只有知觉的狗。

“你做这只小狗用了多长时间？”我问道。

我后来意识到，这真是个愚蠢的问题。注意力不能用分钟或者小时来衡量。(薇依说过，纯粹用心的15分钟比懒散的8个小时更好。)我本可以问这个人其他更重要的问题。他如何排除周围事物的干扰，用心地雕刻这只沙狗呢？当微风吹脏一只爪子，或者流沙摧毁一只耳朵时，他怎么坚持下来的呢？但是我没有问这些问题。测量用心的数量势必比测量用心的质量更容易。我们要测量最容易测量的东西，而不是最重要的东西。

我沿着坎特伯雷路走。这条路虽然有着传说中的名字，但却是一条繁忙的街道，不时能看到呼啸而过的卡车。我来到一个十字路口，看到一个牌子上写着：“西蒙娜·薇依大街”。临近的一张公示牌上，对她的描述极其简短，将薇依描述为“去世于格罗夫纳疗养院的一位法国女作家和哲学家”。

我爬上一座小山，进入拜布鲁克公墓。一个女人和她年老的母亲来了。她们带了花和一个风铃，挂在旁边的树上。

女儿说：“这很美，不是吗？”我不确定她指的是音乐的响声，是鲜花，还是蔚蓝的天空，又或者是在墓地这种无所期待的地方，人们因为足够用心而以某种方式发现的快乐。这都不重要，重要的是我们用心的质量，而不是用心的对象。

又来了一个衣着整洁的男人，他拿了更多花。我猜想那应该是女人的父亲。他们在一块墓碑前面坐了下来，享受一次临时准备的野餐。

这里肯定有一个故事，而且我知道这是一个悲伤的故事。直到他们走后，我走近那个墓碑，才发现这个故事有多悲伤。那时我才意识到去世的孩子有多小，以及这个墓碑是如何做成泰迪熊形状的。很多物体都会引起强烈的情感，但是没有什么东西，绝对没有哪件物品能比一个塑造成泰迪熊形状的墓碑更快速、更彻底地令人心碎。

我在墓地里走着走着，一抬头就看到了薇依的墓碑。

我注意到，虽然有几朵花开始凋谢，还有被风吹倒的小小的塑料花盆，但是墓碑周围保持得很好。这块墓碑很简单，除了上面的日期是用法语写的之外，和其他墓碑没什么差别。1909年2月3日，1943年8月24日。*3 Février 1909, 24 Août 1943.*

地上放着一张加了框架的薇依照片，这和我之前看到的是同一张照片。同样不羁的头发，厚厚的镜片，以及博学的眼睛。还有一些别的东西，一些我之前错过的东西：微微上扬的嘴角呈现出的微笑。我在想，这个微笑能说明什么呢？也许是摄影师讲了一个笑话，或者薇依刚刚收到她被法国巴黎高等师范学院录取的通知。

还有另外一种可能的解释。也许是摄影师抓住了薇依极度关心的瞬间，她正处于流动状态，她的反应，这一自然且确实是此种状态下的唯一反应，就在这一瞬间，忘记折磨人的头痛、天才般的哥哥和即将到来的战争，然后微笑。

一件物品的丢失是突然发生的，但人却是逐渐经历失去这件物品的痛苦。需要足够的时间才能接受这样的事实，即你的车钥匙或钱包或心意不仅放错了位置，而且已经越过了那条看不见却异常险峻的

界限，那条区分我们拥有的物品与我们曾经拥有的物品之间的界限。我们害怕不再存在的事物，这种情感的表达也需要时间。

“失去”这个词虽然简短却很有威胁性，是名词中的拿破仑。除非连在这个词后面的是“体重”，否则这几乎就是一个带着消极意义的词。这也是为什么我们不是经历失去，而是遭受失去。在工作或爱情中挣扎的人被称为“迷失”。当追溯一个国家的轨迹，或者生命的轨迹时，历史学家会用某个确切的时间点来区分这段轨迹的结束，在这个时间点，“所有东西都消失了”。

失去有各种不同的尺寸，但失去没有小尺寸之说。它们始于中等大小，然后变得越来越大。它们也有不同的口味。有些失去是痛苦的，有些是毁灭性的，有些只是不方便而已。还有一些是讽刺性的。比如，我在写一篇主题为“集中注意力”的文章时弄丢了笔记本。

我很喜欢那个笔记本。我仍然记得第一次看到它的场景。那是一个温暖的春日，我在巴尔的摩的一个别致的小文具店里发现了它。我被它干净的审美、柔和的色彩和充满力量的封面吸引住了，它是如此坚实可靠，柔软的纸张触手可及，而且不是带着一根，而是带着3根——3根！——可以标注位置的丝带。

我丢失笔记本之后的反应不合常理。我在理智上知道这一点，但在理智层面知道一件事情的意思就是一点儿都不懂。我深呼吸了一下，然后检查自己的反应。怎么会有这么强烈的反应？我以前也丢过东西，但从没这样过。在大学时，我曾经弄丢了整整一周的时间，心跳都没快一下。为什么我会因为丢失的这个笔记本变得如此混乱呢？

因为这不仅是一个笔记本。上面记录着我们深刻的思想。这些全神贯注的时刻很脆弱，像商业街上那只沙狗一样。一旦丢失，几乎就找不回来了。找回一颗丢失的钻石比找回一个丢失的想法要简单得多。这就是为什么我一定——一定！——要找到我的笔记本，恢复过去那些深刻的时刻。

如果要增加你对任何一件东西的喜爱，最好的方法就是失去这件东西。因为我没有找到那个笔记本，所以不仅发觉它的审美越来越高级，装订也变得越来越出色了。找到第二天时，我开始相信，封面里包含的那些思想，我去英格兰旅行时记录的思想，在机敏性和原创性上是无与伦比的。到第四天时，我宣布这本笔记本是世界上最珍贵的笔记本，没有什么东西比它更珍贵了，它比达·芬奇的莱斯特法典或者海明威的笔记本都要珍贵。

我找遍了明显的地方（橱柜、书架），还有不那么明显的地方（冰箱、小盒子），一无所获。我以两倍甚至三倍的努力继续找。我重新走之前走过的路，三遍、四遍、五遍地在同一个桌子抽屉里找。

我的行为惊到了狗，吓坏了猫，猫已经聪明地到地上去了。我女儿说，这整个事件"简直是世界上最烦人的事"。

我不仅被笔记本的丢失刺痛了，还因为弄丢它的这一行为和这种注意力的缺失而谴责自己。我觉得，没有什么好事情了。（有一个词专门用来描述那些经常丢东西的人：失败者。最可恶的标签。）回忆录作家玛丽·卡尔（Mary Karr）最近丢了一个笔记本，但在一艘由性感的希腊人迪奥尼索斯和他"随心而动、浸透龙舌兰酒的心"驾驶的船上，她有很好的编辑意识。我是在厨房里弄丢笔记本的，当时我正在储存艾略欧家的冷冻披萨和蜂蜜坚果脆谷乐。没有龙舌兰，没有迪奥尼索斯，只有遗憾和自我厌恶。

迷失自我的时候（又是那个词），我向薇依求助。我告诉自己，绝望的时候，翻开她的书看看。她看着我的困境，给出了简单的诊断：我并不是真想找回笔记本，我想占有这个笔记本。我正被欲望折磨着，然而欲望和关心水火不容。欲望就是想要某些东西并要从这些东西中得到其他东西，这蒙蔽了我们的双眼。

我们认为，问题在于让我们产生欲望的物体，但事实上，欲望的主体——“我”——才是问题所在。看起来可能是，你因为渴望一些物体而关心这些物体，但这是幻觉。你全神贯注于占有这个物体的欲望，而不是物体本身。吸食海洛因成瘾的人渴望的不是海洛因，而是拥有海洛因的经验，以及因为不会得不到海洛因随之带来的轻松感。他想要的，是远离精神困扰，心神安定。

我回到薇依这里。“还有什么会比绷紧肌肉、托着下巴思考美德，或诗歌，或问题的解决办法更愚蠢呢？注意力和这些东西大不相同。”

我放松一下肌肉，然后翻到下一页。

“总是这个原因，即我们太想主动，太想去寻找了。”

这把我弄糊涂了，也把我惹恼了。薇依，我当然想去找！除了寻找，还有什么办法可以找到我的笔记本呢？

我深吸一口气，然后接着读。薇依继续说，这很重要，“在我们追寻的事物面前后退一下。只有间接的方法才有效。如果我们一开始没有退回来，那就什么都不要做”。

我退回来，退到地下室里，那个大屏电视机像一卡车鸦片一样吸引着我。这样不好，我退得太远了。我已经屈服于现实了，这是绝望的伪装。

薇依说，我的问题是，把行动和结果绑在了一起。生活不是那样的，注意力也不是。集中注意力的生活是冒险的生活，不保证一定会有结果。如果到某个地方去的话，我们不知道注意力会把我们带向何处。薇依提倡的那种纯粹的注意力，是指没有被外部动机污染，不是因为要给朋友留下深刻印象或者提升事业。全神贯注于某件事情——任何事情——的人都会进步，“即使他的努力没有产生可见的成果”，薇依如是说。

我知道她说的没错，但是我们生活的世界崇尚看得见的果实。成果越丰富，看得越清楚越好。我能像薇依这样全身心倾注于当下而不考虑未来回报的生活吗？我能够亲切且用心地培养女儿，但不在意她之后追求的事业是当一名神经外科医生还是当一个咖啡师吗？我能参加一场写作竞赛但不在意是否能赢吗？我能就这样让我的笔记本消失不见吗？

我停下这些疯狂的想法，重新审视这个问题。我丢了一个笔记本。一件大事。就像海明威弄丢了一整本短篇故事集。或者，更确切一点，海明威的妻子，哈德利·理查森（Hadley Richardson），弄丢了海明威所有的短篇故事集。1922年，她从巴黎出发赶往瑞士去见她的丈夫。她刚刚登上里昂火车站的列车，但是发车前她还有几分钟时间，所以她决定去买瓶矿泉水。当她回到火车站时，行李箱——以及海明威的手稿——都不见了。

海明威以极简主义著称，但他也难以接受这种丢失。他陷入恐惧中了。但是，最后，他坚持下来了，变成了海明威。

几年以前，一位名叫汤玛士·爱德华·劳伦斯（Thomas Edward Lawrence）的年轻英国军官在英格兰的雷丁换乘列车时，弄丢了他回忆录的原稿，《智慧七柱》。那是他唯一的一份手稿。

劳伦斯在1916年的阿拉伯起义和亚喀巴战役中幸存下来，骑骆驼穿越了西奈沙漠，但是丢失的手稿几乎要了他的命。最终，他恢复过来，躲在威斯敏斯特一间没有暖气的阁楼里，根据记忆重新写了这本书。

读着这些丢失手稿的传说，我想起了薇依的话。“我们不是靠寻找获得最珍贵的礼物，而是靠等待。”她说的对，我必须等待。

如果这本书是史蒂文·斯皮尔伯格的电影，此时此刻，我将奇迹般找到丢失的笔记本，发现它原来一直就在我眼皮底下。悲伤的是，这本书不是斯皮尔伯格的电影。它忠于事实，而不是票房。事实是我永远都找不到那个笔记本了。我永远都不知道里面是不是记录了智慧，不知道是什么样的智慧。所以我顺其自然，不再纠结这件事了。

这是进步吗？也许是的，但这不是薇依常用的词。不需要取得什么进步，也不需要赢得什么奖项，只需要等待。

所以我等待着，心甘情愿而且比想象中更有耐心，因为等待本身就是奖励。

8
如何像甘地一样战斗

11：02，巴罗达故居（Baroda House），即印度北方铁路的总部。我试图获得一张从新德里到艾哈迈达巴德的瑜伽特快列车车票。成功概率：并不乐观。

第一次听说瑜伽专列时，我就知道必须要坐一次，并且做好了扭曲自己的准备，就为了得到一张车票。需要说明的是：我的瑜伽练习只停留在理论层面。“瑜伽专列”吸引着我。它暗示了一条通往启蒙的快速通道。另一个原因就是这列快车的目的地：艾哈迈达巴德。我的哲学英雄，圣雄甘地（Mahatma Gandhi）在这个城市建立了他在印度土地上的第一个静修处，他也是在这个城市发起了著名的“盐之旅”，即印度独立战斗的关键时刻。

长达1600多公里的火车旅行始于车票的预订。自从1853年铁路开通运营之后，获得一张印度铁路公司的车票就意味着要忍受排队时的穷凶极恶，要穿过官僚的迷宫。在数字时代，这种地狱式的购票方式已经转移到网上了。我用了整整3个小时才注册了一个账号，然后发现瑜伽快车已经满员了。我把自己的名字加到等待列表里，然后下载了一款应用来跟踪进度。我很快从第15位移动到第8位，然后移到了等待列表的第1位。看来有希望。

我的朋友凯拉什（Kailash）咨询了一位旅行代理商，那个人说，“没问题”。凯拉什一个在印度铁路公司工作的朋友也说，“没问题”。结论显然是：问题很大。在印度，最终实现一件事情之前，没有什么是确定的，那时的印度也是这样。每次结束都意味着开始，每个结局都默契地蕴含着继续。

我意识到，第一名听起来很不错。但这是在印度，一个发明了“零”概念并与“无限”打交道的国家。数字是什么？是摩耶，是幻觉。如古代斯多葛学派的观察一样，如果你溺水了，那么你在水下30米的地方还是30厘米的地方已经不重要了，溺水就是溺水了，等待列表就是等待列表。

“你为什么不坐飞机去艾哈迈达巴德呢？”凯拉什问我。那比坐火车更快更简单，只是稍微贵一点。

他说得没错，但是我不能坐飞机，因为甘地没有坐飞机，一次都没有。他坐的是火车，所以我也要坐火车。甘地坚信，手段比目的重要。重要的不是你赢了或输了，而是你是如何战斗的，重要的不是你要去哪里，而是你如何到那里的。我不会坐飞机，我要坐火车。我要坐瑜伽特快。

我决定在这种情况下采取激烈的措施。不久之后，我来到铁路官员辛格先生的办公室，他身材修长，秃顶，戴着一副金丝边框的眼镜，表情并不友好。我迅速解释了自己当前的困境。他能帮我吗?

这是个反问句。我知道辛格先生能够帮我。在印度，权力和办公室的大小直接相关。辛格先生显然是个有权力的人。我数了一下，他的办公室里至少有三个独立的休息区；天花板高耸入云。他只要划一下笔，在键盘上敲几下，就能保证我在瑜伽专列上有一个座位。

“这个问题很复杂。”他说。好像我们正在讨论积分问题，而不是火车座位的预定。“一定数量的座位要预留出来给贵宾，”他解释道。“还要留给超级贵宾”，他又说道。

我很想诉诸暴力，但是控制住了自己。甘地不会同意这样做的。他说过，暴力不仅伤害受害者，也会伤害施暴者。我不想伤害自己，现在还不想。

我试着施展魅力。我用敬语后缀解释了自己有生以来对甘地的迷恋，以及我相信甘地的思想在今天仍然有意义。

辛格先生脸上的痛苦加剧了。我能看出来他在衡量不同选择之间的得失：冒险让一个外国人，一个客人（至少是对甘地有浓厚兴趣的人）失望；或者冒险激怒国会的某个成员或其他傲慢的大人物。

我一点胜算都没有。他说，到新德里火车站的外国配额办公室去吧，他们能帮助你，他向我保证。我们都知道他们不能帮我。

我感谢辛格先生抽出时间见我。我走过走廊，新德里的空气中弥漫着厚厚的污泥颗粒。我请求在“瑜伽专列”上获得一个座位的事情已经结束了。或者，换句话说，这件事情才刚开始。

我和朋友凯拉什一起走向地铁站。他告诉我，相对而言，今天的空气很清新，在这个世界上污染最严重的城市之一。虽然相较于昨天没有那么危险，但是这里的空气质量已经属于“危险范围”了。

我们经过的地方，有两个人用藤条扫帚扫街道。他们扬起一阵阵灰尘，好像德里需要更多这样的灰尘一样。

“最好戴上你的口罩。”凯拉什说。

我把手伸进口袋，摸索着找出薄薄的黑灰色布质口罩。当时店员向我保证，这个口罩会保护我的肺。它的价格相当于1.5美元，我对它的保护作用深表怀疑。

对于印度所谓的令人担忧的空气质量，甘地会有所警戒，但不会惊讶。早在一个世纪之前，他就警告过人们工业化的危险。他说，印度的未来取决于她的乡村，而不是她的城市。从冷酷的经济角度来看，他错了。印度的城市正蓬勃地发展着，她的乡村仍然处于贫困之中。虽然人们仍然可以在乡村呼吸。

我们在人行道边上见到一小群人，他们散坐在一张地毯上。一个看起来还不到六岁的小女孩正在读书。她光着脚，身上盖着一层尘垢。两个青年人正指着书本，用印度语和她说话。

“这是导师。”凯拉什解释说。这个女孩儿是个乞丐，她还没见到过学校里面是什么样子，所以这些志愿者们把学校带到她身边了。甘地会认同这种无私行为的。这就是会在印度发生的事情。就在你准备忽视这个国家的时候，就会碰到一些意想不到的善意，然后重拾对这个国家的信心。

我们走进德里的一个地铁站，就像进入另外一个世界一样。这里所有的东西都闪着光泽，又新又干净。“这是德里的生命线。”凯拉什骄傲地说。我们正打算走上一辆要出发的列车时，我犹豫了。太拥挤了。我们要不要等下一辆呢？

“不，”凯拉什说，“下一辆还会这么拥挤的，因为这正是上班时间。”

我指出那天是周日。

凯拉什说，“这是印度”。好像这就可以解释所有问题了，确实是这样。

我们挤上车厢，然后我听到了离开伦敦之后再没听过的清脆声，“请注意列车与站台之间的空隙”。在印度，空隙更大也更不可靠，需要格外注意。

莫罕达斯·K. 甘地（Mohandas K. Gandhi）很少对一些事情有矛盾情绪，但是火车例外。当两个美国女性问他，他是否真的反对铁路时，他回答，“是这样，又不全是这样”。

一方面，甘地认为，铁路是英国控制印度的另一种方式。另一方面，像我遇到的其他哲学家一样，他面对过快的速度时很谨慎。他问道：“有了更快的移动工具之后，世界真的会变得更好吗？这些工具怎么推动人们精神方面的进步呢？它们难道不是阻止精神进步的最后一招吗？”但是让他得以不断在印度穿梭、感动生命、鼓舞群众的却是火车，而且几乎总是三等车厢。

一次火车旅行改变了甘地的生命，也改变了历史的进程。那是1893年。甘地提前一周到达南非。他任职的法律公司派他从德班到比勒陀利亚去处理一个重要的案件。因为旅途需要过夜，公司为他订了头等车厢的票。火车到达马里茨堡站时，车厢里进来一位白人乘客，他看了一眼甘地之后就叫来了列车长，坚持要让甘地到三等车厢去。

“但是我有一等车厢的票。”甘地说。

列车长回答道：“那不重要，这里禁止有色人种。”甘地拒绝离开，一位警察把他从一等车厢拖了出去。

那天晚上非常寒冷，甘地的大衣在他的行李里，但骄傲的甘地不愿提出这个请求。所以他一边颤抖，一边沉思。他应该回印度去呢，还是应该待在南非，为他刚才经历的这种不公平而战斗呢？

黎明时，他有了答案："如果没有完成自己的任务就跑回印度是懦弱的表现。我遇到的苦难只是表面的——是肤色偏见的表面症状，这一疾病已经根深蒂固。如果可能的话，我应该尝试拔除病根并且承受这个过程中的困苦。"那一刻，他选择了一条自己余生都在走的路，即使路上会有颠簸、转弯和偶尔的碰撞也没有放弃过。

几十年之后，当美国人约翰·莫特（John Mott）请甘地描述他生命中最有创造性的经历时，他指出了在南非遭遇的火车事件。这说明，甘地把安安静静下决心的那一刻等同于创造了。有些传记作家指出，甘地缺乏艺术方面的兴趣。他很少读小说，或者到剧院去，到美术馆去。他不像梭罗一样有发现美的眼睛，也不像叔本华一样有听音乐的耳朵。他在伦敦时参加过一个舞蹈课程，但很快发现自己没有节奏感。

但是如果就这样认为甘地没有创造力是不对的。他有创造力，只是方式不同寻常。甘地的决心就是他的画笔，人心就是甘地的画布。他说，"真正的美是用善来对抗恶"。所有暴力都代表想象力的失败，消除暴力需要创造力。甘地总是在寻找新的、有创造性的战斗方式。

我们走出地铁站，紧接着就迷路了。凯拉什向一位人力车经纪人问路，但是结果并不理想。我们走过几个院子之后看到一位警察。

他戴着口罩，一个真正带着出气阀的口罩。我的口罩没有通风口。凯拉什向警察问路时，我估算了一下自己的肺部遭到的伤害。

这个警察指的方向和刚才那位经纪人指的方向正好相反。凯拉什仍然不满意，他又向第三个人问路。他解释说："我从来不会只问一个人。我总是会问两个或三个人。"在印度生活需要不断进行三角测量才行。作为一位伟大的实验家，甘地比多数人都懂这个道理。

我们进入之前的比拉之家（Birla House），像游历四方的甘地一样，我们在这里也有宾至如归的感觉。这个房子——更像是一种化合物，属于一个朋友，富裕的实业家G. D. 比拉（G. D. Birla）。

迎面扑来一种熟悉的平静感。我以前来过这里很多次，但是每次我都难以准确地找到这个地方。说不清楚什么原因，但我就是会被吸引到这个地方来，就像被甘地吸引一样。我喜欢广阔的草坪，喜欢白色的石头标记，做成脚印形状的标记，那是甘地的脚印，还喜欢这儿的阳台。我能想象出，甘地戴着他的大草帽，围着白色腰布，在这个阳台上弯着腰写信，或者在这里和某个孙辈的孩子玩闹，或者在帮印度这艘摇摇欲坠的船掌舵的种种场景，彼时的印度还如襁褓中的婴儿一般脆弱。

有些地方因为超人的成就而被神圣化——比如佛陀开悟的菩提树——但是还有一些地方因为可怕的暴行而变得神圣化。盖茨堡、诺曼底和比拉之家都属于后者。甘地在这里走完了人生的最后一步，结束了最后的呼吸。

生命的最后一天里，甘地像往常一样，在3点30分醒来。他像多数印度人一样，用一根简单的嫩树枝刷牙。那是一月份一个寒冷的早上。他的侄孙女兼助理，马努，给他裹上围巾，盖住他瘦骨嶙峋的肩膀。喝完每天例行的一杯橙汁之后，他又喝了一杯柠檬蜂蜜水。他的饮食非常简单且有益健康。他想活得长久一点——他说要活到125岁——他还想净化自己。战斗的效果取决于战斗者。他说："一根潮湿的火柴怎么能点燃一根原木呢？"

十二月异常温暖的一天，我们沿着白色的大理石柱廊，走到了甘地去世的地方。

凯拉什知道我对甘地的迷恋，这让他很感动。我怀疑，他会感到有些奇怪。多数印度人都知道甘地，就像多数美国人都知道乔治·华盛顿一样：一个模糊的父亲般的人物，说他的名字时满怀敬意，他的头像也让钱包里的钞票更加优雅。

为了平静一下心情，同时欣赏比拉之家安静的美，我们停了一会儿。凯拉什转过头来问我："你为什么这么喜欢甘地呢？"

我不确定如何回答。我承认，自己对甘地的兴趣没有太大意义。我不是印度人，也不是一个苦行者。虽然我确实奉行非暴力的观念，但并不总是言行一致，有时还带有消极攻击的情感。甘地领导着他的人民，我谁都领导不了，连我的狗派克（Parker）都领导不了，它服从更高的权力，食物。甘地去世时，一只小肩包就可以装下他的全部身家。我的东西却需要更大的空间，而且我还在不断购物。但是甘地和我说话的时候，我会倾听。

在印度居住的3年里，甘地渗入我的头脑中。怎么可能不这样呢？即使不说他的思想，他的形象也无处不在：钱币，办公楼上都有他的样子。甚至电话公司的办公室里都有一张甘地使用电话机的照片，巨大的接收器显得他的小脑袋更小了。

甘地有很多身份：律师、素食主义者、圣人、实验者、作家、国家之父、所有人的朋友、没有敌人的人、体力劳动者、失败的舞者、担架手、沉思者、调停者、牛虻、教师、学生、被判过刑的人、幽默家、散步者、裁缝、计时员、煽动者。他最重要的身份是一位战斗者。甘地和英国战斗，和外国人民与自己人民中的偏执者战斗。他为了被听到而战斗。然而，他最大的战斗就是改变我们战斗的方式。

最终，甘地确实设想了一个没有暴力的世界，但他也足够现实地认识到，这个设想不会很快实现。同时，我们必须学会如何更好地战斗。

想想那些吹嘘着他们“未曾吵架”的已婚夫妻。当听到他们离婚的消息时，你不会惊讶。适当地吵架是一种生产力。双方不仅能实现双赢的局面，还会收获更多东西：如果他们一开始没有吵架，谁都不会发现这种双赢的解决办法。设想一场打成平局的足球比赛，球场会比之前更绿、更健康。甘地认为，战斗不是必要的恶，而是必要的善，前提是我们要好好地战斗。

当美国记者和传记作家路易斯·费舍尔（Louis Fischer）在静修处见到甘地时，他惊讶地发现，甘地是一个身材魁梧、胸膛宽阔的男人，他的腿“细长有力”，看起来比他自身的身高要高得多。他“看起来很有男子气概，有着钢铁般坚强的身体和意志”，费舍尔如此写道。

甘地痴迷于男子气概。他的写作中经常出现“男性气概”“力量”和“勇气”之类的词。他甚至用阉割之类的词表达对印度铁路的抱怨。“我们温顺地忍受铁路旅行中的艰辛是我们缺乏男子气概的标志。”

甘地下决心一定要“重振雄风”，即使他想的是一种不同的男子气概：一个人的力量不是来自暴力，而是来自暴力的反面。

甘地认为，服从不平等的法律是“非男性”的表现。必须要抵抗那些法律，而且要用力抵抗。他说，非暴力的力量，需要真正的勇气。“你认为哪里需要勇气呢？——在大炮后面把别人炸成碎片，还是带着微笑走近一架大炮然后被炸成碎片？相信我，一个缺乏勇气和男子气概的人永远不会成为消极抵抗者。”

甘地厌恶暴力，但他还有更厌恶的东西：懦弱。二者选其一的话，他更偏向于暴力。“懦夫已经不是男人了。”所以，甘地真正的目标是：用自己的方式，恢复国家失去的男子气概。他相信，这样做就会获得自由。

我不是一个战斗者。我会尽量避免肢体接触。我17岁时打过一次架。那是凌晨2点，在一家位于巴尔的摩郊区的霍华德·约翰逊停车场，打完后断了一根鼻骨，我的鼻骨。我也会避开一些更日常的冲突：给航空公司打电话改签航班；或者打给一家餐厅，告诉他们我会比预订的下午8点晚到几分钟，询问他们如果不太麻烦的话，能否给我留着预订的位置？

我意识到多数人，多数正常人，不认为那些日常交流是冲突。但我认为那是冲突，并且尽量避免这种交流。如同避免以上这些冲突（可以预测的冲突）一样，我还会避免和编辑、家人、邻居以及地铁的乘客发生冲突。我不确定自己从哪里以及如何获得这些规避策略的，但这并没有给我带来什么好处。虽然我可以避免今天的小冲突，但这种做法会让我陷入明天一场大的冲突中。我希望甘地这种世界级别的冲突者能够告诉我其他处理方法。

到印度之后不久，我就开始读甘地的作品以及和他相关的作品，很快从几本书增加到一个书柜的书。我去参观甘地博物馆和甘地静修处。我参加大学里关于甘地的课程。我买了一个甘地钱包，一个甘地T恤，一条甘地内裤，那是我拥有过的最不暴力的四角内裤。在德里时，有一天，我和甘地的孙子拉杰莫汉（Rajmohan）共进午餐。拉杰莫汉现在已经是老年人了，学问渊博，和蔼可亲。那天，在就着酸辣酱咀嚼馕饼的间隙，我发现了甘地留下的踪迹：拉杰莫汉下巴轮廓的角度，眼中闪烁的光芒，微微的斜视以及其中透出的淘气。

甘地在精神方面兴趣广泛。他品尝了很多不同宗教的精神大餐，从印度教到伊斯兰教都有。但最终让他不再饥饿的是印度的《薄伽梵歌》。

在伦敦学习法律的时候，甘地第一次接触到了这首精神之诗。两位英国神学家询问甘地关于这部哲学诗的事情时，他承认自己没有读过，窘迫得无地自容。所以，他们三个人开始一起研读埃德温·阿诺德（Edwin Arnold）翻译的英译本。远在西方的甘地找到了东方的智慧。

甘地逐渐爱上了他的“吉塔母亲”——他对这首精神之诗的称呼。这是他的灵感源泉，也是他的慰藉之地。“当我感到疑惑时，当我直面绝望，在地平线上看不到一丝希望时，我就会翻开《薄伽梵歌》，找一首能安慰自己的诗；然后我马上就会在无尽的悲伤中露出笑容。”

《薄伽梵歌》的故事线索很简单。王子阿朱那（Arjuna）是一个伟大的战士，他正在准备一场战争。但是他失去了战斗的勇气，这不仅因为他厌倦了流血，更因为他发现，对方军队里有来自他自己宗族的士兵，还有他的挚友和尊敬的师长。他怎么能和他们战斗呢？黑天神克里希纳（Krishna）装扮成阿朱那战车驾驶者来劝说他。故事就是在他们的对话中展开的。

这个故事的传统解释是：这是一篇劝诫，它敦促人们履行职责，必要时刻即使动用武力也在所不惜。毕竟克里希纳最终说服了阿朱那对自己的亲人发动战争。

甘地的理解有所不同。他说，这是一个寓言，它描述了“现在每个人心里所想的事情”。真正的战场在人们心里。阿朱那不是和敌人斗争，而是和自己斗争。他应该屈服于自己基本的直觉，还是上升到一个更高的层次呢？甘地总结道，这个故事是带着伪装的非暴力颂歌。

《薄伽梵歌》蕴含的另一条教义是告诫人们不要依恋结果。如同神的化身，克里希纳告诫阿朱那的话一样：“你有工作的权力，但没有获得工作成果的权力。你永远都不应该为了回报而参与一项行动，更不应该期望着什么都不做。”它教导人们，要把工作和成果切分开来。全力以赴做好每一件事情，同时不要对结果抱有任何幻想。

甘地用一个简单的词总结了这条教义：“无欲无求。”这不是号召人们无所事事，而是让人去行动，但不担心结果。

这不是我们的方式，我们是结果导向者。健身教练、商业咨询师、医生、专科学员、干洗店员、康复项目人员、营养学家、金融顾问，所有这些，还有很多其他的人，都承诺某种结果。我们可能会质疑他们实现相应结果的能力，但是我们很少质疑潜在的假设，即结果导向就是好的。

甘地不是结果导向者，他是过程导向者。他的目的不是印度的独立，而是一个值得独立的印度。一旦产生了后者，印度自然就会获得她的自由，就像成熟的杧果自然会从树上掉落一样。甘地不是为了胜利而战，他是为了能打出自己能打的最好战役而战。讽刺的是，这种过程导向的行为比结果导向的行为产生了更好的结果。

我想在“瑜伽专列”上确保有一个座位的努力仍然徒劳无功。我仍然是等待列表上的第1位。我刷新了一下手机上的应用程序，毫无进展。我一次又一次地点击，像不断拉杠杆的老鼠一样，期待着掉下一口食物来，但是什么都没有。

甘地会怎么做呢？他会战斗。他确实战斗了。被三等车厢的状况吓到之后，他使自己变成了一个“完美的麻烦”。他向印度铁路公司抱怨“看起来就很恶毒”的卫生间，“丑陋不堪”的点心，以及所谓的茶，“单宁水和肮脏的糖，以及一种被误称为牛奶的看似白色的液体混合在一起，使这些水看起来分外浑浊”。为了这些事情，他给经理写信，给列车长写信，给总经理写信，给报纸写信。

所以，我要像甘地一样坚持下去。我跳进一辆出租车，缓慢地爬出市区。今天德里的交通非常拥挤，像“今天的空气被污染了”或者“今天的地铁很拥挤”一样，这也是一个不证自明的陈述。一种令人不快的一致性不断巩固着印度的随机性。

我到了火车站。这里像往常一样处于受控的混乱状态，如拥挤的交通和肮脏的空气一样可靠。穿过一个例行公事的安全检查通道，我引发了一个金属检测器的鸣响。保安示意我直接通过就好。他是用眼睛示意的，以防自己劳累过度。

在人群里逆流而上之后，我又攀登了一段楼，然后看到一间办公室外面的牌子上写着："国际旅游局。外国游客铁路预订处。"我找了把椅子坐下，加入那些风尘仆仆的背包客中。

被叫到柜台后，我亮出候补名单，好像那是一份优秀的成绩单或者中奖的彩票。

"我是第1位。"我说。

"我看到了。"柜台后面的人回答说，不为所动。

罗伊先生（Mr. Roy）是一个身材结实且严肃的人。他告诉我这是旅游季。但是他没说，作为几个大宗教和无数小宗教的发源地，印度一直都是旅游季。

他告诉我，另外一辆火车，即首都特快上有一等车厢的座位。罗伊先生保证道，"那辆火车很好"。

我相信那辆车很好。然而，那不是瑜伽特快，我一心想坐的是瑜伽专列。

"埃里克先生，你到底想干什么？"罗伊先生问我，同时向等待着的那些背包客指了一下，好像在说，"这个十亿人的国家里不是只有你一个人。"

我不知道应该怎么办了。

"怎么样？"罗伊先生说，声音里已经渗透着怒气，"你想要车票吗？”

“请稍等一下，我在思考。”

“埃里克先生，思考是好事，但是请快点思考。”

当甘地说“我不代表新的真理”时，他不仅是谦虚。不杀生或者非暴力的概念不是他发明的，这些概念已经存在数千年了。公元前六世纪时，耆那教的精神领袖马哈维亚（Mahavira）便恳求他的追随者不要“伤害、滥用、压制、侮辱、捉弄、折磨或者杀害任何生物或者活着的东西”。

甘地知道耆那教徒。童年时代，这些人是他家里的常客。他的精神导师之一就是耆那教徒。甘地也读过托尔斯泰笔下的爱，读过梭罗讨论的公民的不服从。非暴力行为并不新奇，但是甘地的应用很新奇。在印度被简化为饮食习惯的规则，素食主义，“在甘地手里变成了武器——一件具有普遍性的武器——用来反抗压迫”，他的孙子拉杰莫汉·甘地解释道。

刚开始时，甘地称他的新技术为“消极抵抗”，但他很快就意识到需要别的名字。因为他的新技术里没有什么消极的东西，他自己也不消极。甘地总是在做一些事：走路、祈祷、规划、举行会议、写回信、织布，甚至他的思考都带有运动色彩，从他警觉的眼睛和表情丰富的脸上就可以看出来——见过他的人说他是一面“眨眼的镜子”。当一个记者强迫甘地说一下他的哲学要点时，他在挣扎着回答这个问题之前说道：“我不是写学术文章的料，行动才是我的强项。”

最终，甘地为他的新型非暴力抵抗确定了新名字：非暴力不合作主义（satyagraha）。Satya是“真理”的梵语表达形式；agraha是“坚固”或者“坚定持有”的意思。真理之力（或者有时会翻译成

“灵魂之力”)。是的，这就是甘地想要的东西。这里没有任何消极或者黏糊糊的东西。它是活跃的，是“世界上最伟大和最有活力的”东西。这些非暴力不合作主义者（satyagrahi)，或者说非暴力抵抗者，甚至比全副武装的士兵更加活跃——也更勇敢。甘地说，扣动扳机不需要伟大的勇气或者智慧。只有真正勇敢的人才会自愿受苦，以此改变人们的心意。甘地的士兵和世界各地的士兵一样，他们愿意为了自己的事业而死，又和多数士兵不一样，他们不会为了自己的事业而杀人。

甘地宁愿看着印度仍然困在英国的镣铐中，也不会通过血腥的手段获得独立。甘地说，没有人“在自己掉到坑里之前就把别人拉下来”。当我们残忍地对待别人时，就是在残忍地对待自己。这就是为什么多数革命会以失败告终。他们混淆了手段和目的，所以造成了自身的毁灭。对甘地而言，手段不能使目的变得正当起来，手段就是目的。“不纯洁的手段就会产生不良的结果。我们能收获的就是种下去的东西。”就像你无法在有毒的土壤里种植玫瑰一样，你也没有办法在血流成河的土地上建立和平的国家。

和卢梭一样，甘地一生都在行走。但和卢梭不同的是，他的脚步快速且充满目的性，他坚定地走在抗议的路上。1930年的一天早上，甘地和80个追随者从位于艾哈迈达巴德的静修处出发，朝着南边的大海走去。他们每天走20公里，有时会更多一些。他们到达海边时，追随者已经从80个涨到了几千人之多。他们看着甘地在阿拉伯海洗澡，然后从自然的沉淀物中挖出一把盐，公然违反英国的法

律。伟大的食盐进军标记着独立之路的转折点。甘地感动了世界各地所有富有同情心的人。

不久之后，甘地宣布了袭击孟买附近达拉萨纳盐厂的打算。合众国际社的驻地记者，韦伯·米勒（Webb Miller）目睹了这一冲突。他看着甘地的追随者默默地走进盐堆。警察在那里等着他们。

> 警察命令他们后退，但是他们还是继续往前走。突然，随着一声令下，几十名当地警察冲向这些行进的人，用他们包着钢皮的警棍密集地敲向这些人的头部。没有一个行进者抬一下胳膊来抵挡迎面而来的敲打。他们像保龄球一样倒下。在我站着的地方能够听到棍棒的重击声，打到没有采取任何保护措施的骨头上的声音。被打倒的人躺在地上不省人事或者带着破碎的头骨或断裂的肩膀翻滚。幸存者依旧保持着原来的队形，默默地顽强地继续前进，直到被打倒为止。

当他看到这可怕的一幕时，米勒内心极度纠结。“西方人很难把握这种不抵抗的思想。面对那些毫不抵抗地屈服于毒打的前进者，以及那些挥舞着棍棒的警察，双方都让我感到一种说不出的无助的愤怒感和嫌恶感。”

你可能像米勒一样无法理解：这些甘地主义者到底怎么了？他们为什么不反抗呢？

甘地会回答说，他们就是在反抗，只是以一种非暴力的形式。他们用自己的出现和平和的意图来对抗那些警察。如果他们真的进行了身体上的反击，那么就会让警察更愤怒——激发他们头脑中的愤怒，而不是正义。甘地认为这种扩大很愚蠢。任何通过暴力手段获得的胜利都是幻觉；它只是推迟了下一次血腥篇章的到来。

软化人心需要时间。不是所有的进步都是肉眼可见的。袭击盐场和残忍地回应之后，看起来一切都没什么变化。印度仍然是英国的殖民地。但有些东西确实不一样了。英国已经失去了道德制高点和他们用血腥手段对付印度人的胃口，因为印度人民坚定地拒绝以恶制恶。

甘地从未把非暴力不合作主义看作一种策略，看作“一件随意穿上或者脱下的衣服”。在甘地看来，这是一个原则，一个像重力一样不可违背的原则。如果甘地说得对，那我们会期待非暴力抵抗在每个地方都能获得成功，而且一直都有效，就像不管你住在伦敦还是东京，不管在8世纪还是21世纪，都会有重力一样。事实是这样吗？还是说甘地的成功纯属侥幸，非暴力不合作主义只是一次性的？

1959年，马丁·路德·金（Martin Luther King Jr.）前往印度拜访甘地主义者，包括甘地的家人。这次旅行给金留下了深刻的印象。几年之后，他把非暴力不合作主义中的“严厉的爱”用到了民权运动中。非暴力主义在其他地方也取得了成功：在20世纪80年代的菲律宾，在20世纪90年代的欧洲东部。在针对大约三百次非暴力抵抗运动所做的综合研究中，研究者埃里卡·谢诺维斯（Erica Chenoweth）和玛丽亚·斯蒂芬（Maria Stephan）发现，这项策略在一半以上的运动中都有效（在他们另外研究的四分之一案例中，也有一部分取得了成功）。

我和凯拉什安静地坐在比拉之家外面的长凳上。对于共同分享一段历史的两个人来说，这是一种舒适的静谧。我们都不觉得需要说

什么话来填满这些空白。

我问凯拉什是如何看待甘地的。

“甘地非常有智慧，他的头脑很干净。”他回答说。

听到“干净”这个词时我笑了。甘地说，印度一定“要基于干净的思想做一个干净的领导者”。

当我第一次听到这个词时，被它难住了。甘地要表达什么？什么样的思想和如何行动才是“干净”的呢？

甘地口中干净的思想是没有“蒙面暴力”的思想。我们可能在行为上很平静地对待他人，但是如果我们怀有暴力的想法，我们就不干净。他曾经禁止自己的追随者向那些他们看不惯的人大喊“羞耻，羞耻”。甘地也看不惯今天那些扰乱他们不喜欢的政客用餐的人。这样的抗议者可能没有在身体上伤害任何人，但是他们只是“披着非暴力主义的外衣”而已。

我的思想就像德里的空气一样干净。为了避免冲突，我常常附和别人的愿望，但是之后慢慢释放自己的不满。我偷偷地战斗，这不干净。我虽然看起来很温顺，但其实是一个好战的人。甘地不是被动攻击型，他是攻击被动型。他的行为看起来是攻击性的，或者至少是坚定的，但刮开这层表面之后，你会发现他没有任何敌意，下面隐藏的只有爱。

在他的自传中，甘地回忆了自己写给父亲的信，坦白自己偷钱、吸烟以及吃肉的事情。甘地颤抖着双手把这张纸交给他的父亲。年老的甘地坐在那里读着这封信，读信的同时，“珍珠般的眼泪顺着他的面颊流淌下来，打湿了纸张”，甘地如此写道。“那些爱的泪水净化了我的心灵，洗刷了我的罪恶感。只有甘地这样经历过这种爱的人才知道那是怎样的爱。”

这样的爱不常见，而且往往不会直指内心。当我知道甘地这样一个经常残忍地对待自己的人，也会与一阵阵的自我厌恶作斗争时，我觉得这是一个鼓舞人心的好消息。爆发愤怒时，甘地有时会非常用力地捶打自己的胸膛。他长大后不再这样伤害自己了。而且在走向生命的终点时会向一位朋友建议道：“不要对任何人发脾气，即使对自己也一样不要这样。”

我们多数人，在日常生活中其实经常在战斗。幸运的是，甘地的非暴力不合作主义哲学在婚姻争吵、办公室口角及政治动荡的时候仍然有效。

让我们从甘地的角度来看一次简单的争执。你和同伴打算去餐厅庆祝一件具有里程碑意义的事情。你想选印度餐厅，她想选意大利餐厅。你确切地知道印度菜更好吃，然而你的同伴和你一样确信，意大利菜才更美味。这就产生了矛盾，应该怎么做呢？

最快的解决办法是“强制性胜利”。你可以把同伴五花大绑，然后装在麻袋里，强制她和你一起到“孟买之梦”（餐厅的名字）去。然而这种方法已经不常用了。或者，你可以坚持去吃印度菜，就这样，没有商量的余地。我们假设你的同伴同意了。你赢了，是吗？

你并没赢。晚餐时令人不安的平静只是一种幻觉。没有人喜欢被迫屈服一件事情。“看似这段争执已经结束了，但这可能只是另一种冲突的开端。”《甘地的方式：冲突解决手册》一书的作者，马克·于尔根斯迈耶（Mark Juergensmeyer）如此说道。借助于“蒙面暴力”时，你不仅会伤害同伴，还会伤害自己。

反过来，你可以通过同意去吃意大利菜来“缓和”同伴的情绪，但是你之后一整个晚上都因为这件事闷闷不乐。这种结果只是另一种形式的暴力——一种更糟糕的暴力，因为它不诚实，是“不干净”的暴力。与其装作自己没有原则，不如为自己的原则而战。

你可以推荐一种折中的食物，比如说日本菜。但这意味着你们都不能吃到想吃的菜。同时，潜在的冲突正在恶化。甘地对这种妥协非常谨慎。他非常赞成互相谦让，但是涉及个体的原则问题时就不一样了。他说，在原则方面妥协就是屈服——“只是单方面的让步”。一个更好、更有创新性的解决办法，是双方都得到让他们眼前一亮的一些东西。

甘地会建议人们后退一步，检查一下自己的位置，记住你拥有的只是真相的一部分。你确定印度菜更好吗？也许意大利菜有你还没有看到的特色。也要检查一下你对同伴的态度。你把她看成反对者还是敌人？如果是后者，那就有问题了。甘地说：“反对者仅仅是反对你的意见，但不会一直是坏人。”他有很多反对者，但没有敌人。他不仅努力看到人们身上最好的一面，也想看到人们潜在的善意。他看到的不是人们所表现的样子，而是人们能够成为的样子。

甘地会建议人们多一些创造力。比如，你可以说一下自己选印度菜的理由，强调这不仅给你自己带来好处，而且也能给同伴带来好处。或许她已经很久没吃印度菜了，又或者“孟买之梦”新上了一个她还没尝过的菜品。如甘地所言，你要温柔地说出自己的理由，因为你的目的是劝对方同意，而不是谴责对方。

现在是中午，德里的阳光正变得愈加强烈。我询问凯拉什关于他曾遇到过的争辩。我肯定他遇到过这种情况。印度很少有活动自如的空间。就像叔本华说的“豪猪困境”一样，印度的13亿人口也不断地计算着彼此之间的理想距离。这种科学并不完美，我们有时会被刺痛。

凯拉什告诉我他和一个租户发生的争执。他叫她在结束一天的生意之后，把商店外面的灯关掉。因为有一个邻居把亮着的灯看作可以在那里停车的许可，他停车的位置挡住了通向艾玛文具商店的路。

“我一遍又一遍地说，‘请关上灯’。”她很生气，但是凯拉什保持镇定。过了一段时间，有一天他又看到她没关灯就离开了。当他要她关灯时，她说交电费的是她，不是凯拉什。他吼了她，她又吼回来。这不是一场甘地式战斗。

我问凯拉什：“她说的有道理吗？是对的吗？”

他说：“她说的对，但同时也不对。”

我认为，这是一个甘地式回答。在一场冲突中，双方都只占有真相之饼的一小部分，而不是全部。与其交换彼此的那点真相，不如一起探索全部的真相。

在生命最后一天的最后一个小时，甘地会见了印度新政府的一个部长。之后，马努带他吃晚餐：羊奶，蔬菜汁和3个桔子。吃饭后，他还用手纺车，织着卡迪粗平布。注意到时间——已经17：03——

他突然跳了起来。他就要来不及做晚祷了。甘地讨厌迟到。

在侄孙女们——他亲切地称她们为他“行走的拐杖”——一左一右的搀扶下，他走向做祷告的地方，几百个支持者已经在那里等着他了。甘地抬起放在侄孙女肩膀上的双手，做出合十礼的手势，问候等待着的人们。

就在那时，一个穿着卡其色外衣的矮胖男人走向甘地。马努认为这个人要摸一下甘地的脚来表达敬意，以前经常发生这种事情。甘地不喜欢这样。他会说：“我就是一个平凡的人，你为什么要捡我脚上的灰尘呢？”

马努上前制止，责怪这个人进一步拖延了甘地的时间。这个人反而用力推了马努一下——他推得太用力了，以至于马努跌跌撞撞地向后退去，摔掉了甘地的念珠和眼镜盒。弯腰捡这些东西时，她听到三声连续的枪响。马努回忆说，空气中弥漫着烟雾，“到处都是黑暗”。据说，当时，甘地在倒下之前，仍然站立着，双手保持问候的合十礼状，还说了一句“噢，天哪”。

这里纪念了甘地最后的脚步。在一条长着草的小路上，有一些白色石头堆砌的脚印，一直延伸到刺客的子弹击中甘地的地方。凯拉什和我现在正站在最后两个脚印处。两只光着的脚印：一只棕色，一只白色。这些石头摸起来很凉。我不止一次想过，这也不会是最后一次，究竟是什么原因，会让我在发生死亡的地方感到如此平静。

“你会那样做吗？”凯拉什问。

“做什么？”

“和甘地一起生活。如果可以，你会加入他的静修处吗？”

崇拜甘地的人有数百万之多，但是他最亲近的追随者只有几千人。和甘地在一起生活是很艰苦的。他要求很严格，有时，甚至很苛刻。“和甘地一起生活就是在刀刃上行走。”一个追随者说道。我在想，我能做到这样的平衡吗？

“会的，”我告诉凯拉什，“我会加入甘地的。”

好像这是另外一个人在说话，当我听到自己的回答时才意识到这是真的。有时只有说出来，我们才能认识到真相。

我会加入甘地——不是因为我可以忍受和他一起生活的这些要求，而恰恰是为了这些要求才会加入。我花费了相当多的时间和金钱，努力提高自己生活的舒适度。但是我知道，那不是我想要的。伊壁鸠鲁怎么说的来着？对于一个觉得“足够”太少的人来说，没有什么东西是足够的。在他去世的时候，甘地的身外之物包括一副眼镜，一个木碗（用来吃饭），他的怀表，以及一位日本朋友送给他的三只小瓷猴，代表着“非礼勿视，非礼勿听，非礼勿言”。

吸入一口德里空气。我看了一眼出租车窗外的交通情况，今天比往常还要拥挤。我们在去火车站的路上。虽然现在已经很晚了，但凯拉什坚持要送我离开。我没拒绝。

在我们等火车的时候，我仔细看了凯拉什的样子。我在凯拉什身上看到了甘地的痕迹：坚忍不拔的毅力，对新思维方式的开放态度，毫不动摇的诚实，内心的善良。

我并没有和凯拉什提到我的观察。因为我相信，他会觉得这很荒谬，还有一点亵渎神明。甘地？我？世界上只有一个甘地。

也许是，也许不是。甘地从来不认为自己是特殊的人。他不是神或者圣人。他只是用新的战斗方式和叫作爱的强大力量来做实验的一个普通人。心灵界的爱因斯坦。

一列火车进站了，早已忙碌不堪的站台更加慌乱了：搬运人拖着小艇般大小的行李箱；希望能卖出一两杯柴瓦拉的人用单调的嗓音叫卖着；家人们手拉手，以防被人群的激流冲散。火车慢慢停下来，一侧的布告牌上写着："首都专列"。

我已经决定接受罗伊先生的提议，买了他所说的"好火车"上剩下的最后一张票。那辆不是瑜伽专列。这是一种屈服，一种对现实的妥协。我输掉了这场订票的战争。甘地领导的运动一方面鼓舞人民士气，另一方面其妥协性也使得取得的成果并不彻底。

在他生命最后的日子里，他几乎要绝望了，但他从未停止战斗。1947年8月15日，当印度人伴着午夜的钟声庆祝印度的独立时，甘地一整天都在禁食和祈祷。不久之后，他借助火车和双脚，走遍了这个国家，竭力平息那些血腥的战争。虽然他没有实现自己的目的，但证明了自己的方法。

如何战斗比为何而战更加重要。我打得很好。我认识到了不公正并且直面它。我创新性地和干净地与一个顽固的对手作战：印度铁路公司。我没有诉诸暴力，虽然我很想那样做。确实，最后的结果不是我想要的，但让我痛苦的是我的欲望而不是结果。此外，还会有别的战斗，因为总是存在一些战斗。

凯拉什帮我把行李拉到火车上，提醒我在旅途中过夜时锁好背包。我答应他会这样做的。我们拥抱着告别，然后他从火车跳到站台上。几秒之后消失在视野里，吞没在温暖的德里夜晚中。这里污染很严重，人也很多：无数的灵魂在运动，协商着局促的空间和复杂的关系，爱并战斗着，战斗并爱着，两者通常相继而来，但偶尔也会同时发生。

甘地乘坐了最后一程火车。被刺杀13天后，他的骨灰被放置到一辆开往阿拉哈巴德的火车上。阿拉哈巴德位于三条神圣河流的交汇处，是甘地最后安息的地方。

在火车经过的地方，人们都争着要看一眼火车，流着眼泪，双手一起做最后的合十礼。晚上，村民们哭着点燃篝火和火把，喊着甘地胜利！火车也特意为这次旅行做了准备，整列车都是三等车厢。

9
如何像孔子一样善良

17:34，曼哈顿下城区的某个地方，在纽约地铁F号列车上，不知道会到哪儿。

我已经坐了很久F号列车了——比多数通勤的人都要久，甚至心理健康专家都会对此提出建议。我已经乘坐这辆列车去过牙买加、皇后区、康尼岛、布鲁克林，以及这些地点之间的其他地方。有整整一周，F号列车就相当于我的家。

我保证，自己没有疯。我有一个使命，寻找善良的使命。我承认，不太可能在纽约地铁上发现善良。很多人认为这里是一个无情的下层社会。这就是我来这里的原因。我想，如果纽约地铁上能发现善良，那么在任何地方都能发现善良。

我用梭罗的眼睛和叔本华的耳朵扫描着四周，警觉地寻找最细微的仁慈之举。上来了3个年轻人。显然，他们是同事。我捕捉着他们对话的片段。她需要辞职……不，她需要被解雇。这里没有善意。

我发现一个戴着纽约洋基队帽子的西班牙裔男子，他不小心撞到了另一位乘客。“不好意思”，他说。继续扫描。一个女人，怀里抱着一只小白狗，蹒跚地走着，然后弹球似的至少撞到了3名乘客。“对不起”，她说。这两个人都很有礼貌，但他们善良吗？礼貌是社会的润滑剂，善良是社会的强力胶。礼貌的文化不一定是善良的文化。

坐在我旁边的年轻人，穿着一件连帽衫和破破烂烂的牛仔裤，牢靠地戴着耳机，他瘫倒在座位上睡着了，或者说在我看来是睡着了。过来一个为了给学校募款而卖糖果的少年，旁边的人突然打起精神，从包里掏出一美元给了这个少年。然后，一拍不落地，他又回到音乐和瘫软的状态中去了。我再一次提醒自己，一定要质疑各种假设。

陪我一起乘坐F号列车的是一本叫作《论语》的书。我们就是通过这本书了解孔子的。这本书不是孔子写的，而是他的学生编撰而成。学生们提炼出了孔子智慧中的精华部分。也许像柏拉图对待苏格拉底的思想一样，他们在撰写孔子的思想时，也加入了一些自己的观点。《论语》是完美的地铁读物。这本书由一系列简短的对话和生机勃勃的谚语组成，都是易于在列车站点之间消化的零碎观点。

所以人们很容易认为，这本书没有任何统一的主题或者有说服力的思想。但它有主题思想。F号列车可能会间歇性地运动，但是它总会驶向某个地方，孔子也是这样。

列车到达曼哈顿的东百老汇车站后，我就下车了。爬上阶梯，迎面而来的是残酷的早春气息，如冬天般寒冷。我拉上夹克拉链，紧紧戴好围巾，径直朝西边走去，去寻找孔子。

走过几个街区之后，一拐弯，在一栋冷冰冰的商住两用大楼面前，我显得格外渺小。孔子广场却显得气势磅礴。

我走过孔子社会日托中心和孔子药房，在孔子花店那右转，然后孔子眼镜店和孔子外科用品店之间是……孔子。

孔子雕像有3米高，但他并没有让我觉得自己很渺小。他留着标志性的胡子，又长又细，同时既整洁又不拘谨。他的双手扣在一起，双眼睿智地看向前方。孔子智慧的双眼望着包厘街，可以看到所有东西。他能看到草药店和储蓄银行，能看到交谊舞工作室（“学习交谊舞/拉丁舞！”）和金麦娜面包店，也能看到善良：一群五岁左右的小学生，在成年人的引导下，像一阵散乱的凉风一样穿过孔子广场。

我的目光停在雕像底部，这里用中文和英语刻着：“《礼运·大同篇》”。在这篇文章中，孔子想象了一个乌托邦。那里的统治者很明智，能成就大同世界，天下就太平。没有战争，人人和睦相处，丰衣足食，安居乐业。在公元前5世纪，这个设想很大胆——那时善良还是一个新奇的思想。

我在那里站了很久，忘却了春天的寒冷，想象着那个完美的世界，以及在很久很久之前就设想这个世界的那个不完美的人。

孔子虽然是个哲学家，但是他的生活很艰苦。他出生的家庭相当富裕，但是当他长到3岁时，当军官的父亲就去世了。母亲挣扎着维持生计，独自将孔子抚养成人。孔子为了减轻母亲的负担，做了很多不那么体面的工作。与此同时，他一直学习中国的经典作品，比如《易经》。

孔子和苏格拉底虽然相隔万里之遥，但是这两位哲学家却有很多共同之处。他们差不多出生在同一时代。孔子去世于公元前479年。他去世后还不到10年，苏格拉底就出生了。这两个人都没有稳定的工作，都受到学生的敬仰，同时都不被当时的精英阶层所信任。

他们都采用了非正式的、对话式的教学方式，都质疑已有的假设，都很看中知识，但是更看重无知。他们都不喜欢形而上学的论证。（当一个学生询问孔子死后的事情时，这位大师回答道："如果你不能理解生，又怎么能理解死呢？"）两个人都执着于定义。孔子说："如果不能使用正确的词语，就无法得出清晰的判断。"

对孔子而言，语词很重要，但其中最重要的词是"仁"。这个词在《论语》中出现了105次，其频率远超其他词语。没有直接关于这个词的解释（孔子自己也没有清晰地界定这个词），但是"仁"明显带有这些色彩：同情、利他主义、爱、慈祥、真正的善、完美的行动。我最喜欢的一种解释是"以人为本"。

仁者在实践中经常要遵循这五种基本美德：温和、善良、恭敬、节俭、礼让。当然，善良不是孔子发明的，但他确实提高了善良的重要性：从一种放纵提升为一种关键的哲学思想和良好统治的基石。他是第一位将善和爱放到金字塔顶端的哲学家。"己所不欲，勿施于人。"孔子如是说。对孔子而言，善良不是软绵绵的东西，它不脆弱，善良是很实际的东西。一位儒家学者说，向所有人表达善意，"你就能把整个世界握在手中"。

F号列车不仅是一辆列车，它还是一种文化。同其他文化一样，它也有自己的规则。有些规则是写出来的，有些则是大家都理解的。环顾四周，我发现到处都是各种写出来的规则。不要倚门或扶门。不要在车厢间穿梭。不要吃东西或喝饮料。远离即将关闭的车门。

孔子本来也能写出这些规则，但是他看到了礼的重要价值，或

“恰当的礼仪行为”，如中国的经典作品《礼记》中说的那样。这里有一个讨论适当地饮食习惯的小例子。

不要把米饭团成一个球；不要狼吞虎咽各种美食；不要大口喝汤。吃饭的时候不要发出声音；不要用牙咬碎骨头；不要把你吃过的鱼再放回去；不要把骨头丢给狗；不要抢你想要的东西。不要铺开饭粒散热；不要用筷子吃小米。

这就是我眼中的儒家思想：一种基于规则的哲学思想。

我承认：对我来说，“恰当的礼仪行为”并没有吸引力，哪一条都没有吸引我。我认为，礼仪是需要反抗的东西，而非拥护。盲目遵循传统与哲学的战斗口号背道而驰。如康德所说：“要敢于独立思考！”但是儒家思想不是只有这些礼仪规则，还有很多其他的东西。它并不提倡盲目地拥护礼仪，它强调的是礼仪背后的动机。孔子说：“毫无敬畏之心的仪式——这不是我愿意看到的东西！”

他如此拘泥于礼节是有原因的，因为礼节直接关系到仁，关系到善良。善良不能自在地飘在空中，它需要一个容器。对孔子来说，这个容器就是礼，就是恰当的礼仪行为。你可能没有在这些礼仪规则中看到美德。孔子说，这没关系。像你真的关心一样铺平垫子，像你真的认为餐桌礼仪很重要一样来要求自己。看起来这些可能都是一些小事，但是善良就建立在这些平凡的基础上。

孔子的目标是发展人们的品格：让人们获得道德技能。

孔子要求子女一定要孝敬父母，但没有要求他们盲目地遵从这些礼节。如果年迈的父母偏离正道，子女应该用尽一切办法纠正他们，但纠正的时候要谨慎，要尊敬他们。孝顺是手段，不是目的。就像我们不是为了到健身房去流汗，而是要保持体型一样，我们不（只）是为了原则本身才孝顺，而是要形成善良的肌肉。照顾年迈的父母是一项举重运动。孔子给这项运动增加了几磅重量，因为他要求人们高兴地且带着真诚的笑容来照顾父母。

家庭就是练习仁的健身房。我们在家庭中学会爱和被爱。距离很重要。从善待离你最近的人开始，由此出发。像扔进池塘的石子一样，善良的涟漪也会不断扩大，不断向外扩散。我们的关注范围会从自己扩展到家人，再扩展到邻居，扩展到我们的国家，扩展到所有有感知能力的生命。如果我们能同情一种生物，我们就能同情所有生物。

但我们很多时候都难以从家庭之善走向更广泛的慈爱。多数时候，父母之爱只是“残酷大海中的一座仁慈之岛”。我们需要逃出这座岛屿，或者，更好的做法是扩大这座岛屿，邀请他人加入我们。

“请远离即将关闭的车门。”我远离了，遵循恰当的礼仪行为。不远处，一个女人正捧着一个巨大的邓肯甜甜圈杯，明显违背了不要吃东西或者喝饮料的规则。不到2米远的地方，一个男人的表现甚至比这位女性还过分，他从背包里拿出一整个披萨，然后大口吃了起来。

录音广播的直率让我吃惊：“乘客们请注意：不要将钱包或者手机放到后侧口袋里。”这是提醒我们，不要信任别人，这个大城市里没有善良。

我们到达第五十三车站后，车门滑开了，我在车厢里听到了街头艺人演唱的约翰·列侬（John Lennon）的《想象》。他有点跑调，但即使这样还是很感人，或者说恰恰因为跑调所以很感人。

我意识到，这首歌就是设置成音乐模式的孔子的乌托邦，即他的“大同”。麻木不仁不是来自残忍的意图，而是源于缺乏想象力。冷酷的人无法想象他人的痛苦，无法设身处地地为他人着想。但是约翰·列侬说，如果你尝试的话，这很容易。孔子也是这样说的，“既然你渴望地位，那就帮别人得到地位；既然你渴望成功，那就帮别人获得成功”。

约翰·列侬短暂的歌声影响车厢的氛围了吗？让我们更倾向于以人为本了吗？这当然不可能量化，但是我愿意这么想。我愿意认为，一种善意会引发其他善意。

我在运河街这一站下车了，并且决定去一家中餐厅吃午饭。中餐厅虽然没那么摇晃，还有更宜人的香气，但却像F号列车一样非常拥挤。

“要多少？”餐厅主人大声嚷嚷着，带着责备的口气，好像我打断一个重要的会议似的。

“一个。”我说，同时怯懦地伸出一根食指。

“你和其他客人坐在一起，行吗？”

不行，但我并没有这么说。我不想让这个叫嚷的人失望。他让我和一群德国游客坐在一起。

和F号列车相比，纽约的中餐厅并不是一个明显的好地方。这里的服务顶多算是粗鲁。服务员不仅会冲着你喊，而且期待着你快点点餐，快点吃完。

但是这个地方有一股潜在的善意，它浸透在点心和白菜里，泡在金属茶壶里。这是一种尊重公共利益的善良。如果你愿意和别人一起用一张桌子，每个人都会获益。如果你吃得快一点，其他等待的人也可以品尝到鲜虾烧卖。这些规则虽然没有明确写出来，但是大家都理解。这就是礼，中餐厅里适当的礼仪行为。它们是承载善意的容器。

我所在的中餐厅显示了大部分孔子提倡的仁的要求。在一定程度上，餐厅的员工是尊重我的，同时他们也一定很真诚，不能说他们的态度傲慢。他们很认真，而且以他们自己的方式表达着善良。那慷慨呢？没有那么慷慨，但是五个人里，至少有四个人都很好。

回到F号列车上，当列车蜿蜒穿过皇后区的时候，我一边扫视周围的乘客，一边在想：他们是好人吗？善良吗？我们都拥有仁、以人为本吗？还是说只有少数例外的人，也就是孔子称为君子的那些"有教养的人"才能做到呢？

人性问题是哲学中最令人苦恼的问题之一。有些哲学家，比如说托马斯·霍布斯，会认为人类本质上是自私的，社会缓解了人们的残忍性情。卢梭这类思想家相信人们生来良善，是社会腐化了人们的性情。还有其他一些人，比如法国存在主义者西蒙娜·德·波伏娃，他们质疑人类本性的存在，我们的本性就是没有本性。

孔子属于人性本善这一类，这个观点在一个世纪之后被名为孟子的哲学家加以推广。"所有人都不忍心看到他人受苦"，孟子说道，并且提出了一个思想实验来证明自己的观点。设想你正穿过一个村庄，一心想着自己的事情。这时你发现一个孩子正在井边摇摇欲坠，马上就要掉下去了。你会作何反应呢？

孟子说，你多半会感到“惊慌和同情”。你本能地就想帮助这个孩子——不是为了赢得孩子父母的好感，或者获得邻居和朋友的称赞，而是因为你是一个人，“怜悯之情是人类的基本情绪”。仅仅听到这件事情，我们“内心就会泛起一阵波动”。孟子说，如果你什么感觉都没有，那你就不是一个完整的人。

孟子说，我们每个人都拥有同样潜在的善良。就像荒芜的山上仍然会长出鲜嫩的枝芽一样，即使最凶残的人身上也潜伏着善意。“只要正确栽培，任何东西都会生长。如果没有合适的生存环境，任何东西都会枯萎。”

我们善良的能力如同语言能力一样。我们生来都内在地拥有说话的能力。但是这种能力必须被激活，被我们的父母或者罗塞达石激活。同样，我们内在的善意也需要被动员起来。孔子认为，需要通过学习来动员人们的善意。“学习并将所学付诸实践难道不是一件快乐的事情吗？”

孔子说的“学习”并不是死记硬背，甚至也不是学习这一活动本身。他思考的是更深层的东西：道德的自我修养。我们要学习教给我们的东西，也要吸收自己培育的东西。没有哪个善意的举动是微不足道的，每一次同情行为都是在浇灌一颗红杉之种，你永远不知道它会长多高。

我有一个问题要问孔子：如果人类本性善良，为什么世界看起

来那么残忍呢？很长一段时间以来，人类的故事都是用鲜血书写的。打开电视机或者启动笔记本电脑，你会看到当今的社会仍旧没什么变化。新闻都很糟糕：恐怖分子袭击，自然灾害，政治斗争。善意没有现身，至少看起来是这样。

不管我们有没有意识到，善意总是在那里。已故的哈佛古生物学家斯蒂芬·杰伊·古尔德（Stephen Jay Gould）称这种现象为“伟大的不对称”。他说，“每一个引人注目的邪恶事件都会被10000次善良的行为抵消”。在街上、家里以及纽约的地铁上，我们每天都见证着这些行为的发生。在十一月的某一天，一位年迈的妇人勇敢地冒着严寒去投喂附近的松鼠；一位商人，虽然已经要迟到了，但还是停下来帮助一位单身母亲把日用品搬到车上去；一位手里拿着滑板的少年，发现停车计时器过期之后就往里面投了25美分。这些日常生活中的善行很少出现在新闻上，但这并不削减它们的真实性，或者它们的英雄主义色彩。

古尔德说，我们有义务“记录这些不胜枚举的小小善意并以此为荣”，这几乎是一种神圣的责任。作为一个精明且注重实际的科学家，古尔德看到了记录善行的实际原因。被授予荣誉的善意就是加倍的善意。善意是会传染的。目睹具有道德美的行为会激发大量的生理反应和情感反应。观察善意的行为会激励我们自己在行为中更加善良。最近的多项研究已经证实了这种现象。

我亲身经历了善意的传染。在乘坐了一周F号列车之后，对善举高度警觉的我变得更善良了。我会给别人开门，会捡起地上的垃圾，会感谢我的咖啡师——在她不注意的时候留下小费。我知道，这些小小的举动不会让我获得诺贝尔和平奖或者被称为圣人。但这只是一个开始，只是多给红杉种子浇几滴水。

乘坐F号列车的时间足够长的话就会注意到一些模式。我就是这样。善意的举动不是固定不变的常量，它们起伏不定。在非高峰时段，我很少看到善举。但是在繁忙的高峰时段，我看到很多：一个肌肉发达的年轻人把座位让给年迈的妇女；这里一句“不好意思”，那里一句“对不起”。当然，不是中午的人不如下午5点的人有爱心，只是少了一些表达善意的机会。善意会根据需要而扩展。

高峰时段对善意的需求迅速膨胀，变得像银河一样广阔。随着列车驶入布鲁克林，每一站上来的人都越来越多。等到了联合广场时，列车就满了。我以为不可能再多容纳一个乘客了，但是却总能让更多的乘客上来。

一切都发生得更快了：人们更快地冲向座位，更快地扫视。甚至列车员的播音也更快了：“开往康尼岛的F号列车请远离即将关闭的车门。”

当我和朋友艾比说起要在F号列车上寻找善良时，她作为土生土长的纽约人，告诉我说：“纽约人不粗鲁，他们只是速度快而已。”

她可能发现了什么。我想，可不可以快速且善良地行动呢？或者说，善良要求速度慢下来吗？慢慢烹饪的食物比快餐更好吃，而且，如我们所见，好的哲学也需要时间。随着F号列车在东河下面滑动，我开始思考速度和善意之间的关系。当你加速的时候，善意会减少吗？

我不确定。确实，快速行走的人更不容易发现陷入困境的人，但有时速度快反而更善良。如果你的房子着火了，你更喜欢一个行动迟缓的消防员还是健步如飞的消防员呢？如果你生病了，你更想要一个磨蹭的急诊室医生还是行动迅速的医生呢？如果我因为思虑过度而面临一次医学危机，马上就要瘫倒在F号列车上的话，我希望车上的乘客能够迅速地帮助我，而不是慢悠悠的。

最近，一个朋友和我说了他在纽约地铁上目睹的一次这种突发状况。列车到站时，一位女士突然倒在了列车的地板上。和她一起的乘客条件反射式地开始行动起来。一个人抓住车门以使列车停在这一站，另外一个人通知了列车员，第三个人负责实施急救。孟子会认识到，这是一种反射式的同情。善良是天生的，残酷是后天习得的。

善良是不容易的。它包含同情，但这还不够。还需要孔子的礼仪。这也是为什么我们在生命的重大时刻——婚礼，毕业典礼，死亡——都会求助于礼仪。这些事情会激发强烈的情感，那些可能会从我们身上消失的情感。礼仪让我们团结在一起。礼仪为我们的情感提供了容器。

孔子说："任重而道远。"善良是不容易的，一切有价值的事物都不容易。

10
如何像清少纳言一样欣赏那些小物件

11：47，东日本旅客铁道公司的318号列车上，从东京驶往京都。速度：每小时近300公里。

我已经知道，速度是注意力的敌人。它会粉碎人们的意识，把意识撕成无数个细小的碎片，让人们一片都抓不到。

那么美呢？当我们加快速度的时候，美也会减少吗？还是说速度有其自身模糊的美？蜂鸟的翅膀每秒钟能拍打80次。一道闪电可以迅速地在天空中划出一道弧线。日本新干线，或者说高速列车，伴着安静的嗖嗖声，如火箭般从一个城市到另一个城市。

当我在闪亮的品川车站登上现在这辆列车时，我不知道该欢呼还是大笑。如游泳健将般的车体上带着一个扁平的像鸭嘴兽一样的鼻子，这辆车看起来很滑稽，也很美。这列新干线是火车界的罗宾·威廉姆斯（Robin Williams）：它公然藐视物理定律，但却以令人难以置信的速度运行，一切都被原谅了。

如同罗宾·威廉姆斯不会和其他喜剧家竞争一样，这列新干线也不和其他列车竞争，而是和航空公司竞争。日本铁路在模拟航空客舱的感觉方面，已经做到了极致。我有可能坐在一辆空中巴士里，只是没有显眼的安全带，也没有播放那些录音，那些告诉我当面临罕见的水上迫降时应该怎么做的录音。

当我们准时从品川车站出发后，空中旅行的回声越来越大：伴着高调的嗖嗖声，重力轻轻地把我压在座位上——很平稳，一点儿美铁上的摇晃和噪声都没有。

如果一切按计划进行，在日本几乎总是这样，轻快的2小时零8分之后，我们将跨越365公里，从东京到达京都。我们似乎是在飞，但又不是真的在飞。只有望向窗外时——看到附近经过的房子或者铁路交叉口——我才真正相信这样非凡的速度。速度是相对的。没有参照点，速度将毫无意义。

路过的列车员弯腰捡起了某个人（好吧，是我）扔到地上的一个筷子小碎片。在我看来，这点东西太小了，根本不算垃圾。但这位列车员显然不是这么想的。游离的那点儿木屑打乱了列车里和谐的美感。在日本，一件事要么刚刚好，要么一点儿都不对。

我拿出一个小小的黑色笔记本，不是我在英格兰弄丢的那个（那个是无可替代的），而是一个更普通的笔记本。我翻开新的一页，开始在充满无限可能的空白处列清单。我相信，列清单是深刻的哲学活动。不要相信我说的话，问柏拉图。他也会列清单。他罗列了哲学家国王和美好生活的样子。他的学生亚里士多德比他做得更好。亚里士多德是哲学上伟大的清单罗列者。他热衷于在混乱的现实之上叠加秩序，从而创造了一层又一层不同的类别和子类别。

大约2000年之后，苏珊·桑塔格（Susan Sontag）为自己长期罗列清单的做法作了精彩且特点鲜明的辩护："我感知价值，我赋予价值，我创造价值。我甚至创造——或者保证——存在。因此，我会强迫自己列'清单'。"

我列的清单就没有那么宏大了。我的清单不保证存在或者创造新文化。据我所知，我的清单也没有感知到价值，但是这些清单确实能帮助我整理自己的思绪。它们帮助我发现世界的意义，发现我自身的意义，还有什么比这些意义更有哲学性呢?

列好一份清单的关键是正确地分类。这些分类必须足够大，才能包含多种多样的条目，同时也要足够小，你的头脑才能处理好这些分类。“有史以来最伟大的音乐”就过于宽泛了，而“芝加哥的波兰裔美国人在20世纪30年代创作的最伟大的波尔卡舞曲”就过于狭小。

我看了一眼自己刚刚在笔记本上罗列的清单，“我在国外居住过的国家”。这份清单并不长，只有3个条目。但是这比任何其他清单都重要，因为它塑造了我的思想，以及我所是的样子。

列表上的每一个国家都让我得到了某些重要的东西，即使有些东西是无意间获得的。印度让我知道如何在混乱中找到宁静。以色列让我知道忍耐的重要性。这些都是宝贵的经验，在日本，我，一个书虫，一个语词的疯狂爱好者，以及热衷于使用语词的人，懂得了如何停下这些活动，用五分钟来体验一种新的存在方式。日本让我知道了属于不同事物的哲学，各种美妙的小物件的哲学。

《枕草子》，我觉得这真是个奇怪的名字。大约在20年前，我第一次听说这本书的存在。那时我住在东京，是美国国家公共电台的驻外记者。这本书引起了我的兴趣。在一千年之前成书，作者是来自东京的一位不知名的女官。这是怎样的一本书呢？十个世纪之后，它又是如何吸引读者的呢？

我的调查从那里开始，也在那儿结束了。我当时忙于提交关于日本经济状况的报告，或者关于日本人口老龄化的报告，又或者要坐飞机去报道印度尼西亚或者巴基斯坦即将爆发的冲突。我没有时间——或者，说实话，没有这种倾向——来读一本没什么特殊内容的千年古书。但是我一直没忘记这本书以及它的思想，只是暂时把它放到大脑的郊区了，让它耐心地等着市中心腾出空间来。

———

我舒适地靠着《枕草子》这本书，同时适当地把头靠在枕头上。我在东京涩谷区周边的一家宾馆的房间里，虽然日本的“房间”是一个见仁见智的问题。

这间所谓的房间的风格和规模都让我想起船上的客舱。那是高效利用空间的杰作。里面应该能睡3个人，但是有个问题，就是这3个人都必须处于休息状态。任何的移动都需要像迎接总统访问一样，需要提前进行协调。它更像一个角落，而非房间。

角落没有获得它们应得的价值，至少在成年人这里没有。孩子们会欣赏那种好的角落。他们本能地要找到一个这样的角落，如果找不到就会自己创造一个。我记得，当我还是一个带着忧郁气质的5岁孩子时，曾经把巴尔的摩的客厅变成一个充满角落的迷宫。我把几十条毛毯和床单系在一起，然后把它们固定在任何能接触到的物体上：包括椅子，沙发和狗。我当时太小了，以至于说不出为什么要这么做。但是我现在知道自己当时想要什么了：舒适和惊奇的完美组合，封闭与广阔并存，安全与冒险俱在，只有角落能满足这些要求。

我仍然喜欢角落。我不自觉地会被密闭的空间吸引，我在那里茁壮成长。也许这就是我如此喜欢日本的原因。没有哪里像日本一样有禁闭感，这里的人都生活在角落里。他们把自己硬塞进地铁车厢里、塞进酒吧里、塞进所谓的旅馆房间里，令人惊讶的是，他们这样做的同时并没有伤害他人。

我翻开第一页。《枕草子》读起来像一本私人日记一样，有充分的理由解释这种风格：这就是一本私人日记。作者清少纳言曾写道，“我只是对感兴趣的事物写一些自己的感想”。她未曾期待过自己的文字会被别人阅读，这也解释了为什么很多人觉得这本书读起来如此有趣。《枕草子》的写作带有一种赤裸的诚实，通常出现在匿名者和垂死之人身上的那种诚实。

调整一下枕头，翻着书页，我沉浸在清少纳言的世界里。我被她吸引住了，她的大胆，她对细节的热爱——以及她如何能在最意想不到的地方发现美。

如《枕草子》中的内容一样，这个书名也是一个谜。为什么是枕着草呢？也许清少纳言把手稿放在床边，像枕头一样。也许她在世界中发现了一种舒适感，就像我们在最喜爱的枕头中发现的舒适感一样。没人知道谜底。

《枕草子》不仅仅是一本书，至少不是传统意义上的书。它没有叙事线索，没有反复出现的人物，没有能够概括这些内容的一个主题。《枕草子》是一份什锦饭，记录了对各种大（多数是）小事物的观察。《枕草子》的英文译者，梅雷迪思·麦金尼（Meredith McKinney）说，这本书就是“一床带着各种装饰图案，各种观点和各种奇闻异事的被子”。

这本书包含近300条带着编号的条目，每个条目长度不等，从一句话到好多页都有。有些条目记叙了京都皇宫里的趣闻，有些只罗列了清少纳言的一己之见。我最喜欢清少纳言的清单。我在她这里找到了一个志趣相投的人，一个列清单的盟友。

清少纳言不会一直待在同一条轨道上，她会从“精致优雅的事物”转向“毫无价值的东西”，然后再到“真正精彩的东西”。人们很容易认为她毫无头绪。但不是这样的。她的著作应该称为运用随笔方法的作家会无所畏惧地遵循自己的预感，满足智力的渴望，然后再绕回来，或者不绕回来。这些作家不会给文本强行加上一个结构，而是让文本的结构自行显示出来。

我认为，我们所有人都可以多尝试一下随笔的方法，而且这个方法不仅适用于写作。一些心灵自助的书一般这样建议我们：树立一个清晰的目标，然后集中所有精力，为了达到这个目标而努力。这种方法其实是在开始旅行之前，就假设我们已经确定了目的地。但生活不是这样的。有时你只有在动身的时候才知道自己要去哪里。所以，先动起来，从你所在的地方画一笔，然后看看这一笔会走向哪里。

清少纳言描写的不是这个世界，而是她的世界。没有中立的观察。她知道自己喜欢的东西和不喜欢的东西。她赞成视角主义，即数个世纪之后尼采提出的哲学理论。不只有一个真理，而是有很多个真理。清少纳言说，选择一个，并将其转化成自己的真理。

你可能会反对这种说法，因为这样一来观点不再是稀缺品，反而会因为观点过多给我们带来困扰。多亏了各种社交媒体，每个人都可以在任何时间发表关于任何问题的言论。虽然这些观点已经经过各方面的大力调整——朋友和“专家”的调整，以及隐藏最深的运算法则的调整。结果就是：我们只能透过模糊的镜头来看这个世界；我们的信念像纸一样薄弱。你喜欢那家新开的寿司店吗？还是说你只是因为人们给的五星评价才认为自己喜欢那家店呢？泰姬陵真的那么美吗？还是说你只是被照片墙上那些让人神魂颠倒的帖子说服了？清少纳言努力确保自己的镜头清晰干净，她的观点纯然来源于自己的判断。

清少纳言不喜欢甚至感到愤怒的事情有："当你有紧急事要做时，来了客人；一个普通人，在她喋喋不休的时候疯狂地微笑着；一只狗发现了一个偷偷溜进来的秘密情人，就叫了起来；有人会在你说话的时候插话并提供大结局爆料；跳蚤；苍蝇；蚊子；除夕下了一整天的雨。"

清少纳言虽然固执己见，但是她的固执也很灵活。设想一棵开满鲜花的梨树。日本人认为这些花很丑，所以他们把梨花用在侮辱性的言语中，比如"他的脸像梨花一样"。但是有人很喜欢梨花，所以清少纳言写道，"梨花一定有它的特别之处"。果然，进一步思考之后，她得出结论，梨花确实有一种独特的美。如果你"认真且共情地看一下，你也许就会注意到，梨花花瓣的尖端有一点很可爱的光泽"。

和甘地一样，清少纳言也容易大惊小怪。看看这个观察："我忍受不了那些穿着有些发黄的白衬衫的人。"通常，这种苛求会让我没完没了地发火，但是我却越来越喜欢清少纳言。和她的敏感相比，这点儿挑剔算不了什么。

如同伊壁鸠鲁，清少纳言也对快乐进行了分类。她区分了仅仅是令人愉悦的事物和令人高兴的事物。和愉悦不同，高兴包含了惊喜的成分，一阵意想不到的战栗；更加不同的是，高兴不会留下任何苦涩的余味。你不会事先预料到高兴的到来，所以当高兴消失时，你也不会怀念它。

对清少纳言来说，最微小的细节也能打破平衡。她赞成一个三层的风扇，但是不会赞成五层的风扇（“太厚了，而且底座看起来很丑”）。空气中有下雪的感觉是令人高兴的，但是“如果阴云密布，随时会下雨的话，就会破坏当前的好氛围”。这就是“存在主义”的哲学思想。一件事情要么刚刚好，要么一点儿都不对。失之毫厘，差之千里。牛的前额应该有一小块白色斑点，猫应该是全黑的，“除了它的腹部，那里应该是纯白的”。只有晚上的音乐演出才让人高兴，因为“那时你看不到人们的面容”。

清少纳言眼中令人高兴的事物不一定是完美的，但一定是合适的。它一定要适合当前的氛围或者季节，一定要符合其自身的本质。所以，“夏天最热的时候就是最好的夏天，冬天最冷的时候才是最好的冬天”。

清少纳言会用到所有的感觉，尤其是她的嗅觉。她会因为“突然闻到马屁股下面皮革的陌生味道而高兴”，也会因为“依偎在带有衬里并且散发着一点点汗味的和服里睡午觉”而高兴。她喜欢“带着味道的东西”。有一种奇妙的木质工具，可以使一件衣服充满特定的熏香味道。清少纳言享受了一场激烈的“散香”比赛，看看谁能制作出最芬芳的熏香。

多数哲学家都不重视气味。托姆斯写过视觉美学与音乐哲学，但是只字未提气味。（康德不认为感官有任何美学地位。）但是嗅觉是最根深蒂固的感觉。一个六周大的婴儿已经能表现出对母亲气味的强烈偏好，而不是其他女人的气味。气味能够以不同于其他感官的方式触发人们的记忆。悲哀的是，气味现在有点贬义色彩。说一个东西“有味道”时，表达的意思是这个东西不好闻。如果人们怀疑某件事，也会说它“闻起来有腥味”。

就像梭罗告诉我们的那样，我们只看到自己准备看到的东西。我们多数人都没有做好看到这些小物件的准备。清少纳言不是这样。她知道，我们的生活不多不少就是由成千上万的小快乐组成。“加入甜糖浆的刨冰，盛在崭新的金属碗里。水晶念珠。紫藤花。覆雪的梅花。正在吃草莓的可爱的孩子。从池塘里捡来的一小片荷叶。”

像古往今来的所有日本人一样，清少纳言也喜欢樱花。众所周知，樱花开放的时间非常短暂。它们只会开两到三天，然后就凋落了。其他的花——比如说，梅花——可以持续相当长的时间。为什么要花这么大力气培育如此脆弱的花呢？

可以从佛家的概念“无常”中寻找原因。生命很短暂，我们知道和热爱的所有事物终有一天会不复存在，包括我们自己。多数文化都害怕这个事实，但是日本人会庆祝这个事实。

14世纪的佛教僧侣吉田兼好（Yoshida Kenkō）写道：“生命最珍贵的事情就是它的不确定性。”他建议人们多关注那些即将开花的枝干，或者铺满凋谢之花的花园，而不是正在盛开的花朵。不是尽管樱花生命短暂，但是它很美丽，而恰恰是因为樱花生命短暂，所以它才变得分外美丽。“美丽取决于其自身的毁灭。”日本学者唐纳德·里奇（Donald Richie）如是说道。

要欣赏生活中微小的、转瞬即逝的愉悦，就要有一种张弛有度的抓力。抓得太紧，这些事物就会破碎掉。对梭罗的评价也适用于清少纳言。“他正专心地看着一些事物，但是他没有抓住它们，没有操控它们，也没有费力弄懂它们。”

我天生没有这种技能。我抓得太紧了。对于关注到的事物，我总想弄懂它，挖掘出它下面也许有也许没有的意义。至于无常，这让我感到害怕。

清少纳言喜欢的东西很多，但她最喜欢的是纸。回忆起接触陆奥纸时，她觉得自己写作时像勃艮第葡萄酒鉴赏家一样。人们认为纸和木头有灵气。工匠能用木头做出最珍贵的物品——表面涂有金漆，用来盛放经卷的箱子，镶嵌着珍珠母的檀香木盒子，绘有图画的屏风，镜子，毛笔，墨水台，乐器，能做任何想做的东西。即使在今天的日本，纸，木，以及稻草之类的日常材料依然深受人们的关注并且被用来制作节日用品——有时不止这样——还会像金子或者珍贵的石头一样被当作奢华的材料。

我感受到了清少纳言对纸的喜爱。无论什么时候到东京去，我都会找时间去银座区的伊东屋。伊东屋是一个文具店，但是这么说就像说马友友是一个大提琴手一样：这么说没错，但是远远不够。分布在整整两栋楼的十八层建筑里的这家文具店就是对同源物品的垂直颂歌：意大利皮革品，高端笔记本，精致的笔。这里的每个人，顾客和员工，共同分享着对这些美好触感的热爱。没有人催促你，并且他们还会鼓励你触摸这些东西。我可以在伊东屋待上好几个小时——甚至好多天！我相信清少纳言也会这样。

对清少纳言来说，令人高兴的事物不一定是新的或者完整的。她庆祝的许多物品都是旧的，破的——甚至是脏的。她喜欢的不是精心打理的池塘，而是“被忽视的那种池塘，里面长满猖狂的水草，在一片片绿色中，到处都闪烁着斑驳的白色月光”。

日本人喜爱不完美的侘寂。侘寂是一件磨损的和服，或者地上一朵无人问津的樱花，或者丢失了一本或者两本的莎士比亚“全”集。如果你曾经买过破旧的牛仔裤或者破旧的皮包，你已经向侘寂致敬了。

清少纳言虽然能够迅速在其他事物上打上一道光，明亮地显示出它们的魅力和缺陷，但是她的字里行间很少谈到自己。我们只知道一些最基本的信息。她出生于966年，曾任一条天皇皇后藤原定子的女官。清少纳言在京都的皇宫有自己的房间，还可以享用皇宫的膳食，同时进入美的世界。这个安排不错。

清少纳言的生活范围是被严格限制的。她能够活动的地理范围就是皇宫城墙以内，以及与皇宫相连的那些花园；社交范围则是在无形却同样令人畏惧的另一面墙里活动，即把贵族和其他人分隔开的那堵墙。你可能会认为这样一个封闭的世界会使其居民的感觉变得越发迟钝，但是效果却恰恰相反：这个世界增强了人们的感受力。清少纳言生活在一个角落里，一个美丽的角落。

我正在一辆赶往皇宫的出租车里。我决定步行走过最后几个街区。我想说的是，我走路的时候很用心，像卢梭一样，但这是个谎言。我漫无目的地走着，头和脚都没有什么意识。

我走进皇宫的围墙以及毗连的花园。这里和10个世纪之前一样充满吸引力。这是一个巨大的混合物；沿着一排排的樱花和橘子树，可以走向栽满雪松的建筑群，这些建筑和周围的景色很自然地融为一体。

走在路上的时候，我想象着清少纳言的世界，同时夏天的烈日晒着我的脖子，汗水浸透了衬衫。她入宫的时候日本正处于平安年代。平安意味着“和平”。交战各方收起他们的利剑，拿起了书法家的毛笔。历史学家伊凡·莫里斯（Ivan Morris）称这段从公元794年持续到1185年的时期为“美好时代”。

我喜欢这个称呼。如果我要加入一个时代的话（考虑到我的乌托邦倾向和显而易见的天真，总是有这种可能的），这就是我要加入的那个。文艺复兴时期的意大利可能除外，没有其他文明像平安时代的日本一样把美看得如此重要，并且用如此多的精力来培育美。他们写诗，他们演奏音乐，他们建造精致的花园。他们极其专心地制作香薰，今天只有在可纳咖啡和梦幻足球里才有这种专心。

平安时代的日本人内化了这种艺术冲动，这些不可见的艺术性变得像一个设计优良的建筑中那些看不见的椽和横梁，和其他一些支撑结构一样。生活就是艺术，艺术就是生活，它们之间的联系如此紧密，以至于两者成为不可分割的整体。那时的日本更加看重审美体验而非抽象的思辨。比知道什么更重要的，是你如何看、如何听，以及，是的，如何闻。

平安时代重视所有艺术的价值，其中被认为最具价值的是诗歌。生命中的每个里程碑时刻都有诗歌的足迹：出生，求爱，甚至死亡。在平安时代，受人敬重的绅士离开这个世界时会留下一首离别诗。好的诗人能够赢得爱人的心，或者获得升迁。糟糕的诗人只会遭到无情的嘲笑。

仅仅写出一首优美的诗是不够的。你还得把它包装得漂漂亮亮。想象一下，你生活在公元970年的京都，然后你想给某人传递一条信息。你要怎么做呢?

首先，你需要选择纸张。不是什么纸都行的。纸张的“厚度、尺寸、设计和颜色必须和一个人想传达的情感氛围相匹配，同时也要和季节，甚至某一天的天气相匹配”。之后你会写几份草稿，尝试不同的纸张样式和毛笔。一旦你对信的内容和书法都满意了，就可以在已经被广泛接受的折叠方式中选一种来折好信纸，然后再附上合适的枝条或者花枝。最后，你叫来一个“聪明又好看的信使”，派他把信送到合适的地址，就可以坐等回音了。你的诗可能会获得赞赏，或者嘲笑，最糟糕的，是一片沉寂。幽灵并不是21世纪的发明。

当我知道这些详细的诗歌礼节之后，我不禁拿它和电子邮件的礼节进行对比，然后我发现电子邮件的质量并不怎么样。当然，发邮件时我也会选择字体，也许还会选一个或两个表情。但是没人会质疑邮件的气味或者信息的香味。邮件很方便，但这种方便不是免费的。它总是带有一种隐性消费，一种“方便之税”，丢失了信息传递的亲近感，也丧失了信息本身的美。无论有没有意识到，我们很高兴缴纳这份税款。但是平安时代的人不会乐意这样做的。

他们会认为我们没有灵魂，没有气味的信件不仅没有审美意义，而且在伦理上也是令人怀疑的，是不道德的。道德方面有正义感的人也有良好的审美趣味。美不仅是好生活中必不可少的组成部分，也是优秀人士身上不可或缺的一部分。让世界变得更美一点是慷慨无私的行为。这是一种伦理行为，等同于勇敢士兵的勇气或者明智法官的同情心，或者像西蒙娜·薇依相信的，关心之人的爱。

显然，清少纳言是一个机智、有深度的作家，但她是一个哲学家吗？翻看任何一种记叙历史上伟大哲学家的那些摘要，都看不到她的名字。这也可以理解。她没发展出任何哲学体系，没有任何关于宇宙以及我们居住之所的理论。她对思想本身并不感兴趣。让她着迷的是人和事，美丽的事物。

如一位学者所言，如果哲学家的任务是“证明事情可以是其他样子”的话，那清少纳言明显是一位哲学家。她用如此多的话语向我们展现了这个世界，她眼中的世界：看看这个，这难道不是不可思议的吗？这么小但是却这么美丽！如果像尼采所说，哲学家的任务是“增强我们对生活的品味”，那清少纳言就是一位哲学家。阅读《枕草子》几个小时之后，色彩显得更加生动了，食物也更加美味了。

清少纳言的哲学中含蓄地表达了这一观点：我们是谁，很大程度上取决于我们选择与什么人在一起。这是一种选择。哲学揭示了我们作出的隐性选择。意识到某些事情是一种选择就迈出了作出更好的选择的第一步。正如德国作家赫尔曼·黑塞（Hermann Hesse）所言，“如果一个人第一次摘一朵小花，并且是为了在工作的时候能放在身边看着，那这个人就向生活中的快乐迈进了一步”。

我正坐在佛蒙特州的办公桌边写作。我每年夏天都会来这里。总是同样的房间，周围也是同样的物品。那是我的笔记本电脑，背光按键发出柔和、几乎空灵的光芒。当我打字时，它们会发出令人满意的咔哒声。那是我的咖啡杯。我感受着马克杯令人愉悦的重量，以及在这个冷得有些过分的夏日，它给双手带来的温暖。当我端着杯子靠近嘴边时，能感受到液体的轻微流动，随着杯沿和我的嘴唇碰在一起，我得以品尝到温暖且带着一丝苦涩的咖啡。

然后是桌子本身，坚实且严肃。木材中蕴含了设计师的意图，他或她的指导暗示了这张桌子应该以某种方式达到某个目的。桌子有自己的历史，物体也会诉说它们自己的故事。有工匠留下的挥之不去的痕迹，前一个拥有者留下的使用痕迹，把它运到这里的搬运痕迹，周日来打扫桌子的那位女士的痕迹。是的，这只是一张桌子，但是它包含了很多东西。

读着《枕草子》时，我感觉虽然隔着那么多个世纪，但我依然能和清少纳言进行目光交流。我感受到了她钢铁般的凝视。她在打量我。她看到我的秃头，看到因水土不服而导致的角化病，看到搭配不当的衣服。我能想象她在我这里看到的东西。那些你希望不是那样的东西，那些你觉得惊讶甚至接受不了的东西。当然，她也能看到喜欢思考那些重大问题的头脑，但是这仍然没给她留下深刻的印象，因为这个人缺少审美冲动。

她说得对。我不是一个注重细节的人。我是有思想的人，没有时间关注这些琐事。我以自己邋遢的形象为荣，相信智慧的深度与整洁度成反比。我的头脑像广角相机一样喜欢宏大的问题。它忽略细节，寻找那些宏大和普遍的东西。

这种关注延伸到了生活的每个角落。我擅长打开食品容器（大），但是忘记关上它们（小）。我记得喂狗（大），但是不记得喂猫（小）。我能写书（大），但是字迹很糟糕（小）。我从没有过多想过这种规模论——谁有时间关心这些琐事呢？——直到现在。我意识到，忽视细节要付出代价。它会阻碍我，束缚我。曾经有一次，差点害了我。

十几岁的时候，我上过飞行课。在某种程度上，我做得很好。

有一节课结束后，飞行教官和我说："大的事情你都做对了，但没做好小事。"我不确定这是表扬还是羞辱。我想，这取决于你是否认为小事是重要的。他认为是重要的，但我没有。

一天，预定的课程结束之后，我把飞机滑回坡道，熄火。当我正解开肩带时，他冷淡地说："我要出去了，你为什么不自己飞一下呢？"

"你说什么？"

"你已经准备好了。"

"真的吗？"

"真的，你已经可以了。"

这是我第一次独自飞行。我16岁了，但是自己连车都没有开过。我大声地深吸一口气。

"埃里克，你能做到的。"一个非常熟悉的声音说道，我自己的声音。

"是的，我可以的。"我这样回答自己。

"我毫不怀疑，"飞行教练说道，"但是我先出去。"

"好的，当然。"

他走出飞机，留下诡异的空荡荡的右座。我用无线电通知了地面控制中心，请求滑行起飞的许可。

"收到，滑行到14号跑道。"传来了清脆的回复。

我把飞机开到离跑道不远的地方，然后按照行前检查清单检查了一遍。

襟翼？没问题。

汽油？满的。

测高计？没问题。

看起来所有事情都很好。我用无线电通知了指挥塔。飞机起飞了，我放慢油门前进。空速稳定上升，引擎动力正常。等等——卡嗒卡嗒的噪声是哪里的？

某个地方出问题了。我有几秒的时间来决定继续走下跑道还是中止这次起飞。速度越来越快，噪声也越来越大。我抬头一看，门把手竟然是打开的。

该死！我忘记——术语怎么说来着？——关门了。一只手放在控制杆上，另一只手伸过去关上了门闩。几秒钟之后，我就稳稳地待在空中了。之后的飞行像所有飞行一样：平安无事。我安全降落。

当我把飞机滑回坡道时，空中交通管制员打破了常规，传来一声快速的祝贺，“埃里克，恭喜你”。

“谢谢”，我说，同时想着，如果你知道就不会这样说了，如果你知道就不会这样说了。

那天晚上回到家之后，我重新在脑海中过了一遍这件事。这个忽视很小，仅仅只是一个门把手，但这个忽视却有可能造成一场灾难。教练说得对，我不擅长这些小事。但是这些小事可以伤害你，也可以救助你。

没有人比清少纳言更懂这些。有一天，一条院皇后宫看着清少纳言在快乐地编织精致的榻榻米，她说道：“这些最简单的小事能够安慰你，不是吗？”清少纳言没有记录她的回答，但我知道她是怎么想的。“是的娘娘，它们确实能够安慰我，只是它们不像你想的那样微不足道。”

你感觉悲伤如同一种沉重的负担，但也许那只是你的幻觉。也许它比我们认为的要轻盈。也许不需要英勇的行为。也许生活中所谓的琐事——小物件中伟大的美——能拯救我们。也许救赎比看起来的离我们更近。我们需要做的就是伸出手去——把门关上。

今天的日本还有“美好时代”吗？看一眼黯淡的高楼大厦和用混凝土衬砌的河流，你会说，不，没有那种“美好时代”了。从这个角度来看，你说得对，现在有点丑陋。

但是如果看一下那些小物件的话，所有事情就都不一样了。我感觉自己像一个10岁的孩子一样，第一次透过显微镜来观察这个世界，惊叹于这个隐秘的世界，这个一直在那里的世界。微小的美随处可见：自动贩卖机柔和的光芒；饭团，即米饭和鱼组成的小三角形，包裹在上面的海苔如此干脆，咬上去时还会发出嘎吱嘎吱的声音；一瓶装在完美木箱中的清酒。

回到飞速驶向东京的新干线上之后，我取出购物袋里的盒饭，那是车站工作人员包装好放在里面的。购物袋是纸质的，很好看。把手牢固，前面的设计很有吸引力。我小心地拿走盒饭，对店员的好意充满感激。

吃完午饭，我拿出笔记本，用大写字母写道：“日本子弹头列车：清单。”这个开头不错，但是过于宽泛了，我需要更精确一些，需要走向更小的事物。日本子弹头列车上令人高兴的事情。好多了。

1. 列车员轻快地走过过道，然后转身对乘客鞠躬。2. 一位穿着高跟鞋的女乘客，走过过道时如此轻盈地摇摆着身体，同时保持着芭蕾舞演员般的优雅。3. 结实且厚厚的塑料咖啡杯散发出一种愉快的，而非痛苦的温暖感。4. 杯子上用英语写着“芬芳快餐厅”（Aroma Express Cafe），“Aroma”中的“o”形状像咖啡豆。5. 快到东京时，景色变得越来越城市化，但这个变化是逐渐发生的，所以不会突然在眼前出现一座城市。6. 干净的厕所。7. 意外瞥见的大海。8. 对面驶来的火车发出一阵呼啸声，行驶得如此之快以至于都没有时间担心两列车会不会撞在一起。9. 雨滴如珍珠般划过我的窗户，形成各种小溪和支流，敏捷且活泼地流动着。

乘坐日本子弹头列车时令人沮丧的事情。1. 当我因发现富士山而激动时，紧接着就是失望的刺痛感，因为你会意识到，那只是另一座普普通通的山而已。2. 正陶醉于我身边空荡荡的座位时，那个座位马上被另一个人占领了，那个人看起来像个休班的相扑选手一样壮实。3. 陈旧的水蓝色座椅。4. 即使你没有在安静车厢里，列车上的每个人也都很安静，一点声音都没有。

我把清单写在质量上乘的纸上——不是陆奥纸，但仍然是不错的纸。无酸的纸，这份清单可以保留相当长一段时间。几个世纪，甚至更久。但不是永远。最终，我的清单将会破碎掉，加入因各种无常的原因而牺牲的那些东西之中。这个事实让我感到悲伤，但不会让我崩溃。这种悲伤源于移动的车厢，源于从高中毕业，源于退休派对。这是属于晚秋的悲伤，一阵秋风吹起了一堆落叶，它们在风中翩翩起舞。

我们准时到达东京。太好了，因为我要到一间酒吧去见我的朋

友顺子（Junko），我不想迟到。那不是一间随意的酒吧，而是一间御宅族酒吧。御宅族就是极客，只有在日本这个极客之国，这个词才没有像在其他地方一样携带那么多羞辱色彩。在某些圈子里，御宅族是荣誉的勋章。

这家酒吧是火车御宅族酒吧，一家火车极客酒吧。房间中间有一列严格按新干线时间行驶的火车模型。这种安排很容易变成特意表现的小伎俩，但这里没有。这列火车——以及它穿过的迷你小镇——看起来很自然，令人高兴。对于设计这个铁路小镇的人来说，没有一处细节太渺小，或者没什么意义。小商店前面小小的布告牌不是渺小或无意义的，迷你停车场里停着的小车不是，小路两边的灌木丛也不是。这家酒吧本身也很小：围着这个火车模型摆了六七张椅子。一个角落。

顺子点了一杯啤酒，我点了一杯三得利。我的威士忌装在坚固且严肃的玻璃杯里，散发出宁静优雅的气息。调酒师是个面带微笑的男人，他正在凿一块冰。好像那块冰是大卫，而他是米开朗基罗。

在他工作的时候，我问他关于——还能有什么？——火车的事。他解释了当他还是孩子时，如何透过卧室的窗户看到火车呼啸而过，那个场景抚慰了他坎坷的青春岁月。多数孩子都会随着年龄的增长不再对火车感兴趣，但他不是。作为一个并不幸福的工薪族，他哪儿都不去，空闲时间都用来坐火车了。他解释说："坐火车时，我感觉到了平静和幸福。在火车上，我能更清楚地思考生活。"

我点点头，喝了一口威士忌，为结实且严肃的玻璃杯而高兴，为橡木味儿和略带甜味儿的香气而高兴，与此同时，我还可以凝视面前这个小小的、美丽的世界。

Chapter 3

第三章

黄 昏

11
如何像尼采一样不留遗憾

14：48，瑞士阿尔卑斯山的某个地方。瑞士联邦铁路第921号列车，从苏黎世驶往圣莫里茨。

伴随着结实且令人满意的咔哒声，我的小餐桌被锁到它的位置那了。很好。我透过窗户看到了海蒂视野中的景色，高耸入云的山峰和翠绿欲滴的田野。很美好。几分钟之后，一个奇怪的想法闯入我的沉思中：所有这些都很美好，但是太美好了。

太美好？这可能吗？每个人看起来都很好，尤其是美国人。像辣椒粉一样，我们在对话中撒满了“美好”。当我们条件反射式地说，“祝你度过美好的一天”时，不会加上“但是不要太美好”。太多美好就像太多坚果冰激凌或者太多爱一样：虽然在理论上是可能的，但没有人真正经历过。

直到现在。经过几个小时持续的“美好”之后，我渴望坚韧和粗糙。

也许我旅行的时间太久，变得有点像“椰子坚果”了，一个朋友如此称呼这种道路诱导性循环。我想，也许我确实被路途吸引了。当火车探进一条很好的隧道时（我不知道隧道也可以是很好的），我唤醒了自己潜在的受虐倾向，希望别人来抽打自己。

但是还有另外一种可能性，我也有可能是被列车乘务员吸引了。她们收拾得整整齐齐，推着一辆完美的小车，上面满载完美的甜点和煮好的咖啡，然后会问我，她们能不能做点什么让我的旅途更加愉快。当我思考她的问题时，我认为，也许痛苦是美好生活中必不可少的一部分。也许，痛苦以其自身的曲折方式，也是美好的。

“先生？您需要什么东西吗？”

是的，我需要。我需要你对我粗暴一点，在我身上抹上灰尘和污垢，伤害我，让我痛苦，求求你了。

早在一个世纪之前，另外一位乘坐瑞士火车的旅客也有相似的想法。他是一个失败的作曲家和诗人，一位选择远离早期的成功，然后住到深山里去的学术神童，一位“精神飞人”，他赞美欢笑和舞蹈，他的座右铭是“危险地生活！”，他也渴望痛苦。

我最喜欢的电影是《土拨鼠日》，对它的爱远胜过其他电影。

我不仅看过这部电影，还和它交流过，吸纳它的精神。当它在1993年第一次上映时，我就很喜欢这部电影。在它成为一种文化基因之前，在人们把“文化基因”这个词用到对话中之前，我就很喜欢这部电影。我仍然很喜欢它，前所未有地喜欢这部电影。

电影的主人公叫菲尔·康纳斯（Phil Connors），是一个脾气暴躁的电视台天气预报员。他正在宾夕法尼亚州的庞克瑟托尼，要报道这里一年一度的节日，土拨鼠日。和往常一样，菲尔不满意这个任务，一有机会他就和那些认真的同事分享他的不快。菲尔提交完报告之后就去睡觉了。他第二天早上醒来时，发现又是土拨鼠日。然后一次又一次地重复这一天。菲尔被困在了庞克瑟托尼的这个平民小镇上，注定要重新过这一天的生活并且报道同样枯燥的故事，一遍又一遍。面对这样的困境，他怀疑过，放纵过，生气过，欺骗过，绝望过，最后，他选择接受这种生活。

人们一般认为这部电影是浪漫的喜剧，但我相信，《土拨鼠日》是最具哲理的电影。菲尔和永恒的祝福与诅咒，即永远回到同一天的这种生活搏斗时，他也是在和一个主要的哲学主题搏斗：什么东西构成了道德行为呢？我们有自由意志吗，还是说我们的生活都是命中注定的？一个成年男人在撑爆之前能吃多少个蓝莓煎饼呢？

虽然并不惊讶，但是我很高兴。因为我发现这部电影和一个迷人且令人难以置信的理论非常相似。德国哲学家弗里德里希·尼采（Friedrich Nietzsche）在一个多世纪之前就提出了这个理论。尼采是西方哲学中的坏小子。这个青少年如此聪明，如此有先见之明，以至于人们无法忽视他。虽然我们很想把他看作一个疯狂的人，或者误入歧途的人，但尼采哪一种都不是。他曾经是，现在也是，最诱人、最避不开的哲学家。

我在尼采之后的124年，来到了锡尔斯玛利亚。我明白他为什么喜欢这个地方了。房子既真实又可爱；清冽的空气；目之所及都能看到高耸入云的阿尔卑斯山。如果瑞士有灰尘这种东西的话，我没看到它的踪迹，即使垃圾桶都一尘不染。

我从旅馆出发，走过几个庭院之后，来到了尼采曾经居住过的小房子。此时，一楼是一家卖茶叶、香料和其他主要产物的商店。尼采当时租的房子在二楼。房子被妥善地保存下来了。房间内部是尼采那个时代的简单装修，屋里有一张窄床，一个小书桌，一张东方地毯，一盏煤油灯。

像我在日本学到的那样，简单并不意味着匮乏。简单也可以是美丽的，这间房子就给人一种优雅的、赏心悦目的感觉。墙纸是尼采自己选的。像清少纳言一样，他能在这些小物件里发现美。“我们想做生活中的诗人——首先就在这些微小的、最日常化的事情里做诗人。”他这样写道。

尼采渴望规律的生活。他醒得很早，先洗一个冷水澡，然后坐下来吃一顿苦行僧般的早餐：生鸡蛋，茶，一块八角茴香饼干。白天，他写作和散步。到了晚上，在7点到9点这段时间，他会安静地在黑暗里坐着。这是一种令人钦佩且严格的规律生活，但并不带有英雄主义色彩。我想，那个在哲学上胆大妄为的精神飞人在哪儿呢?

从外形上看，尼采并不像超级英雄，屋里展示的黑白照片证明了这一点。这些照片呈现出一个瘦小的人，他的胡子比一般男人的胡子还多。他的眼睛又大又黑，给人们留下深刻的印象——没有人比迷人且攻击传统的俄国作家莎乐美（Lou Salomé）更清楚这双眼睛了。这位俄国作家伤透了尼采的心。她回忆道，他的眼睛里“没有那种探寻、闪烁的目光，这种目光经常让那些近视的人看起来无意识地带有一种侵略性”。她说，尼采的近视反而“让他的容貌拥有一种特殊的魔力，因为他的眼睛里蕴含的是内心深处的想法，而不是反映外界变化多端的各种印象”。浓密且俾斯麦式的胡子加深了尼采培育的这种神秘性。这让人们对他的认识与真正的他相去甚远。

作为少有的几个把健康当作一种美德来赞扬的哲学家，尼采自己却没怎么享受到健康的快乐。从13岁开始，尼采就被偏头痛困扰，同时还有其他一些疾病，这些痛苦贯穿了他的一生。他本就不怎么好的视力每况日下。突然发作的呕吐会持续好几个小时。有时他甚至连床都爬不起来。

他尝试了很多医学方法。而且，对于一些别人会怀疑的方法，他却非常容易相信，进而被这些方法欺骗。有位医生开的处方要求他什么都不要碰："不要喝水，不要喝汤，不要吃蔬菜，不要吃面包。"什么都不要，除了那个医生放在尼采耳垂上面的水蛭。

尼采能敏锐地觉察到死亡的阴影。他的父亲在36岁的时候就去世了。当时的医生说，"是脑软化"（很可能是癌症）。尼采担心相同的命运也等着他。他在信中多次提到这种即将来临的厄运。他就是在知道自己时日不多的情况下，用散文的形式写了那么多书。

他几乎像超人一样多产。从1872年到1889年的时间里，他出版了14本书。这些书无一例外都卖得不好。尼采自己支付了一部分印刷的费用。当时的世界还没准备好聆听"锡尔斯隐士"的话。

就我个人而言，第三次失败之后我就会退出。但尼采不会这样。他坚持着，尽管遭到拒绝，还要遭受身体疼痛的折磨，他甚至都没有放慢速度。他怎么做到的呢？他知道什么呢？

房子里有一个小图书馆，包括一些尼采写的书和关于尼采的书。还有几张乐谱，证明了尼采夭折的音乐志向。我最感兴趣的是他的信。他写了很多关于天气的事情，他对气象的细微差别尤其敏感。他无论到哪里去，都会注意那里的温度和气压，记录降雨和露点。阴暗天气会让他感到压抑。他渴望"一片永远欢快的天空"。

他在锡尔斯玛利亚找到了这样的天空。如果一个地方能够拯救生命的话，那么可以说锡尔斯玛利亚拯救了尼采。确实，他虽然仍然饱受头痛和胃痛的折磨，但这些症状温和了很多。阿尔卑斯山的空气也让他得以放松自己的神经。他又可以呼吸了。

他在这里创造了自己最伟大的思想。在锡尔斯玛利亚，他宣布了“上帝已死”，哲学界最厚颜无耻的论断之一。在锡尔斯玛利亚，他魔幻地创造了跳舞的先知和另一个自我，查拉图斯特拉，即虚构版本的波斯先知，他下山和人类分享自己的智慧。也是在锡尔斯玛利亚，他最伟大的思想——“思想中的思想”——以意想不到的凶猛向他袭来。

那是1881年，尼采像往常一样沿着席尔瓦普拉纳湖的岸边散步，海拔很高，“高出人类和时间1800千米”。他刚刚走过“一块巨大的金字塔形石头”，那个思想就不请自来了——一种地震般的思想，它让人们重新思考宇宙和我们在其中的位置，还有比尔·默里（Bill Murray）与安迪·麦克道威尔（Andie MacDowell）主演的一部大片。这个思想有力且迅速地撞击了尼采，它的热度不断升高并扩展到了难以想象的大小。后来，它才冷却并凝固成以下的话。

> 设想一下，在沉寂的夜晚，一个魔鬼来到这里和你说：“你将会一次又一次地重复自己的生活，你现在正在过的生活和已经经历的生活，重复无数次；而且不会出现任何新事物，每一次痛苦，每一次快乐，每一种想法，每一次叹气以及那些生命中所有无法言喻的大大小小的事情都会回到你这里来，而且每件事都以相同的顺序出现——以相同的方式出现，就像这只蜘蛛和照在树上的月光一样，像此时此刻和我自己一样。永恒的存在沙漏会一次又一次地翻转——你这个尘埃中的尘埃会和沙漏一起翻转！”

尼采说的不是轮回转世，不是同一个灵魂在不同的肉体中轮回，而是“完全相同的你”一次又一次地回归。你不会像《土拨鼠日》里的菲尔一样能够回忆起上次发生的事情，也不能像菲尔一样可以编辑重复的生活。每件事情都在之前发生过，而且会再次发生，永远以相同的方式重复发生。所有的事情都会重复，七年级的事情也不例外。

你会怎么回答魔鬼呢？尼采问。你会“咬牙切齿地诅咒说这些话的魔鬼吗？还是说你会给魔鬼鞠躬，然后说，‘你真是一位神明，这是我听过的最神圣的话！’”

尼采称这一思想为“相同者的永恒回归”。这个思想让他着迷，也让他害怕。他迅速走回锡尔斯玛利亚那个简单的房间，几乎是跑回去的。之后的几个月里，尽管仍饱受头痛和眼疾的折磨，但是他已经无暇关注任何其他的事情了。

一觉醒来，我又在锡尔斯玛利亚度过了一天。我像昨天一样刷牙，往脸上泼了几把冷水。我刮完胡子，拍拍脸，再拍一次，然后跌跌撞撞地来到楼下的早餐厅——当时尼采经常来吃饭的那个房间。我看到了和昨天以及前天一样的那个女服务员，她又一次容忍了我发音混乱的“早上好”，然后让我坐在和之前相同的桌子那儿，靠近相同的窗户。

在自助餐区域，我面临和昨天相同的选择：同样大块的亚尔斯贝格奶酪，同样的羊角面包片，以及同样的完美排列成半圆形的水果沙拉。我像昨天和前天一样点了一杯咖啡，倒入同样多的牛奶。当我站起来要离开时，女服务员像昨天和前天一样说道，“祝您度过美好的一天”。我又一次想到但没有说出来，好的，但不要太美好。

我又一次走过前台，和劳拉打招呼，她今天像昨天和前天一样穿着皮短裤。走出餐厅，看到了完美的瑞士天气，像昨天和前天一样完美。然后我走上附近的一条徒步小径。这是一条与昨天不一样的小路。如比尔·默里在《土拨鼠日》里扮演的那个愤怒的人所言，不同的就是好的。我要完成一项任务，这项任务不是来自上帝，而是来自查拉图斯特拉，来自尼采跳舞的先知。我一定要找到那块巨大的石头，尼采这位哲学家第一次想到永恒回归的地方。我希望通过亲自观看和触摸这块巨石来思考尼采那天思考的问题——最好是能感受到尼采那天感受到的东西。

我像卢梭一样走着，好像自己拥有世界上所有的时间一样。这种感觉很好，不仅有脚步声美妙的旋律，还有当我行走在席尔瓦普拉纳湖边那排松树下时，交替出现的阳光和阴影。脚下的地面柔软且富有弹性，它好像在和我对话。

走得越来越远，我开始腿疼了。虽然很疼，但我仍然继续走着，恰恰因为这些疼痛我才继续向前走。尼采会赞成我这么做的，因为他会注意到，我正走在成为“超人”的路上，在锻炼我的“强力意志”，在一步一步地克服障碍。

我想停下来读尼采，但是这位哲学家劝阻了我：“如果一个人忍受不了没有激情、人和书的生活，至少连每天1/3的时间没有这些东西都忍受不了，那他怎么可能成为一个思想家呢？”

尼采糟糕的视力是一种祝福。这让他得以摆脱书籍的暴政。不能读书的时候，他会走路，每次能走好几个小时，可以走很远。他说，“不要相信任何不诞生于露天和自由运动的思想”。我们虽然用手写作，但可以用脚写得更好。

尼采说："所有真理都是弯曲的。"所有生命也是这样。我们只有回顾过去时，才会掰直被弯曲的叙事，赋予它们模式和意义。当下的事情都是弯曲的，还带着空白：文本中断裂的地方，也就是把我们之前的自己和刚刚萌芽的未来的自己分开的地方。看起来白色的空白好像漏掉了什么，但不是这样的。这些空白是无言的过渡，指出生命潮流转化的方向。

尼采生命中很早就出现了这样的分化。那时他在莱比锡大学学习神学。有一天他急匆匆地走进了一家二手书店。在尼采的记忆里，他感觉自己是被吸引过去的，被一本特殊的书吸引过去的：叔本华的《作为意志和表象的世界》。通常，他买书的时候都会犹豫一番，但那次没有。

一回到家，尼采就坐到沙发上，"让那个精力旺盛、郁郁寡欢的天才支配我吧"。尼采很高兴——也很害怕。不久之后，他就从神学转向语言学了，即研究语言和文学。看起来那可能并不是多重要的改变，但是尼采的父亲和祖父都是路德教会的牧师，作为他们的儿子和孙子，这样做代表着一种反抗。

尼采非常出色。他24岁时就被瑞士的巴塞尔大学聘为古典文献学的教授了。但这只是个很短暂的蜜月。

他的第一本书，《悲剧的诞生》藐视学术规范。这本书没有脚注，没有干巴巴的内容，勉强算是合格的散文。一位年长的导师称之为"一种虚假审美，一位妄想狂患者借助宗教用来骗人的无知把戏"。

学术神童的光芒逐渐散去。学术圈最喜欢聪明的反叛者。

第二次分化发生在1879年。尼采的健康不断恶化，有时他几乎看不到东西，只能让学生读给他听。他试图在自己的新爱好——哲学专业上获得教授职位，但是并没有成功。我想，面对这种情况，多数人会得过且过，同时寻找更好的医生，和部门主管搞好关系，与学术界这种铺着软垫的笼子和平相处。没有人会离开一个终身教职，而且是欧洲最负盛名的大学之一里的教职。

但是尼采离开了。他把自己的工作安排妥当之后，给自己的出版商写了一封信。“我已经走到绝望的边缘，几乎没有什么希望了”，他这样写道，并且用大写字母署名：“半个瞎子”。

在那个戏剧性的举动下，他用教授的稳定生活换来了一位凶猛的哲学家，他只对自己负责，独立且无拘无束。这是一个非常勇敢，或者说是愚蠢的举动。作家斯蒂芬·茨威格（Stefan Zweig）说，“也许没有人像尼采一样把自己之前的生活扔得那么远”。

像卢梭一样，尼采也会漫步。但与卢梭不同的是，他的漫步带着一种模式和节奏：夏天的瑞士，冬天的意大利或者法国的南部。他唯一的财产就是身上穿着的衣服，正在写的手稿，以及他用来放手稿的大箱子。

他乘坐火车旅行。但是他不喜欢火车。他讨厌没有暖气的车厢，讨厌摇摇晃晃的运动。他吐了很多次，需要休息三天才能从一天的旅程疲劳中恢复过来。

他换乘列车时会糊涂，有时还会坐错列车。他曾经去拜访作曲家理查德·瓦格纳（Richard Wagner）时，有一次把一个包落在火车站了。包里有一卷拉尔夫·沃尔多·爱默生（Ralph Waldo

Emerson）的珍贵散文，还有一份带有瓦格纳亲笔签名的歌剧，《尼伯龙根的指环》。像海明威或者劳伦斯（T. E. Lawrence）一样，尼采这里也没有任何拯救过这场事故的证据。有时丢了就是丢了。

我还没发现尼采说的那块“巨大的金字塔形的石头”，我决定停下来开始阅读，我相信尼采会理解这种反抗行为的。看到一条长凳，我在那坐下来打开尼采的书，《快乐的科学》，或者有时被翻译成《欢乐的智慧》。读了几句之后，我发现尼采并不是和我说话，而是冲我喊叫！如果苏格拉底是使用问号的哲学家，那么尼采就是使用感叹号的哲学家。他喜欢这些感叹号！有时他甚至会把两个或三个感叹号连起来用！！！

阅读尼采既是高兴的事情，也是一种重负。高兴是因为他的散文比叔本华的作品更加清晰，更加清爽简单。他在写作时带着那种不加掩饰的热情，像有重要的事情要说的少年一样。他似乎用全部的生命来写作。

尼采认为哲学应该是有趣的。他带着一种尖刻的幽默和风趣。他说，每个真理都至少应该伴随一次大笑。他玩弄思想和文学手法。他在写作时运用格言，童谣，歌曲——以及他最著名的对圣经声音的模仿，查拉图斯特拉。他那简短利落的句子非常适合用在网上。

尼采是一个重负。像苏格拉底一样，他也要求我们质疑根深蒂固的信仰，这种质疑从来都不是令人愉悦的。我总是认为，哲学是靠僵硬的理性和冷酷的逻辑提供动力的。如果说卢梭削弱了这个信仰的话，尼采则摧毁了这个信仰。字里行间都安静地（通常不那么安静）

赞颂着冲动和非理性因素。对尼采而言，情感不是干扰或者对逻辑的回避，情感是目的地。有美德的人是不理性的，而且最高尚的东西“就是一个人的冲动，他最美好的时刻就是完全失去理智的时候”。

卢梭拥抱了心灵、尼采则瞄准了更低的东西，他是关心内脏的哲学家——另外一个学者罗伯特·所罗门（Robert Solomon）说，内脏中“生长着质疑和反抗，这些身体部位不容易被翔实的论证或教授的权威驯服”。

尼采并不喜欢纯粹的抽象思考。他认为，这种模糊的沉思从未激发任何人去做任何事。他说，“我们必须学会用不同的方式思考……用不同的方式感受”。他患有一种情感联觉症。他的思考方式等同于多数人的感觉方式：完全凭直觉，不完全受他控制的一种凶猛的思考方式。尼采没有构造思想，他孕育思想。

感觉到其他东西的存在时，我正沉浸在尼采紧张的话语中，可能已经到达“流动”的边缘了。抬头一看，我发现是一只蝴蝶。它已经落在尼采的书上，金色的翅膀正拍打着207页的上方。我不知道应该怎么办。我很想拍张照片，但是又担心吓走这只蝴蝶。此外，记录这个瞬间似乎只是经历该瞬间的廉价替代品。

蝴蝶停留的这篇文章是《看到一本有学识的书》。选得不错，经典的尼采式题目。“我们第一个问题是关于一本书，一个人或者一首音乐的价值问题：它（他）能走吗？或者更好的问法是：它（他）能跳舞吗？”

有些哲学家会感到震惊，有些会争论，少数哲学家会受到启发，只有尼采会跳舞。对尼采而言，没有比跳舞更好的方式来表达激情洋溢的情感——对命运的热爱了。他写道，“我只相信会跳舞的上帝”。

尼采的查拉图斯特拉疯狂热情地跳着舞，一点儿自我意识都没有。

每个优秀的哲学家都有一个跳舞的灵魂。不必像舞蹈家一样跳得那么好。“笨重地舞蹈好过一瘸一拐地走路。”尼采如此说道，他自己也是这么做的。他在舞池里连几个像样的舞步都跳不出来。所以那又怎么样呢？优秀的哲学家就像优秀的舞蹈家一样，愿意让自己出丑。

尼采的哲学之舞跳得非常好，它带有韵律感。它蹦蹦跳跳，跳着滑步舞在书页之间穿行，偶尔还会来几下月球漫步。就像舞蹈没有目的一样——跳舞本身就是目的——尼采的哲学也是这样。对尼采来说，跳舞和思考朝着相似的方向发展：歌颂生活。他没有试图证明什么，只是希望你能以不同的方式来看待世界、看待自己。

如艺术家一样，尼采这样的哲学家递给我们一副眼镜，告诉我们，“用这副眼镜来看世界，你能看到我看到的东西吗？难道不是非常奇特吗？”从科学的角度来讲，我们看到的东西可能是真的，也可能不是，但这不是重点。尼采传达给我们的不是科学家的真理，而是艺术家或者小说家的真理。有一种方法叫“就像”。换一种视角，这个世界就像是潜藏在表象之下的另一层事实，另一个哲学本体，就像生命将永远重复那样来过每一天。然后看看会发生什么。用这种方法看待世界时会照亮你的生活吗？如果能的话，那太好了，说明它有价值。用不同的方式看待这个世界——即使那种方式是“不正确的”，不同于以往，像梭罗透过双腿的方式一样——会让我们的生活更加丰富。

蝴蝶走了，金棕色的翅膀带它飞向天空，我也继续在湖边散步。这里的空气稀薄清新。我知道尼采为什么这么喜欢这个地方了，温暖的空气会让头脑变得迟钝，而寒冷的空气能够让头脑变得更加敏锐。我已经走了好几英里，但是仍然没看到那块大石头的踪影。我到处看，看向它应该在或者不应该在的地方。什么都没有。我原路返回了两次，我讨厌原路返回。但还是什么都没找到。我太累了，想要放弃，但是，不能放弃，我一定要坚持。尼采的强力意志要求人们要坚持。他被爱人拒绝或者被读者忽视时都没有放弃，我也不能放弃。

尼采不是第一个认为宇宙会重复自身运动的人。希腊哲学家毕达哥拉斯（Pythagoras）在2500年之前就提出了类似的看法，印度的《吠陀经》甚至在更早的时候就提出这种看法。尼采当然知道这些理论。像马可·奥勒留一样，他也是一个智慧拾荒者，接触的思想又多又广。

尼采想进一步发展永恒回归这个思想。他想把永恒回归从神话传说转化成科学事实。他用了好多天、好几周的时间在本子上匆匆写下可能的“证据”。一个证据是，他把宇宙比作一对骰子，可能的组合就那么多，所以宇宙总归有一天会穷尽这些可能性。井字棋的组合更多：有26380种可能的游戏方式。这个数字很大，但也是有限的。最终，每一种可能都会被重复，一步一步地重复。象棋中可能出现更多的组合方式：10的120次方（1后面有120个0）。这个数字让人难以置信，但仍然是有限的。这可能需要很长时间，但两名象棋手最终会穷尽所有可能的组合方式，下完每一盘可能出现的象棋。在某种程度上，宇宙是一款大型且复杂的游戏。最终所有事物都会重复出现。

但尼采的信仰只是：由古代神话和迷人却可疑的数据可能性支

撑着的假设。他从未有足够的信心发表自己论证永恒回归思想的笔记。今天，多数物理学家更倾向于把永恒回归看作虚构的事实，而非科学事实。

尼采说，还有另外一种可能性。也许证明的问题并不重要。缺少科学证据并不会减少永恒回归——这个“不可能的假设”——的吸引力。“即使仅仅想一下生活将无限重复的可能性就会打破并重塑我们的生活。”尼采指着基督教诅咒人们的永恒概念说道。可能并不是真的有地狱，但是这一想法会激发人们的动力。我们不需要证明永恒回归，就可以当它是真的一样来行动，然后看看会发生什么。

我们来看一下罗伯特·所罗门（Robert Solomon）的经历。20世纪60年代，他是密歇根大学一个“不开心的医学专业大一学生”。一时兴起，他决定选修一门叫作文学哲学的课程。当所罗门听到教授介绍尼采的永恒回归思想时，他被击倒了，心里刮起了感情和思想的“旋风”，以及质疑。他真想一次又一次地重复这样不幸的生活吗，永远重复下去？这些想法像火热的地狱一样炙烤着他。

下课之后，所罗门退出医学院，转而追求一种哲学生活，最终成为世界最顶端的尼采研究者之一。他从未后悔作出这个决定。

永恒回归是一个思想实验，一个存在主义的压力测试。当测试对象是生活中快乐的时光时，我们轻易就通过了测试。我们很乐意重复吃圣代冰激凌的时刻，或者蜂鸣器响时，他投进制胜的三分球的时刻。比尔·默里在《土拨鼠日》里扮演的角色，菲尔对庞克瑟托尼困境感到绝望时，设想了这样的生活：“我曾经去过维尔京群岛，在那里遇到一个女孩。我们一起吃龙虾，一起喝凤椰汁。那真是不错的一天。为什么我不能一次又一次重复那天的生活呢？”

永恒回归不是这样运作的。要么重复所有事情，要么什么都没有。一揽子交易。你的生活完全以相同的方式重复着，“没什么不一样的地方，不会前进，不会后退，所有的永恒回归都没有变化”，尼采如是说。你不能改变自己的生活，必须重复现在的生活，带着它所有的缺陷和冗长的对话。没有导演。尼采知道这种情况会让你不安，知道你更愿意修改自己的生活，删除一些场景，加上其他场景，多粉饰一下生活，雇一个替身。

我想回到第一次单独飞行的那天。与上次不同的是，我会在起飞之前把门关好。我愿意付出任何代价回到那个温暖的芝加哥夜晚。我和六岁的女儿一起旅游。那天很晚了，她很困。有时当孩子很困时，他们内心埋藏的恐惧就会浮出水面。走着走着，她看着我问：“你是我真正的父亲吗？”

作为养父，我曾经有一个机会可以给出充满爱和安慰的回答。然而，因为某些我一直都没弄明白的原因，我轻松冷酷地说：“我当然是了。”很快我又说：“你为什么要问这样的问题？”她眼睛里充满了泪水和伤痛。我搞砸了。如果我能重新回到那个瞬间的话，这次，我会用爱来回答她的问题。

不，尼采说，不能修改。你没专心听吗？肯定你所有的生活，包括每一个细节，或者一点都不肯定。没有例外。

难怪尼采称永恒回归为“最大的重负”。没有什么比永恒更沉重了。如果所有事情都无限地重复，就没有轻松的时刻或者琐碎的事情之说了。无论多么微不足道，每一刻都和其他时刻拥有同样的重量和质量。“所有行为都同等伟大和渺小。”

把永恒回归看作每天对自己生活的例行检查：你过着自己想要

的生活吗？你确定想喝完那瓶龙舌兰酒然后忍受无尽的宿醉吗？永恒回归要求我们无情地检查自己的生活并且问自己：什么东西值得永远存在下去呢？

在这段坎坷短暂的生命即将结束时，尼采却宣布他感激生命中所有的事情，而且又加上一个发自内心的声音：再来一次。

痛苦是不可避免的——这不需要哲学家来告诉你——但是我们如何痛苦，因为什么而痛苦比想象中更加重要。我们经历的痛苦是尼采说的“必要痛苦”还是其他一些没那么必要的东西呢？我们是仅仅忍受痛苦还是因痛苦自身的价值而珍视它呢？

尼采不是受虐狂。他把痛苦视作美好生活的组成部分，视作一种学习方式。他说，“只有痛苦才能引导我们走向知识”。痛苦是不请自来但我们必须作出回应的召唤。我们通过麻痹自己来回应呢，还是像叔本华说的那样，退到艺术和禁欲主义的生活中去呢？还是说通过更深入地接触世界来回应痛苦呢？甚至是毫不在意，鲁莽地接触这个世界？尼采称这种回应方式为狄奥尼索斯的方式，用热爱美酒、剧场和生活的这位希腊神祇来命名这种方式。他说：“我想学习更多东西，从而能够将事物中必要的东西看成美丽的东西；然后我将会成为那些把事物变美的。”尼采告诉我们，不要在爱生活的同时忍受这些痛苦，而要恰恰因为这些痛苦而热爱生活。

我认为，在1883年写给妹妹的信里，尼采最诚实地表达了痛苦在他生命中的重要性。“我身体上承受的这些可怕的痛苦是有意义的，多亏了这些痛苦，我才得以摆脱之前可能要完成的生命一任务，那些任务不仅是错误的，而且极其低下。为了让自己回归自我，确实需要一些暴力的方式……一种最高等级的自我克服行为。”

我尤其喜欢这个词语：“回归自我”。尼采说，你不需要从外部寻找意义，也不需要在自己内心寻找意义，只需要抬头。“你真正的存在并没有深深地隐藏在心里，而是在比你高得多的地方，那个地方无论如何高于你通常认为的‘我’。”

像很多哲学家一样，尼采更善于传播智慧而非践行智慧。他告诉我们要“在适当的时间吃饭”，但他自己却没这样做，他经常吃得太早——或者太晚。

1889年时，他住在意大利的都灵。有一天，他看到一个人在鞭打一匹马。尼采冲向这匹马，抱住了它——然后就崩溃了。尼采最后具有认知力的行为就是尝试减少另一个生物的痛苦。他恢复意识之后就疯了。他在信上的署名变成了“狄奥尼索斯”，并且认为自己是神。

关心他的朋友们介入到这件事里，把尼采带回了德国。很可能由于梅毒，尼采无法正常活动了，他才44岁就一个字都写不了了。之后的十年中，一直是家里人在照顾他——首先是他的母亲，母亲去世后，换成他的妹妹。现在他虽然已经沉默了，但是他的名声越来越大。

尼采崩溃的时候正在写一本他称为《重估一切价值》的书。虽然书名有些笨拙，但这却是一个深刻的想法。如果他写完的话，这个想法也许会为永恒回归思想提供深刻的见解。如果我们的生活——

甚至整个宇宙——确实会重复，我们能控制的是什么呢？尼采认为，我们控制不了自己的行为，但是可以控制自己的态度。他哲学思想的核心就是“让人们在一个完全不确定的世界中重新定位自身的实验”。我们的典型做法是逃离不确定性，然后走向确定性。但是尼采认为，这不是不可更改的事实。这只是一种价值观，我们可以重新评估所有我们认为有价值的东西。

我们可以选择不在确定性中寻找快乐，而是到它的反面去寻找。一旦这样做了，我们会感受到不一样的生活——局外人看来完全一样的生活。在不确定性中寻找快乐时，办公室的吵闹会成为值得颂扬的事情，这一天结束时就不会咬牙切齿，也不需要另外喝杯酒了。在不确定性中寻找快乐时，病痛都不再可怕，即使身体会感到疼痛。视角的转换微妙但深刻，会让人看到一个不一样的世界。尼采承认，这样的重新定位并不容易，但也是有可能实现的——探索之前未曾想到的可能性，还有什么比这更具哲学性呢？

我的散步以失败告终。虽然我找了很多地方，甚至原路返回去找，但都没有发现那块金字塔形的巨石。好吧，还有明天。然后我想到了《土拨鼠日》里菲尔的话：“如果没有明天怎么办？今天就没有。”

在永恒回归中，每个明天都是今天，每个今天都是明天。我会在这同一条路上走无数次。在好莱坞版本中，我能够改变事情的发展趋势，进行大大小小的调整，直到我找到石头，找到那个女孩儿，所有都很美好。不必再赘述。

尼采的永恒轮回版本没有这样完美的结局。是的，我将一次又一次地走同样的路，但是没有任何改变。我会选同一个长凳，遇到同一只蝴蝶，然后我会继续找但是找不到尼采的石头。每次都是这样，永远都是这样。

尼采会问，你能接受这种无尽的失败吗？除此之外，你能拥抱这种生活吗？你会热爱这种生活吗？

关于一块遗失的石头——当然可以接受，就是弗里德里希嘛。但是关于生活中更大的失望——搞砸的工作面试，糟糕的育儿现状，变化无常的朋友——我不那么确定自己能接受了。我可以说服自己承认它们的存在，甚至接受这些事情。但是热爱这些事情？这个要求太高了，我还达不到这么高的要求。也许无论宇宙和我重复多少次，我永远都无法热爱这些事情。

《土拨鼠日》被视为一部喜剧是有原因的。如果我们真的一次又一次以完全相同的方式重复同样的生活，永远这样的话，我们除了大笑还能做什么呢？

但是有更好的选择：跳舞。不要等待一个跳舞的理由，直接开始跳，狂热并无拘无束地跳舞，旁若无人地跳舞。生活美好时要跳舞，被伤害时也要跳舞。当你的时间到了，舞蹈要结束时，要说——不，要喊——再来一次，再来一次。

12
如何像爱比克泰德一样处理问题

16：58，马里兰的某个地方，美铁客运公司的列车上，从华盛顿驶往丹佛，途经芝加哥。

火车发动后还没超过30分钟就停下了。我们等着，等着。我不耐烦地等待着，虽然知道这会让西蒙娜·薇依失望，但是却控制不住自己。

让我如此厌烦的不是等待，而是不知道为什么要等。是一棵树倒在轨道上了吗？还是来了一辆有先行权的货运列车？又或者是要发生核攻击？我看了一下手机，似乎会在上面找到答案（但是没有）。我烦躁了。看了一下手表，我更加烦躁了。

我担心要在这里坐好几个小时，那么我就会错过在芝加哥换乘的火车。那样不好，一点儿都不好。我认为，这种情况需要焦虑，所以我焦虑了。

我能意识到窗外呈现的美景：一排排栗子色的橡树，切萨皮克和俄亥俄运河沿线盛开的山茱萸，以及那边辽阔的蓝天。但是我并不能欣赏这些美景，因为这会影响我的焦虑。我需要帮助，需要“斯多葛学派营地”。

当我看到广告时就知道自己需要它。没有华而不实的东西。黑白色调的广告，没有华丽的地图。广告语是这样的，“通过逃到雪山脚下露营来‘获得一种斯多葛学派的平静’”。

我们又开始前进了。也许我的担心毫无意义，也许并非是无关紧要的能量推动着我们前进。我总是相信，正是我的焦虑让整个世界凝聚在一起，如果我停止焦虑，即使只停下来一秒钟，那这个世界就不复存在了。

我在芝加哥换乘之后，车很快就向西驶去，向着丹佛，最终到达怀俄明州的雪域。乘坐美铁能去很多地方，但是去不了怀俄明州的拉勒米。我必须坐公共汽车走完最后的路程。但是当我们到达丹佛的联合车站时，没有看到任何公共汽车标志。我条件反射式地开始想象灾难式的场景，然后开始焦虑。汽车在我到之前就走了，或者根本没有什么汽车，从来没有过，也永远不会有。

似乎经过了几个小时，但是可能只是十几分钟而已，汽车来了。我爬上车在后面找了个位置。我们开始移动，像火车一样在空间中穿梭。只是，这和火车不一样。

斯多葛学派常见的一个建议是“与自然和谐相处”。“斯多葛学派营”的组织者接受了这个建议的字面意思。营地位于怀俄明州茂盛的森林中，距离最近的小镇也有数英里，那也不算真正的小镇——只有一个加油站和三个酒吧。

我们这些斯多葛学派露营者聚集到主要的集会小屋里接受指导。房间很宽敞，有着高高的天花板。房间一端有很正式的壁炉。虽然是5月下旬，但确实很需要这个。据说会下雪。墙上有一个巨大的麋鹿俯视着我们。这间木屋所谓的家具就是和房间不匹配的沙发与硬邦邦的塑料椅子组成的大杂烩——一种不会让清少纳言愉快的不和谐审美。如果滑雪旅馆相当于最低安全级别的监狱，那这里的情况也差不多一样。

我们这些斯多葛学派营员是一群奇怪的人。有格雷格（Greg），一个来自纽约的30岁左右的数字企业家，亚力山大（Alexander），一个活泼的德国咨询师，以及几个来自怀俄明大学的研究生：严肃的男生和女生，看起来他们因存在而痛苦，因为存在这一思想而痛苦，他们在休息的时候会冲到外面去吸烟，不管外面是什么天气都会这样。然后还有我们这些“老人”，这是我们被授予的称号：那些在合适的时间被斯多葛学派思想吸引的人。

我们围成一个圈子，哲学即兴演奏会和团体治疗通用的几何形状，同时品尝着塑料杯里的咖啡。一个粗壮可爱的人宣布了会议的开始。罗伯·科特尔（Rob Colter）是个大腹便便的中年人，留着灰色的山羊胡子，目光敏捷而锐利。他看起来像个上了年纪的时髦圣诞老人。当他要表达一些深刻的想法时就会轻轻地捋着胡须，他经常有一些深刻的想法。

“欢迎大家，”罗伯用一种不露声色的语气说，“如果你看过天气预报，就会知道我们禁欲的能力将受到挑战。”虽然是5月下旬，但是天气预报说会下雪，很大的雪。我有些担忧。因为我收拾行李的时候只准备了春天的衣物，没有准备冬天的，而且参加完“斯多葛学派营地”之后我还要赶飞机。

罗伯像他热爱的哲学一样矛盾。他阅读古希腊作品，也会用假蝇饵钓鱼。他过着健康的户外生活，但同时承认自己的“熊猫快餐问题”。他有深刻的哲学见解，但是也不怕承认自己的无知。当被问及那种特别棘手的问题时，他会说："我不知道，我必须思考一下这个问题。"我喜欢罗伯。

几年以前，他发现自己对斯多葛学派越来越感兴趣。"我想，既然斯多葛学派的名言是'与自然和谐相处'，那么，嘿，我们这里有充足的自然环境。"他把办一个怀俄明斯多葛学派营地的想法和学校里的哲学家同事说了之后，他们哲学式地回答说："这个想法太疯狂了，不会实现的，但是放开手脚去试一下吧。"所以他尝试了，然后我们才会来到这里。

罗伯告诉我们他是如何爱上斯多葛学派思想的。那是在20世纪90年代，他正在芝加哥学哲学，那里素来被称为"真实的柏拉图场景"之家。罗伯学习柏拉图和他的学生亚里士多德的思想。他不是因为喜欢才学习这些人的思想，而是因为严肃认真的哲学系学生都学这些。"他们是真正的哲学家，该死！"说这话的时候，他还捶着拳头以示强调。当然，他也意识到了其他哲学家：伊壁鸠鲁，犬儒主义者，以及，是的，斯多葛学派，但是这些不是"真正的"哲学家，或者他认为不是。

在不同时间段，不同的哲学会吸引不同的人。梭罗的反抗精神会吸引青少年；尼采激情四射的格言吸引了年轻的成年人；存在主义对自由的强调吸引中年人；斯多葛学派哲学则是老年人的哲学。热爱斯多葛学派哲学的人已经经历过几次战争，遭受了一些挫折，懂得了一些损失。这种哲学应对的是生活中大大小小的补丁：痛苦，疾病，拒绝，烦人的老板，干枯的皮肤，拥挤的交通，信用卡债务，公共羞辱，延误的火车，死亡。当一位原始的斯多葛学派，第欧根尼（Diogenes）被问及能从哲学中学到什么东西时，他回答说："准备好迎接每一份好运。”

斯多葛学派是一次沉船的意外结果，它诞生于古希腊的大动乱时期，兴盛于混乱的罗马帝国时代。斯多葛学派最著名的实践者都以不同的方式被流放、处死、致残、嘲笑。但是像斯多葛学派者马可·奥勒留证明的那样，他们也普遍非常成功。

斯多葛学派的这一思想贯穿在美国历史之中：从开国元勋开始，乔治·华盛顿（George Washington），约翰·亚当斯（John Adams），一直到富兰克林·罗斯福（Franklin Roosevelt），罗斯福曾经说过这样著名的话，“我们唯一感到恐惧的就是恐惧本身”，这句话表达出了斯多葛学派思想的精髓；对于比尔·克林顿（Bill Clinton）而言，他则认为马可的《沉思录》是一部用智慧书写的伟大著作，那也是他最喜欢的书。

“智慧”是大家都熟知的一个词，但是没有人能定义这个词。心理学家想要给出一个有效的定义，为此努力了好几十年。20世纪80年代，位于柏林的马克斯·普朗克人类发展研究所也坐下来试图敲定一个一劳永逸的定义。柏林智慧工程确定了定义智慧的五个标准：事实性知识，程序性知识，贯穿一生的情境主义，相对主义价值观，以及应对不确定性。

我认为最后一条标准是最重要的。我们生活在运算法则和人工智能的时代，这些技术缄默地作出承诺，来处理我们面临的不确定性和生活中的纷扰。但是它们没有做到。如果说它们做了什么的话，那就是我们的生活变得比之前更加难以预料、更加混乱了。

这就是斯多葛学派闪光的地方。这一思想的核心教导——改变你能改变的；接受你不能改变的——在这个混乱的时代很有吸引力。

斯多葛学派给了我们一个扶手，一条向前的路。我知道这些，因为我读过马可的书。我不知道的是这一哲学的要求有多高，以及它蕴含的乐趣。

斯多葛学派，艰难时期的哲学，诞生于灾难之中。大约在公元前300年时，一个叫作芝诺（Zeno）的腓尼基商人正乘船驶往雅典的比雷埃夫斯港。但是船翻了，他珍贵的货物，即那些紫色染料，全部都弄丢了。芝诺在海难中幸存了下来，流落到了雅典，身无分文。有一天，他偶然发现了苏格拉底的一本传记，那时苏格拉底已经去世好久了。

芝诺问卖书的人："我到哪里才能找到一个这样的人呢？"

那人回答说，"跟着那边那个人"，同时指向一个恰好经过这里、衣衫褴褛的人。

那是犬儒主义者克拉特斯（Crates）。犬儒主义者是古代的嬉皮士。他们生活拮据，一无所有，质疑权威。芝诺发现犬儒主义的乖张做法在某种程度上是令人敬佩的。他认为匮乏是一种全面综合的哲学思想，所以他创立了自己的学派。

芝诺在"stoa poikile"（字面意思是"彩绘游廊"）下面开商店，那个长长的柱廊就成为人们聚在一起购物、经营业务以及谈话的地方。那里的彩绘描绘了现实和神话中的各种战争。芝诺就在这些绘画中一边踱步，一边讲课。因为他们聚集在柱廊（stoa）里，这些哲学家就被称为斯多葛学派（Stoics）。

不同于舒服地坐在花园墙边的伊壁鸠鲁主义者，斯多葛学派在公共场所践行他们的哲学思想，每个路人都能看到他们，包括商人、牧师、店小二。对斯多葛学派而言，哲学是公共行为。他们从不回避政治。

在生命即将结束时，芝诺开玩笑说："我在遭遇海难时进行了一次愉快的航行。"这将成为斯多葛学派的主要思想：逆境中蕴含着力量和成长。正如罗马议员兼斯多葛学派哲学家塞内卡（Seneca）所言："不经历过风吹雨打的树不可能成为根深叶茂的大树。因为在剧烈的摇晃中它会更紧地抓住土地，更牢固地扎根于地下……灾难是塑造美德的机会。"

在"斯多葛学派营地"的第一天，我发现自己关于斯多葛学派的所有认识都是错误的。那些认为斯多葛学派冷酷无情的老套见解就如同认为伊壁鸠鲁主义者是贪吃之人一样荒谬。斯多葛学派并不冷漠。他们不会抑制强烈的情感，不会在内心颤抖的同时戴上勇敢的面具。斯多葛学派不会抛弃所有情感，只抛弃那些消极的情感：焦虑，恐惧，嫉妒，生气或者任何其他"热情"（或者pathe，最接近"情感"的希腊词）。

斯多葛学派不是了无生趣的机器人。他们不是斯波克先生（Mr. Spock），不会用僵硬的上唇或身体的任何其他部位来忍受生活中糟糕的事情。罗伯说，"这不是坏事，因此没有什么需要忍受的"。

斯多葛学派不是悲观主义者。他们相信任何事情的发生都是有原因的，都来自完全理性的秩序。与脾气暴躁的叔本华不同，他们相信，人们生活着的世界是所有可能的世界中最好的那个世界，也是唯一可能的世界。斯多葛学派者不仅认为自己的杯子里还有半杯水；他会觉得自己能够拥有一个杯子都是奇迹——这难道不美好吗？他沉思玻璃杯破碎的场景，变成上百个碎片的场景，然后就会更加珍视自己的杯子。他会设想自己没有玻璃杯的生活，会设想如果朋友的杯子碎了，他如何安慰朋友。他会和他人共同分享这个美丽的杯子。因为，他人也是逻各斯[1]的一部分，或者说是理性秩序的一部分。

"快乐的斯多葛学派"并不是矛盾修辞法，威廉·欧文（William Irvine）说道，他是怀特州立大学的哲学教授，也是斯多葛学派哲学思想的践行者。他解释说："践行斯多葛学派思想让我们容易被突然的小小喜悦感所影响。我们会突然因为自己所是的样子而高兴，因为我们当下的生活而高兴，因为我们碰巧能够生活在这个宇宙中而高兴。"我承认：那听起来很有吸引力。

斯多葛学派也不自私。他们会帮助别人——不是因为多愁善感或者同情，而是因为这是理性的做法，就像手指会帮助手一样；他们也很乐意承受帮助他人时遇到的不适甚至痛苦。

虽然斯多葛学派的利他主义有时看起来有些超然，但是却格外有效。我有一个朋友，凯伦（Karen），她也是一位斯多葛学派者，虽然她自己并没有意识到。我第一次见到她是在耶路撒冷，当时我们都在那里做记者。耶路撒冷有很多流浪猫。这些脏兮兮的流浪猫身上的毛都乱糟糟的，还有疮疡，看到它们我的心都碎了。我为它们感到难过。我只能提供这种程度的"帮助"。我用自己的痛苦来回应它们的痛苦，好像这就是某种形式的救援一样。

但是凯伦不会这样。她马上行动起来，在这里抓一只流浪的虎

[1] 逻各斯：哲学概念，一般指世界可理解的一切规律。

斑猫，在那里抓一只瘸腿的东方短毛猫。她给这些猫喂食物，带它们去兽医诊所，给它们建房子。她不仅仅是抒发强烈的情感，而是做了更多事情。

罗伯给我们每个人发了一份“斯多葛学派营地”的练习本和一本薄薄的古代文本，其实更像一个宣传册，只有18页，这是一本手册。文本中记载的是之前在罗马做奴隶的哲学家，爱比克泰德的教导，斯多葛学派汲取了这位哲学家思想中的精华。

我们从第一页的第一行开始看，罗伯大声读着：“有些事情由我们决定，但有些是我们决定不了的。”我被这些非常真实又非常明显的话触动了。当然，有些事情是我们能够决定的，有些则不是。我辛苦跋涉2000英里就为了这个吗？

但是这一句话表达了斯多葛学派的精华。我们生活在一个被告知一切由我们来决定的时代。如果你不够聪明，不够富有，不够苗条，是因为你还不够努力。如果你生病了，是因为你吃了或者没吃某种东西，或者因为你没有做或者做了某项医学测试，或者因为你没有运动或者运动过度。意思很明白：你能控制自己的命运。但你真的能吗？你究竟凭什么主宰命运呢？

斯多葛学派的人会说，不是你想的那样。很多我们认为自己能控制的东西其实都由不得我们。我们决定不了财富，或者名声，或者健康，也决定不了自己的孩子能否成功。是的，你可以定期锻炼身体，但你也有可能在去健身房的路上被车撞到。你可以只吃最健康的食物，但是这也不能保证你能长寿。你可以每天在办公室待14个小时，但是可能老板并不喜欢你，破坏你的事业。

斯多葛学派有一个应对这些我们无法控制的情况与成就的词："漠不关心"。这些事情对我们的性格或幸福没有丝毫影响，它们既不好也不坏。所以，斯多葛学派对它们"漠不关心"。正如爱比克泰德所言："让我看到一个虽然生病但仍然快乐的人，虽然身处险境但仍然快乐的人，虽然接近死亡但仍然快乐的人，虽然名誉尽毁但仍然快乐的人。让我看看这个人！以上帝之名，我会看到一个斯多葛学派者。"

敌人可以伤害你的身体，但伤害不了你。甘地也读过斯多葛学派的思想，他说，"没有我的允许，谁都无法伤害我"。甚至被暴君折磨的威胁也无法剥夺你的平静和高尚，爱比克泰德补充道。他的学说曾经帮助一位被击落的美国飞行员，詹姆斯・斯托克代尔（James Stockdale）忍受了长达七年的监禁和折磨。

这些学说也帮助了罗伯・科特尔。正在新西兰期待着发表演讲时，他感到胃疼。刚开始，他没有理会这些疼痛，认为这是长途旅行引起的胃部不适。但是不久之后，他觉得更痛了，非常痛。"那种使用吗啡都无法减轻的疼痛。"罗伯回忆道。在医院里，医生诊断为肠梗阻，一种可能危及生命的症状。

在阵阵疼痛中，罗伯努力回忆起爱比克泰德的话："你对我来说什么都不是。"他一遍一遍地重复这句话，以此来应对不断袭来的阵阵疼痛。你对我来说什么都不是。他感觉好了一些——并没有好很多，但还是好了一些。"我控制不了自己的身体——关于身体的任何幻觉都被剥离掉了。"

罗伯的世界缩小了：病房，医生和护士，还有他的痛感。他身上插着五根管子，整整六天没有洗澡。他面临着一个艰险的手术，这个手术可能让他余生都离不开结肠造瘘带。他用斯多葛学派的方式理性地做出了选择。“如果我不做这个手术，那就会失去生命，所以那就做吧！”

手术很成功，不需要那个袋子了。他恢复得很慢，但是很稳定。在回家的航班中，保险公司给他买了头等舱的座位。斯多葛学派称这为“偏爱的冷漠”，一种会偶尔喜欢但不是主要的快乐之源的东西。回顾这段插曲时，罗伯知道他的斯多葛学派态度对结果没有任何影响，但这种态度影响了他度过这个阶段的方式。虽然他很痛苦，但是他没有通过期望另外一种生活向痛苦妥协。

公元55年，爱比克泰德出生在今天的土耳其。他生来就是一个奴隶。他的主人是尼禄皇帝的顾问，经常责打他。据说，有一天，他的主人开始通过扭曲他的腿来折磨他。爱比克泰德冷静地说：“如果你一直这样扭下去，它就断了。”主人继续扭曲他的腿，直到它真的断了。“我不是告诉过你它会断吗？”爱比克泰德坦然地说。此后，他一直都是跛脚。

最终从奴隶制中解放出来之后，他搬到了罗马，在那里学习哲学，然后很快获得了自己的名声，成为一个尽心尽力且高效的老师。公元93年时，罗马皇帝图密善（Emperor Domitian）把所有哲学家驱逐出罗马，爱比克泰德又搬到了尼科波里斯，希腊西北部一个繁荣的沿海城市。他在那里吸引了更多学生，有的学生很出名，比如未来的皇帝哈德良（Hadrian），但多数是普通的年轻人，他们不远万里来到尼科波里斯，不少人会想念家乡，但是所有人都渴望学习。

爱比克泰德崇拜苏格拉底，甚至很多方面都是在模仿苏格拉底。和苏格拉底一样，他的住所也很简单，一间小屋，家具只是一张床垫。和苏格拉底一样，爱比克泰德对形而上学不感兴趣；他的思想是一种严格的实用主义哲学。和苏格拉底一样，爱比克泰德也珍视无知，把它视为通往真理之路的重要一步。他说："哲学始于我们对自身弱点的认识。"

生活中的许多事情都是我们控制不了的，但是我们掌握着最重要的东西：我们的观点、冲动、欲望及厌恶，我们的精神和情感生活。我们都拥有强大的力量、超人的能力，但这些力量是用来控制我们内心世界的。斯多葛学派说，这样做，你就会变得"无坚不摧"。

我们经常把自己的快乐放在别人手中：一个专横的老板，一个变化无常的朋友，我们在照片墙上的粉丝。爱比克泰德这个曾经是奴隶的人，认为我们的灾难就是作茧自缚。只有无所欲求的人才是自由的。

爱比克泰德说，设想一下，你把自己的身体交给路上的陌生人。这不是很荒谬吗？但这就是我们每天都在头脑中做的事情。我们把自己的主权割让给他人，允许他们殖民我们的思想。我们需要将这些殖民者驱逐出去。现在，这并没有那么困难。改变我们自己比改变这个世界要容易得多。这是一个触发警告的问题，因为这在大学校园里太普遍了。这些现象进一步增强了这一假设，即大学生在可能令人不安的情况下不能控制自己作出的反应。他们会失去自身的力量，这不是斯多葛学派的方式。

西塞罗（Cicero）说，想想弓箭手。他拉开弓，在力所能及的范围内尽力专业地操作，但是一旦把箭射出去之后，就像呼出口的气体一样，他就应该明白自己已经不能控制箭的轨迹了。如斯多葛学派所言："做你必须做的事，让可能发生的事发生。"

我们可以通过把外在目标转化成内在目标来预防失望的叮咬：不要想着赢得网球比赛，而是要在比赛中打出自己最好的水平；不要想着看到自己的小说出版，而是力所能及地写出最好的、最忠于我们自身的那部小说。不多不少。

火焰已经变成灼热的灰烬，咖啡也凉了，但是没有人注意到这些。我们深深地陷入斯多葛学派的思想中，并且准备进行更深层次的挖掘。我们一个接一个地阅读爱比克泰德手册中清晰的条目。有些值得长时间讨论，有些只需轻轻点头。然后我们读到这样一句话："让人们烦恼的不是事物本身，而是这些人对事物的判断。"我们安静地坐在那里，吸收着这块2000年之久的金块，吸收着它明显且深刻的道理。

斯多葛学派认为，我们的情感都是理性思考的产物，只是这些理性思考有缺陷。我们可以通过改变思维方式来改变感受方式。斯多葛学派的目的不是抛弃感受，而是要正确地感受。我知道这听起来很奇怪。我们不会认为自己的感受是正确的或错误的，那些就是我们的感受，我们控制不了它们。

斯多葛学派说，不是这样的。情感不是像海滩上的波浪一样直接冲刷我们，它们的产生有其原因。就像古典主义学者安东尼·亚瑟·朗（Anthony Arthur Long）解释的那样，"我们通常不会无缘无故地生气或愤怒，恰恰是因为我们认为有人对我们不好，或者有人获得了属于我们，而不属于他的成功”。我们要对自己的情感负责，就像对自己的思想和行为负责一样。情感来自我们做出的判断，而这些判断经常是错误的。斯多葛学派说，这些判断没有被误导，也不混乱，而是经验性错误。

设想一下交通拥挤的情况。有两个紧挨着的司机。一个司机既疲惫又愤怒，一边击打方向盘，一边咒骂。另一个司机冷静地坐在那儿，听着美国国家广播电台，同时回忆着自己最近享用的龙虾水饺大餐。斯多葛学派会说，显然，这两个司机都不可能是“正确”的。他们确实不对。那位疲惫不堪的司机是不对的，就像他得出二加二等于三的结论一样。另一位司机希望生活不是现在这样的想法代表了理性的巨大失败。

我们来考察一下错误的情感是如何诞生的。它始于对外部事件（斯多葛学派所说的“印象”）的反射性反应（名为“前情感”或者“原始情感”）。我们踢到脚趾时会尖叫，遇到交通堵塞会咒骂。这些都是自然反应。我们毕竟是人。最初的震惊不是一种情感，而是一种反射，就像尴尬时会脸红一样。斯多葛学派说，当你“同意”这种反射时，它就变成了情感。你同意的时候就让它的地位从反射上升到了情感。

所有这些都发生得很快，发生在一瞬间，但是所有这些也都是我们让它发生的。当我们每次选择尊重和放大这些消极的原始激情时，我们就选择了苦恼。斯多葛学派会问，你究竟为什么要这样做呢?

我们必须切断印象与同意之间的联系。这是斯多葛学派停顿——我称之为“强大的停顿”——派上用场的地方。爱比克泰德说：“不要为生动的印象所倾倒，而是要说，‘印象，等一下，让我看看你是什么，代表了什么，让我来试试’。”只有当我们意识到自己对困难的反应是一种选择而非自动反应时，我们才能做出更好的选择。

但是每个遇到交通堵塞或者踢到脚趾的人不是都会生气吗？不，他们不会，此外，罗伯说，“并不能仅仅因为很多人踢到脚趾时都会生气，所以你也生气”。我们总是能保留自己的同意，这完全取决于我们自己。

如果你必须同意这些原始激情，爱比克泰德建议我们同意不同的方向。给这些原始激情重新贴标签。如果你独自一人，就将孤独重新定义为平静；如果你被困在人群中，就将这种情况重新定义为节日，“然后心满意足地接受这些”。这是另一种头脑玩的小把戏吗？当然是，但这是一个能帮助你的小把戏。无论如何，你的头脑总是和现实玩各种小把戏，为什么不好好使用这些把戏呢？

在电影《阿拉伯的劳伦斯》中有这样一个场景，彼得·奥图尔（Peter O’Toole）扮演的劳伦斯冷静地用拇指和食指掐灭了一根火柴。

一位同行的警官也亲自尝试了一下，然后疼得大叫。

劳伦斯说：“当然疼了。”

“那么，有什么诀窍呢？”

劳伦斯说：“诀窍就是不要在意这些疼痛。”

劳伦斯的回答就是斯多葛学派的回答。他当然能感到疼痛，但那只是一种原始感觉，一种反应。它从未转化为饱满的情感。从“在意”这个词的字面意义来讲，劳伦斯没有在意这种疼痛，他不允许自己的头脑经历并放大身体的感受。

“斯多葛学派夏令营”不仅仅是怀俄明州森林里的一个哲学沙龙，还是一个实验室。我们这些哲学营员就是豚鼠。这里进行着很多个实验。比如说这个：让一个习惯于一定物质享受——包括但不限于枕头，毛毯，纯麦芽酒——的中年男人和15个研究生一起住在粗糙的木屋里。没有床和纯麦芽酒，加上持续不断的噪声；再加上明亮的荧光灯；以及经常性的打扰，整晚的冰冻。

发牢骚是我的本性，也是我的名字。我想抱怨，呻吟，挑剔，诉苦，发牢骚。我通过回想一则古老的斯多葛学派格言来控制自己：“优秀的人都不会恸哭，或者叹气，或者抱怨。”马可·奥勒留提醒我，抱怨不会减轻痛苦，有可能会加深痛苦。他说：“不管怎么样，最好不要抱怨。”

我想找一个意见箱——我认为，严格来讲，建议不是抱怨——但是没有这样的意见箱。当然没有了，这里是“斯多葛学派的营地”。所以我不再找了，而是停顿了一下，不是“强有力的停顿”，更像是一个微小的停顿，但我也能接受。我慢下来问自己：在这种情况下，哪些是我可以决定的呢？不是缺少暖气或毯子，我控制不了这些东西。如果我想要喝纯威士忌，我可以步行5公里到附近的城镇去喝。这是我可以选择的。即使我偏爱苏格兰威士忌、热量和毛毯，但这些都是无关紧要的东西。我都控制不了这些，能控制的只有我的态度，我同意或者不同意的态度。爱比克泰德用了这样一个类比，拴在运货马车上的小狗。马车往前走着，而且无论如何都会继续往前走。这只狗有它的选择：被拖在地上走或者跟着马车慢跑。我需要开始慢跑。

此外，我正在参加斯多葛学派称为“自愿剥夺”的活动。（好吧，我并没有那么自愿。）塞内卡是最富有的罗马人之一，他建议每个月过几天贫穷的生活，建议人们在这几天吃“最便宜的勉强能维持生命的食物”，穿“粗布衣服”。当斯多葛学派者践行“自愿剥夺”时，他们在一定程度上是坚持自己的格言：“与自然和谐相处”。热了就流汗，冷了就打颤，饿了就承受饥饿的痛苦。但是“自愿剥夺”的目的不是痛苦，而是愉快。通过偶尔拒绝物质享受，我们会更珍惜这些物质享受，也会减少对这些物质的依赖。

“自愿剥夺”让我们学会控制自己，这有各种各样的益处。控制自己不要吃那块巧克力蛋糕，你会感觉更舒服。放弃快乐是生活中最大的快乐之一。

“自愿剥夺”会培养我们的勇气，让我们可以预防未来我们不自愿承受的那些剥夺。虽然我们现在经历的是刺痛，但之后我们经历的疼痛会减少。

我意识到自己已经践行一种“自愿剥夺”好多年了，虽然我用另一个更欢快的名字称呼这种行为：“间歇性奢华”。当我还是国家公共电台的驻地记者时就养成了这个习惯。在萨达姆·侯赛因（Saddam Hussein）统治期间，我去伊拉克做过几次报道。由于联合国的制裁，航班被禁止。这意味着需要走陆路从安曼到约旦，再到巴格达。

约旦的旅馆很不错，虽然不是世界上最好的，但真的不错。如伊壁鸠鲁会说的那样，已经足够好了。一旦得到签证，完成物资储备，我会雇一个司机，然后开始长达12小时的巴迪亚沙漠穿越之旅。我在巴格达的旅馆是一处名为“拉希德”的诡异之地，房间里有一股发霉的味道。

当几周之后回到安曼时，我觉得那个“足够好”的旅馆像宫殿一样。床很豪华，食物比之前更美味——甚至水压都比之前大了。旅馆没变，变的是我。

几年之后到住在迈阿密时，我会周期性地关掉车里的空调，即使在夏天也会这么做。几秒钟之内，车里很快热了起来，汗流浃背的皮肤粘在了大众汽车的真皮座椅上。但是我很享受这些时刻，它们提醒我热是什么感觉，进而重新唤起我对现代空调的发明者威利斯·开利（Willis Carrier）深厚且持久的感激之情。“自我剥夺？”我想也可以这么说，但是我更喜欢称它“间歇性奢华”——意料之外地升到头等舱，在远近闻名的餐厅里挥霍，一周露营旅行后的热水澡。

所以，我决定停止抱怨（内心的抱怨还在继续）环境的恶劣。在这样一个带有“斯多葛学派”和“营地”这些词并如此接近其意义的地方，我能期待什么呢？要知道你在做什么，爱比克泰德建议道。如果你要去公共浴室，要记住那里“有人会溅起水花，有人会推推搡搡，有侮辱别人的人，有偷东西的人”。如果你被弄湿了或者被抢了，不要惊讶。他说得对。我为什么要因为“斯多葛学派营地”的住宿条件和巴格达的旅馆一样而惊讶呢？需要改变的不是居住的地方，而是我的态度。此外，斯多葛学派提醒着我，情况永远都有可能更糟糕。

这也让我们看到了斯多葛学派医务室的另一种疫苗：“预料逆境”。塞内卡说，要预料财富之箭的到来。设想最糟糕的场景，然后“在头脑中进行彩排：流放，折磨，战争，海难”。

斯多葛学派说，设想逆境不同于担心逆境。担心是模糊的初始状态。预先设想的是具体的逆境——越具体越好。不是“我设想自己会遭受经济方面的挫折”，而是“我设想自己失去了房子、车子、所有收藏的包包，而且我被迫要搬到母亲那里去住”。噢，爱比克泰德还会建议你设想自己失去说话、倾听、走路、呼吸以及吞咽的能力。

“通过设想最糟糕的情景，我们抢夺了未来的困难带来的叮咬，并且珍惜现在拥有的东西。当灾难降临时，就像它不可避免地总会发生的那样，斯多葛学派者将不再感到惊讶，就像看到无花果树结出无花果，或者舵手遇到顶头风一样。”爱比克泰德如是说道。能够预料的困难是缩小了的困难，能说出口的恐惧是减轻了的恐惧。至少理论上是这样的。

我的女儿还不太相信这个理论。当我告诉她斯多葛学派预料逆境的理念时，她认为这样做很“愚蠢”，也许比尼采的永恒回归思想还要愚蠢。她说，思考逆境不仅令人沮丧，而且没有这个必要。“你早就已经担心无论如何都会发生的坏事了。为什么要强迫自己进一步这样做呢？”她说的有道理。但她终究只是一个13岁的孩子，并不是斯多葛学派的目标群体，因为那是关于艰难时世的哲学。我告诉自己，要给她时间。

在“斯多葛学派营地”待到第三天时，我们就过着程序化的生活了。我们上午讨论爱比克泰德和他的手册，下午就分成人数少一些的小组讨论马可·奥勒留。研究生们挣扎着研究这位哲学家皇帝。他太黏糊糊的了，没有可以抓住的东西，也没有可以拿来仔细分析的东西。他并没有尝试证明或者证伪任何事情。他没有假设。他是一个和自己的怀疑作斗争的人，他要弄清楚作为一个人意味着什么。

我们被隔离在这里，没有任何干扰，没有电视机，没有无线网络。手机信号也很弱，而且时有时无。但这里弥漫着一种欢乐。部分原因是大家志同道合，携手对抗恶劣天气，但这也是人类大声讨论重要而紧迫的问题时难得的乐趣。我想，这也是爱比克泰德那些远离家乡的学生们感受到的东西，只有彼此和他们的哲学。

我们这些斯多葛学派者团结在一起，用火来烤棉花糖，坚忍地抵抗严寒。我们还会开一些蠢笨的斯多葛学派玩笑。这是我们之间的典型对话：

“嘿，我要到小镇上去买半打‘偏爱的冷漠’，有人要带什么东西吗？”

“不用了，谢谢。我正在践行‘自愿剥夺’。”

“好的，命运允许的话，我很快就会回来。”

最后的短语，“命运允许”表达了被称为“斯多葛学派保留条款”的一些事情。罗伯第一次提到“斯多葛学派保留条款”时，我担心那只是一些像法律条文一样莫名其妙的话——也许是一份免责声明——但是我的担心是错误的。保留条款没有法律意义，但有治疗效果。这是另一种斯多葛学派应对生活中不确定之事的技巧。

斯多葛学派思想的核心是人必须学习接受自己的命运。宇宙按照一个写好的剧本运行，但这个剧本不是你写的。不管你多么渴望有一天能导演这出剧，都不要存有任何幻想了。你是一个演员，拥抱自己的角色。爱比克泰德说：“如果我是一只夜莺，我就扮演夜莺；如果我是一只天鹅，我就扮演天鹅。”

渴望不同的角色是徒劳的，只会让你遭受不必要的痛苦，就像被马车拖着走的小狗一样。斯多葛学派说，我们必须学会“渴望我们所拥有的东西”。我知道这听起来有些奇怪。按定义来讲，渴望难道不是指那些我们没有的东西吗？我们怎么能渴望自己已经拥有的东西呢？我认为尼采会给出最好的回答。不要让自己屈服于命运，不要接受命运，要爱命运，渴望命运。

“保留条款”的作用就是要提醒我们，我们遵循的是一个不由我们书写的剧本。在“命运允许”的情况下，事件一一展开。如果一个斯多葛学派者要登上一列驶往芝加哥的火车，她会对自己说：“命运允许的话，我明天早上会到芝加哥。”如果她想升职，她会告诉自己，命运允许的话，她会成功升职。

并不是营地的每个人都相信斯多葛学派的决定论。研究生们，如同严密的逻辑斩波器一样，尤其怀疑这种决定论。如果所有的事情都是命中注定，那人类的能动性还有什么用呢？干嘛还要费力气做事呢？早上为什么还要起床呢？我也有这些忧虑。注意到罗伯正在捋着他的山羊胡子，我很想听一下他的反驳。

反驳以类比的形式出现（斯多葛学派热爱类比）。他闪烁着目光说，人们就像滚下山的圆柱一样。所有圆柱都要到山脚去，这是预先给定的。但是它们自己可以决定经历一段坎坷还是顺畅的旅行。它们是抛光的、形状完美的圆柱体呢，还是粗糙和不平整的圆柱体呢？换句话说，它们是有美德的圆柱体吗？我们决定不了山峰或者重力，但是我们可以决定自己是什么样子的圆柱，这很重要。

我的床在剧烈地摇晃。半睡半醒中，我以为，地震了！——一个我未曾预料过但此刻希望自己预料到的灾难。不，不是地震。这个

晃动太有条理了，应该是人为的。

一个声音说，“到与自然和谐相处的时间了”。我睁开眼看了一下手表：早上5：30。这到底是怎么回事？

噢耶，老好人马可·奥勒留。他曾富有诗意地说过清晨醒来看星星和迎接太阳的事。“沉湎于生活的美好。看星星，看自己跟着它们一起奔跑的样子。”我相当确定，马可·奥勒留从未在清晨醒来过，从未和哪颗星星一起奔跑。但是罗伯已经按字面意思理解这位哲学家皇帝了，并且认为在日出前起床是支撑我们这些热切的斯多葛学派者坚持下去的补药。

我跌跌撞撞地走到浴室，往脸上泼了一些冷水，然后加入了我的营地伙伴。我爬上一座小山，途中有好几次都差点被绊倒，一直在发抖。我准备的是马里兰春天的行李，不是怀俄明州春天的行李。

我们在黎明前做的演习确实有一些理性依据。斯多葛学派哲学中有一种肉体性。该学派的创立者芝诺出名的健康，这无疑得益于他在柱廊里充满活力的踱步。他的继任者，克里西安斯（Cleanthes）曾经是一位拳击手，克里西安斯的继任者，克律西波斯（Chrysippus）是一位长跑运动员。所有这些运动竞赛的目的不是赢得金牌甚至收获健康，而是像斯多葛学派做的其他事情一样，为了践行美德——尤其是自律、勇敢以及坚忍这些美德。

风穿透了我的身体。我在抱怨，外在可见的抱怨。只有我们三个人在爬山，其他人去哪儿了？我很疑惑。

然后我看到了他们，他们已经在山脊上就位了。我和罗伯说：“嘿，不是说‘不让一个斯多葛学派者掉队’吗？”

他面无表情地说：“手册里可没这么说。”

我转而问他，马可·奥勒留会对这刺骨的寒冷说什么。

罗伯回答说：“他会说，‘拿出男人的样子！’”

斯多葛学派的要求很高。这不容易达到，他们也不会装作很容易就能达到要求。它几乎不包含希腊式的温和。这是一种孤注一掷的哲学。一个人要么是具有美德的人，要么就没有美德；要么与自然和谐相处，要么就不能。

和伊壁鸠鲁派一样，斯多葛学派也认为哲学是灵魂的良药，苦涩的良药。爱比克泰德一度将哲学家的学园比作医生的办公室，还说“你不应该带着快乐离开，而应该带着痛苦离开”。他说，哲学之药的目的不是让你依赖医生，而是让你治愈自己，成为你自己的医生。

对自立的强调解释了斯多葛学派之所以能吸引众多美国开国元勋以及当今美国士兵的原因。它把让你幸福的责任正正当当地放在你自己的肩膀上。当一个年轻的学生抱怨被冻得流鼻涕时，爱比克泰德回答说：“你没有手吗？自己擦擦鼻子，不要责怪上帝。”

斯多葛学派认为，我们每个人都拥有一点逻各斯，都懂一点被注入宇宙的神圣智慧。理智是我们最大的福气，是幸福唯一真实的来源。宇宙中被注入了神圣但完全理智的智慧。我们每做出一次理智的行为，就会和这个神圣的智慧握一次手。对斯多葛学派而言，“理智地”行动不意味着冷漠地行动。理性行事是与宇宙和谐相处，这和冷漠无关。罗伯说，“我们是神旨的代理人”。我知道他是认真的。

所以，与自然和谐相处就是让自己与理性结盟，你可以在任何地方做这件事。罗伯说：“你在曼哈顿也可以轻易地与自然和谐相处。”这让我想知道，自己究竟在怀俄明州的野外干什么，穿着随意地待在这个漆黑的地方。

然后随着太阳升出水平线，天空亮了起来，太美了。我忘记了寒冷，忘记了粗陋的住所，也不再想自己为什么会来这里了。我凝视着越来越亮的天空，罗伯之前说的一些事情在脑海中浮现出来："世界是一个相当大的地方，但我不是。"

他当时正在阐明斯多葛学派"从上往下看"的理念。设想自己在地球上空盘旋，俯视着自己那个微小的世界：无足轻重的交通，脏乱的碗碟，琐碎的争论以及丢失的笔记本。所有这些都不值得关心。你什么都不是，同时你又无处不在。

表示灾难的另一个词是损失，对此，斯多葛学派有很多话要说。我很高兴。我可以在那间公寓里寻求一些帮助。爱比克泰德建议人们应对小的损失，然后直面更大的损失。你弄丢了自己的外套吗？好吧，那是因为你拥有一个外套。

只是，在斯多葛学派的世界观中，你并没有真的弄丢外套。你只是归还了外套。就像你归还一本图书馆的书或者从旅馆退房一样，你不应该因为丢了外套而伤心。我带到英格兰的那本钟爱的笔记本呢？没有丢，只是归还了。如爱比克泰德所言："当某件物品被移走时，你要轻松且迅速地放弃这件东西，为自己能够多次使用而充满感激——除非你想为自己的保姆和妈妈而哭泣！"拿出男人的样子来。

我们经常困惑，哪些是属于自己的东西，哪些东西不属于自己。斯多葛学派说，不必困惑。很简单，什么东西都不属于我们，即便我们的身体都不属于我们。我们一直在租赁，从未拥有过。这是一种解脱。如果没有什么能丢掉的东西，就不用害怕弄丢了。

我最近丢了一顶帽子。这是我几天前刚刚买的，丢了之后感到很痛苦。和女儿提起这件事时，我决定把我的反应说清楚："那顶帽子让我幸福，所以弄丢它之后我就失去了幸福。"我说得很大声，听起来很幼稚，也很荒谬。我没有弄丢那顶帽子，我把它还回去了。此外，这只是一件无关紧要的物品。

像日本人一样，斯多葛学派也知道"万物皆易腐烂"。与多数人一样，他们认为不需要因此而悲伤，也与日本人不同，他们不认为这需要颂扬，在他们看来，发生在人们面前的只是生活的事实罢了。从理智上来说，我们对此无能为力，所以最好不要担心。马可·奥勒留提醒我们，我们珍视的所有东西终有一天会像树上的叶子一样消失掉，所以我们必须"要谨慎一些，以免因为过度喜爱一些东西而极度珍视它们，因为这些东西的丢失会破坏心灵的平静"。

那更大的损失呢？当然，没有什么损失比挚爱之人的去世更大了。悲伤是人类的自然反应，斯多葛学派会鼓励悲伤的，不是吗？错。斯多葛学派者承认需要一些悲伤，但不要太多。"让你的眼泪流淌，但也要让它停止"，塞内卡在给友人的信中这样写道，他的朋友就失去了挚爱之人。还有一次，他这样劝诫一个女人，她为死去的儿子而悲伤的做法剥夺了她更应该和子孙们一起度过的时间。斯多葛学派说，当听到孩子去世的消息时，恰当的回应是："我早就意识到自己生的是个凡人。"

我们压抑悲伤的同时，不是也压抑了快乐吗？难道我们不应该敞开心扉接受人性的所有方面吗，包括悲伤？

我怀疑罗伯也在斯多葛学派这样的观点中挣扎。当"斯多葛学派营地"即将结束时，他给我讲了一个故事，让我的怀疑得到了证实。壁炉正全速运转。外面的气温已经下降，阴云密布，马上就要下雪了。

罗伯的女儿很小的时候就扎耳洞了，后来又在耳朵上打了几个洞。但是有一次，在她13岁的时候，血不停地流。他们带她去看家庭医生，然后发现“各项血液指标都有问题”。之后进行了更多化验。然后就是坏消息。罗伯的女儿得了一种名为再生障碍性贫血的罕见病。她的骨髓已经停止产生血小板，就是那些能够聚在一起帮助血块凝结的东西。

这是一种很难治疗的疾病。“和这个病相比，癌症都会相对容易治疗一些。”一位医生告诉罗伯。他们眼睁睁地看着一个患有这种疾病的朋友去世了。罗伯在谷歌上查找了这类患者的预期寿命：16年。

罗伯继续用冷静沉稳的声音说道：“所以，对我来说这就是斯多葛学派的价值，在最紧要的时刻帮助了我。坦白说，这样做很难，很难这样说我的女儿，‘你只是一个表象’，但我必须这么做。”罗伯用斯多葛学派的方式问自己：在这种情况下，我能决定什么？他的答案是：尽你所能做最好的父亲。“如果我不能做一个更好的父亲，所有那些分析和证明就一点意义都没有。那意味着什么？意味着我要亲自开车送她去医院，要亲自给她用药，意味着我不能被这个消息吓坏。”做一个斯多葛学派者让罗伯成为了一个有用的父亲，一个更好的父亲，以及，虽然斯多葛学派很少用到这个词，一个更有爱心的父亲。

“斯多葛学派”营地的最后一天，我醒来时外面风雪正大。地上

已经有几英寸厚的积雪，而且还一直在下。五月下旬的雪。自然似乎没有与它自己和谐相处，但是我又知道什么呢?

我只知道去丹佛的路已经封了，然后我还要搭乘一班去往巴黎的飞机。人们很担心，这里的“人们”指的是我。罗伯建议我冷静一点。

“我希望有一款可以控制这些情况的应用。”我说。

他回答说:“有这样的应用，就在你手中。”

“我的手机?”

“不，在你另一只手中。爱比克泰德的手册。”

当然，难道我在“斯多葛学派营地”什么都没学到吗?当我面临现实灾难时，所有这些关于克制同意，关于保留条款，关于预料逆境的伟大思想都烟消云散了。而且这也不算什么灾难。和罗伯在新西兰的健康恐慌，或者她女儿的病比起来，我中断的旅行根本都不值一提。

我深呼吸一口气，闭上眼睛，然后想象从上往下看的场景。这种想象有点帮助，但是帮助不大：我的精神之眼看到的是这架飞往巴黎的飞机上没有我。

我转而求助于塞内卡，他马上就在我目前的困境以及我毕生的工作——治愈旅行上撒了把盐。“你真的认为所有技艺中最伟大的智慧能在旅行中组合在一起吗?相信我，没有什么旅行能够让你摆脱暴躁的脾气和内心的恐惧。”这个混蛋!

我又求助于爱比克泰德，在他那里得到了一些鼓舞。他把旅行者视为“聪明的宇宙观众”。好多了。对于五月的暴风雪，他没有直接提供什么建议，所以我只能临时设想一个建议。在这种情况下，什么是我能决定的呢？不是大雪，不是封闭的道路，也不是我的哲学旅行。我太依恋这一切了。爱比克泰德说，我就是那种一旦发现舒服的旅馆就不想离开的旅客。“伙计，你难道忘记自己的目的了吗？这里并不是你的目的地，只是你经过的地方。”

我意识到，自己的焦虑是对感知性损失的反应。我将错过飞机，因此耽误时间，然后还会……怎么样呢？

我不确定，我还没有想清楚后果是什么。现在我想清楚了，我意识到实际的风险有多小。这班飞机是无关紧要的事情，我的幸福不取决于这班飞机，一点儿都不。我无权要求一定要坐上这班飞机，所以我并没有什么损失。我是这里的临时租户，只是路过这里。此外，能否准时到达巴黎是我无法控制的。如果道路被封了，那就是封了。

我认为，有必要重新贴一下标签。我把当前的困境重新标记为短暂的假期，一个和我的斯多葛学派伙伴多相处一会儿的机会。巴黎已经存在好多个世纪了，我能多等一会儿。雪不会一直下下去；没有什么事情会一直不变。不久之后雪就会停了，那时我将驾车驶向南方，在辽阔的怀俄明天空下穿过这片雪地，踏上到丹佛国际机场的路，最后看到巴黎明亮的灯光。是的，命运允许的话，我很快就能到那儿了。

13
如何像波伏娃一样慢慢变老

13：42，巴黎—里昂间高速火车上，第8534号列车，从波尔多驶往巴黎。

一抹绿色——可能是农田——从窗外闪过。远处的地平线上，巨大的风车在燥热且几近静止的空气中慵懒地转着。坐在我对面的是一个少女，她穿着运动衫，上面写着“差劲的现实”。啊，但现实是什么呢？我很想这样问，只是我不会说法语。

环视四周，我发现在可见范围内，自己是最年长的。最近经常出现这种现象。周围突然出现的这些年轻人让我感到不安，我也不知道为什么会这样。但我能确定的是，这和我自己没关系，我不老。

几周之前，我决定在一所大学附近的咖啡馆里写东西。这真是一个大错特错的决定。我沐浴在青春的海洋里：他们都是完美的样子，长着完美的牙齿和头发，带着完美的、广阔的未来。他们穿着专门设计的运动裤，戴着昂贵的耳机，用富有爆发力的拳头问候彼此。

去他们的，我差点就这样想了，但是我控制住了自己，因为只有刻薄的老人才会那么想，但我没有老。当那个活泼的年轻咖啡师喊着说我的伯爵茶好了时，我没有回应她，因为我可能在思考存在主义或者柏拉图。她不得不又喊了一次，我担心她认为我老了，但是我并没老。我不像那个要一份《纽约时报》的老头——竟然是纸质版！——咖啡师从柜台下面拿出来，似乎拿的是色情文学一样；也不像那个带着计算器的可怜矮个子男人——计算器！——像某个古代遗物一样突兀地放在桌子上。不，那都不是我，我没老。

我们的火车不能准时到达巴黎。列车员宣布要延迟20分钟，然后是一个小时，然后两个小时。车上的两名年轻乘客变得有些焦躁不安，不断地看手表，好像那样就能让我们快点到巴黎一样。年长一些的乘客不会看手表。当列车员遗憾地宣布要延迟更久时，我转了一下手腕，有意看了一下手表，因为，你看，我没有老。

老年是一个不可移动的庞然大物，而且比看上去的样子离我们更近。与老年相遇从来都不温柔。你不会轻轻地触碰老年，也不会和它擦肩而过，而是和它迎面撞在一起。

有一天早上，西蒙娜·德·波伏娃像她每天早上都会做的那样照镜子，然后看到一个陌生人在盯着她。这个人是谁？这个女人“眉毛下垂到眼睛，下面两个眼袋，过于丰满的面颊，还有嘴角的皱纹总会携带着的那种伤感气息”。这不可能是她，但确实是她。她想，“我有可能变成另外一个人，但同时还是我自己吗？”

波伏娃那时51岁了，还是很美。但是像她将在书里就这个主题发表的评论一样，年龄在那些看着我们的人眼中。她担心那些看着她的眼睛不赞成他们看到的东西，或者更糟糕的是，他们什么都没看到。她猜测，对于20多岁的人来说，她“早已去世并变成木乃伊了”。镜子事件过后不久，她受到了最后刺痛的一击。一位年轻的女士在大街上拦住她说，“你让我想起了我的母亲”。

波伏娃很迷茫，感觉自己被背叛了。她曾经的朋友，时间，现在开始策划着反对她了。一直以来，她的生活都充满期待，“向着未来展开”，她计划着下一个伟大的项目或探险。但是现在她往回走，回头看着过去。波伏娃撞上了自己的年龄。

你可能会认为她预料到了这次冲撞的发生。当她还是一个年轻的女孩儿时就沉迷于防止变老。她对老年的害怕甚至超过了死亡。死亡是“绝对的一无所有”，所以是一种奇怪的舒适感，波伏娃论证道。但是老年呢？老年是“生活的反讽”。

波伏娃的长期伙伴，哲学家让-保罗·萨特（Jean-Paul Sartre）称老年为“无法实现的现象”。无法实现的现象就是我们身处其中但永远不能内化到自身认知中的情况；只有别人才能看到这种现象。我们可能看起来老了，行动上老了，以及经过各种测试之后，被告知自己老了，但我们从未感觉老了。我们从未意识到自己的年纪。因此，与自己的年龄相撞12年之后，波伏娃写道：“我63岁了，对我来说，这个事实仍然很陌生。”

关于老年路线的地图很少，榜样甚至更少。当然，有很多模仿年轻人的老人，但他们是让老人模仿年轻人的榜样，不是变老的榜样。

我承认，作为小说家、哲学家，波伏娃不太可能是变老的榜样。她关于老年的著作读起来令人生畏。她没有优雅地变老，她不情不愿、杀气腾腾地变老。她会发怒，因为光泽的消逝而发怒，也因为阻止她发怒的那些人而发怒。然而她最终与老年和解了，接受了老年，即使她有可能会否认，她最终爱上了老年。

我可以用一下这个榜样，因为我觉得自己的碰撞也要来了。警告信号已经出现。就在今天早上，我发现自己左脸上出现了一个棕色的小斑点，脖子上还有它的一个远房表亲。昨天还没有的。坦白讲，我不怎么照镜子，就算照的时候，也更像是斜眼一瞥，而非切实地看看自己。我从镜子里得到了足够多的信息来确认自己持续地存在于这个物理世界，但是没有获得足够多的信息确认那些麻烦的真相，比如说这个新出现的斑点。既然想起这件事了，我发现其实已经有好多年没有看看自己了。

你能责怪我吗？我不是有确切年龄的人，而是一个年龄不确定的人。更年长了，但是还没老。应该怎么称呼这段尴尬的时期呢？“中年晚期”不是一个理想的称呼，因为有“晚期”这个词，但这比“老年早期”好多了，因为后者有“老年”这个词，而我并没老。

当看到一个真正的老人时，我明白波伏娃所说的“他者”了：那个人如此陌生，以至于我们把他看作一个“物品；不重要的东西”。我告诉自己，他老了，但是我没有。这句陈述中含蓄地表达的意思是，我永远不会变老。我知道这是个谎言，但这是个有用的谎言，因为它让我像马可·奥勒留一样，每天都能起床，然后继续斗争。

我知道这场战争终将失败。我早就开始撤退了。当我的胡子刚开始变灰时，我每周都会把它染成棕色，唯恐自己变成一个老人。现在从一周一次变成两周一次，然后变成三周一次。我可以想到，终有一天我会向灰色的胡子投降。我能看到自己就要撞上了，但不是现在，现在还没撞上，我还没老。

我自我欺骗的能力始于发现第一缕灰色。如罗马哲学家西塞罗所说，我们归咎于老年的各种缺陷其实是性格缺点。与其说老年会产生新的人格特征，不如说它会放大原有的那些特征。随着年龄的增长，我们也更接近自己。通常，接近自己的方式都不怎么好。在财务方面无比谨慎的年轻人会变成一个吝啬且满腹牢骚的老家伙。令人钦佩且意志坚定的年轻女子变成了一个倔强的令人恼火的老太太。这种性格的放大一定总是消极的吗？当我们变老时能够改变这一轨迹吗？我们能不能变老的同时，也成为更好的自己呢？

奇怪的是，多数哲学家对老年都闭口不谈。我之所以说奇怪，不仅因为变老是生活中如此重要的一部分，更因为多数哲学家的生命都很长久且多产。柏拉图去世时80岁，仍然在努力工作。伊苏克拉底（Isocrates）一直活到了99岁，并且在94岁时完成了最著名的作品。高尔吉亚（Gorgias）看起来像年轻的小伙子；因为他活到了107岁，而且他一直工作到生命的最后一刻。

你会说，这是好事，但我们真的需要一种变老的哲学吗？毕竟，并不缺少关于“成功变老”的科学研究。（真是个荒谬的术语。噢，现在我也必须成功地老去吗？很好，又多了一件感觉自己配不上的事情。）关于饮食、锻炼、预防医学的书层出不穷，也不缺少宣传“老年生活社区”美好生活的精美小册子。哲学能为这些对话提供什么呢？

相当多。哲学不是教我们思考什么，而是教我们如何思考，而且我们确实需要一种新方式思考老年。事实是，我们并没有真正思考过变老这件事，我们思考的是保持年轻。我们没有一种变老的文化，只有年轻人的文化，而一群上了年纪的人拼命地依附于这种文化。

老年不是一种疾病，不是病理学方面的问题，不是不正常的，它根本不是一个问题。老年是每个人都参与其中的一个连续的过程。我们所有人一直都在变老。你在读这些话的时候就在变老——其速度也不会比婴儿或者老爷爷变老的速度快或者慢。

哲学像苏格拉底一样帮助我们定义各种术语。当我们说“老”时，我们表达了什么意思呢？实际年龄并不能说明问题。这毫无意义。老年哲学家扬·巴尔（Jan Baars）说，年龄不能告诉我们关于一个人的任何信息。“实际年龄不是任何事情发生的原因。”

古希腊有两个表示时间的词：克罗诺斯和凯洛斯。克罗诺斯指物理时间：手表上的分钟，日历上的月份。凯洛斯指恰当的或者合适的时间，成熟的时间。当你说“要么现在，要么永远都不要”或者“现在不是时候”时，你说的是凯洛斯。

这似乎是父女一起旅行的好时机。我女儿不再感觉我的笑话好笑了（她坚持说从未觉得好笑过），她也不再拥抱我了，但我们还是会交流。在这个不确定的世界里，谁知道这种情况还能维持多久？

我们的孩子就像林木学家用来测定树木年龄的年轮，他们是我们逝去年华的经验性证据。他们长大、变化，同时我们知道自己也在变化，即使我们的变化没那么明显。作为一位年长的父亲，对我而言，这些年轮更加重要。我感觉到它们的同心圆比以往更加剧烈地聚集起来。我抵制住了延迟快乐的诱惑。为什么不能是巴黎呢？为什么不选择现在——在青春期的激流把她赶走之前？重点是桑娅和我不一样，她会说法语。如果这都不是凯洛斯，我不知道什么时候才是合适的时间了。

我事先就想好了，但是如苏格拉底警告的那样，总会有危险。在我看来，这将是一段感人的父女巴黎之旅。我想象着我们一起探索波伏娃常去的那些地方，想象着我们在左岸的咖啡馆里一边品尝夏敦埃酒和雪碧，一边讨论存在主义的格言，想象着我和13岁的女儿增进彼此之间的了解。

这次旅行是我要完成的一个课题。它促使我们超越当前的生存环境，超越自己。但是，波伏娃也警示过，我们的课题总是会和他人的课题碰撞在一起。我们的自由和他人的自由彼此交织，我们只能和他人拥有同样的自由。我的项目——温柔的父女法国之旅——迎面撞上了桑娅的项目：在麦当劳吃饭和回家给朋友发信息。

在地铁站时，我不太会操作售票机。不是语言问题，而是技术问题。我似乎不能按正确的顺序点击正确的按键。

她说："老头，让我来吧。"桑娅已经开始称呼我"老头"了，就像她说"老头，我们去吃点鸡块吧"那样。她在开玩笑，我不老。她的手指飞速点了几下键盘，然后，铛铛两声，我们的票就出来了，一眨眼我们就通过了转门。

我们到达了目的地：索邦大学。存在主义比多数哲学思想都更加模糊。我需要一些能抓住的实体，所以以地点为生的我瞄准了波伏娃曾经学习过的精英大学。

桑娅看了一眼，然后说她并不觉得“这个巨大的米黄色建筑”有什么特别之处。更糟糕的是，我们发现这里不允许临时访客进入。我们在蒙蒙细雨中站了几分钟，像等待糖果店开门的孩子一样凝视着里面。至少我是在凝视，桑娅只是在翻白眼。我把手伸进书包里，取出一张纸，一份探索波伏娃巴黎足迹的指南，很薄的一张纸。波伏娃受到的关注远少于萨特这位法国的哲学英雄。但是，塞纳河上有一座以波伏娃的名字命名的人行天桥。在我的印象中，桥可以让人的身体焕然一新，可以激发人的智慧。而且，很多出色的隐喻与桥相关。

“我们要去波伏娃桥了！”我大喊着，像宣布法国解放的戴高乐（de Gaulle）一样。桑娅什么都没说，翻了翻眼珠，眼神微妙而犀利。

我们沿着塞纳河聊天，同时裹得严严的，抵抗空气中与春天不相符的寒冷。

桑娅说：“爸爸，我有一个问题。”

一个问题！所有哲学的种子，惊讶的萌芽。也许她在想世界是否是一个幻觉，或者我们如何在不真实的年代过真实的生活，又或者是康德的“绝对命令”——无论处于何种环境或者出于何种动机，正直之人的行为总是会符合伦理要求的理念——引起了她的兴趣。无论关于什么事，我都很高兴，并且泰然自若地准备好传授来自父母的智慧。

“好的，桑娅，你有什么问题？”

“你的发际线什么时候开始后移的？”

“呃，我觉得大概24岁的时候。”

“你为什么不直接全部剃掉呢？”

“我想我还希望重新长出头发来。”

“不会发生这种事的，你知道的。”

“是的，我知道。”

好吧，这并不是一个严格意义上的柏拉图式对话，但我想这是个开始。

走着走着，我开启了新的对话，从父亲的角度来解释存在主义。我解释道，如同这个名字显示的那样，这是一种关注存在的哲学思想，因此它代表着回到原初的、治愈性的哲学任务。这不是关于是什么的哲学，而是关于如何做的哲学。我们如何才能过一种更加真实，更有意义的生活呢？

存在主义者说，好消息是问题的答案完全取决于我们自己，而不是上帝或人性。没有所谓的人性，只有各种可能出现的性质。或者，如波伏娃所说：“人类的性质就是没有本性。”

这给予人们难以置信的力量——但也非常可怕。用萨特的名言来说，就是“我们注定是自由的”。我们渴望自由，但也害怕自由，因为如果我们真的自由了，那我们的不幸只能怪我们自己，与他人无关。

对存在主义者来说，我们自己周期性做的事情，构成了我们自身。我们不多不少地就是被完全实现的那些项目塑造的。没有抽象的爱这种东西，只有爱的行动；没有天才，只有天才的行动。我们用自己的行为画着自己的画像，每个行为都添上一笔。萨特说，我们就是那幅画像，“仅仅是那幅画像”。不要试图寻找自己了，开始画出自己吧！

我们可以成为任何自己想成为的样子，我继续从父亲的角度解释着。用萨特最著名的例子来说，只因为你在咖啡厅做服务员，并不意味着你必须一直做服务员。你有其他选择，正是通过这些选择，你清醒地做出的选择，热切地追求的选择，我们才得以创造出自己的本质。

解释完之后，我看向桑娅。她一直在安静地听着。我认为这是个好兆头——父亲的解释有效果了！——但是我从她的眼中看出来，她并不相信这些话。

“所以，通过选择，我可以成为任意的样子？”

“是的。”

“如果我想变成一只鸡呢？不可能因为我选择当一只鸡，我就真的变成一只鸡。我可以整天坐在鸡蛋上，可以像鸡一样咯咯叫，但我不可能真的是一只鸡。你看到我长出羽毛了吗？”

“噢，没看到。但这是因为你的真实性中没有鸡。”

“真实性？”

真实性是另一个存在主义术语，指的是生命中不由我们来决定的那些要素。在这个时间出生在这个国家，成为这对父母的孩子，这些都不是你能选择的。你无法控制自己的真实性。我解释说，好消息是你可以超越它，超越你的真实性，也超越你自己。

“真实性？真的吗，人？人们高估这个波伏娃了。那莎士比亚呢？”

“他怎么了？”

“他发明了一堆废话，比如‘眼球’和‘好极了’。如果没有莎士比亚，你不可能说‘老兄，眼球好极了’，想想这些。”

“你说的有道理。”

“看吧，我可以成为下一个波伏娃。”

“你确实可以。但你还需要一些哲学术语。所有真正的哲学家都有这些术语。‘极好性’怎么样?”

“那是什么意思?”

“呃，这是一种极好的状态，就是每个人身上都有一点极好的东西。”

“会有人比其他人拥有更多极好的东西吗?”

“不会的，虽然相对而言，多数人都更适应于自己极好的东西。当你挖掘出自己极好的东西时，就被称为极好性。”

桑娅什么都没说，也没有翻白眼。高度赞扬。

走在路上，看着透过云层照射过来的阳光，我逐渐明白，我们刚刚只是在研究哲学。不是读哲学或者学习哲学，而是实践哲学。我们大声争论着共同人性中的一个重要方面——体验敬畏——而且发明了一个用来解释这种经验的术语。我知道极好性不能和柏拉图的理念论或者康德的绝对命令相提并论，但这是一个开始，谁知道它会走向何处呢?

最后，我们来到了波伏娃桥。我认为，这是一座极具哲学性的桥。你从三个坡道中的一个走上这座桥，穿过塞纳河之后，从另外三个坡道的其中一个走下这座桥。你不需要从同一层进入或者走下这座桥，可以随时调整路线。

我要告诉你，生活就像一座桥，是由一系列无尽的选择组成的。我们选择一个方向，但总是可以自由地改变方向。我们从未停止过选择自己的坡道，塑造自己的本质。假装我们没这样做就是放弃自己的主观能动性。这座桥就是用钢铁呈现出来的存在主义。

“爸爸?”

“嗯？”

“你知道歇斯底里式怀孕是什么意思吗？”

“噢，不知道。”我回答，不知道她想说什么。

“就是你有怀孕时的所有身体反应，只是你并没真的怀孕。你只是说服自己你怀孕了。”

“桑娅，这很有意思。但是我不明白这和——”

“你有一个歇斯底里式思想。你认为这座外形酷炫的桥是某个伟大思想的隐喻，但我相当确定，它只是一个外形酷炫的桥。”

哲学家们总是容易做过头。他们冒着产生智力幻想的危险，迫切地想变得深刻一些；有时闪烁的亮光并不是绿洲，而是精神之眼在捉弄你，有时最好的解释就是最简单的解释。这也是为什么苏格拉底相信，在哲学实践中最好结伴而行，与好友交流。你需要其他人或者另外一个头脑的帮助，让自己不偏离正轨。桑娅就是我的苏格拉底。她质疑我的假设，她播种怀疑。

波伏娃非常喜欢咖啡，她家楼下就是一家咖啡馆。从她家阳台上可以俯瞰左岸的罗顿咖啡馆。有一天，父母不在家，波伏娃说服年幼的妹妹，她们认为应该溜下楼去尝尝法式牛奶咖啡。她妹妹海琳（Helene）回忆说：“非常大胆！无所畏惧！”

用她自己的话说，波伏娃是个“专横的小女孩”，也是一个有好奇心的女孩儿。她读了很多书——各种各样的书，但尤其喜欢航海故事，这激发了她一生对旅行的热爱。然后，一位老师建议她学哲学，她就这样走上了哲学之路。

年轻的时候，当她还不是一个存在主义者，存在主义这个术语还没有出现时，波伏娃就说过，“我的人生将是一个逐渐实现的美丽故事，一个我会一边生活、一边构造的故事”。这些话说的就是存在主义。没有脚本可以遵循，也没有舞台指导。我们是自己人生故事的编剧、导演和演员。

波伏娃21岁就通过了要求苛刻的哲学专业一级教师资格考试，口试的合作搭档是萨特，最终成绩萨特第一，波伏娃第二。波伏娃非常勤奋且严肃正经，一个同学称她为海狸。此后这个绰号一直跟着她，她将这个绰号视为一种荣誉。她的法国传记作家说，这个词“很有效，它似乎带有魔法，能散发出一种特殊的光彩、特殊的声调。这个词是波伏娃的生活密码”。

波伏娃总是在做一些事情，经常是几件事情同时进行。当她遭遇了一场严重的车祸时，她在医院恢复健康时都在工作。在萨特长期生病期间，她在写关于如何老去的书。她说：“工作就是我防卫自己变老的方式，几乎没有什么事情可以阻止我工作。”

像我说的那样，多数哲学家都忽视了变老这个主题，但是有一个人例外：西塞罗。他62岁的时候，忍着剧烈的疼痛写完了行文紧凑而乐观的散文，《谈老人》。

西塞罗说：“每个人都希望活到年老的时候，但是真的变老时，多数人都会抱怨。”为什么呢？变老并没有那么糟糕。上了年纪之后，我们的声音会更有节奏感，我们的对话也会更加愉快。他总结道：“生活中没有比专注于知识和学习的悠闲老年时光更令人满意的事情了。”

波伏娃会说，胡说！她没有耐心听西塞罗愉快地评价变老这件事。她决意要紧紧地盯着变老的发生，眼睛都不眨一下。其结果是：《年岁渐长》(*The Coming of Age*)，一本辛苦写就的585页的厚重著作。这是其中的一段话：

> 有限的未来与冰冻的过去：这就是老年人不得不面对的事。很多时候，他们会因此瘫痪。他们所有的计划都被完成或者被推迟了，他们已经关上了生活的大门；没有什么东西需要他们了；他们没有任何需要做的事情了。

还会更糟糕。她说，老年人是“行尸走肉……注定要变得贫穷，衰老，悲惨，以及绝望”。波伏娃还在这本黯淡的书中引入了人类学。她指出，南比克瓦拉人有一个表示“年轻美丽”的词，以及另一个表示“年老丑陋”的词。她还用历史来证明自己的观点。自从有了老年人之后，他们就一直被年轻人嘲笑。

一个思想实验：设想一个在荒岛上独自长大的女人。她会变老吗？她会有皱纹，也会有不可避免的健康问题。她会行动迟缓。但这就老了吗？波伏娃不认为她变老了。对她而言，变老是一种文化，是他人对社会现象做出的判决。如果没有陪审团，就没有判决。荒岛上的女孩会经历衰老，经历生理上的退化，但她不会变老。

波伏娃关于变老的严肃论证必然和她自身的环境有关。这本书是她60岁的时候写的，那时她那“令人尴尬的优秀”健康状态开始退化了。她比之前走得慢了，经常上气不接下气。当有人提到那是

“人生的黄金岁月”时，她嗤之以鼻。她决意要“毫不掩饰”地书写年老这件事。

我认为波伏娃陷入了一个认知陷阱，像休谟的断头台一样。这不是一个关于“是与应该”的问题，而是我称为“可能与一定”的问题。仅仅因为我可能会做不体面的事情，并不意味着我一定这样做。仅仅因为老年人可能会陷入绝望，并不意味着他们一定会陷入绝望。他们也有自己的选择，一些你原本认为像波伏娃一样的存在主义者会意识到的选择。

难怪当代哲学家玛莎·努斯鲍姆（Martha Nussbaum）这样的人会拒绝波伏娃冷酷的宿命论。“我完全认识不到自己的经历，和我同龄的朋友们也认识不到。”努斯鲍姆在她自己讨论变老问题的书里如此写道。

我认为，波伏娃过度补偿了西塞罗的阳光。她把罗马人的玫瑰色镜片换成了深色镜片。这在避免她受到紫外线伤害的同时也挡住了阳光。但是阳光一直在那里。变老不一定是波伏娃笔下凄凉、迟缓的死亡，也可以是一段充满快乐和创意的时期。那么谁是这一案例的最佳人选呢？西蒙娜·德·波伏娃。

一天晚上，吃完一顿麦乐鸡块之后，我开始和桑娅讨论这个问题。和一个13岁的孩子讨论变老，就如同和美人鱼讨论爬山一样。

她说，“这不是我的事情”，好像变老是一个选项，就像玩弹球盘或者参加芭蕾舞一样。如果被某些情绪触动，她可能会去做这些事，但现在没有什么情绪促使她这样做。

我提醒桑娅，她也在变老，就像我一样。

“是的，但你的变老是坏的，我的变老是好的。”

“好的变老？”

“是的，很快我就能上高中了，还能开车了。”

“所以，好的变老与坏的变老究竟有什么不同呢？”

“好的变老是离自由越来越近，坏的变老是离死亡越来越近。”

我要从另外的思路来问她。我和她解释，自己如何努力发现变老的好处。变老当然是有好处的，是吧？

“不，其实，变老没什么好处。”她说。

“那知识呢？老年人有很多知识。”

“不一定。其实，年轻人知道的更多，因为他们既有老年人的知识，也有新的知识。”

我再次改变策略。“那记忆呢？老年人比年轻人有更多的记忆，就像有更多电影可以选择观看一样。那当然很好。”

“老头，并不是所有事情都值得看。”

然后，意识到我的失望之后，她扔给我一块骨头。

“我能看出来，你有些挣扎。你在写如何优雅地变老，但是你不知道如何才能优雅地变老。你为什么不做个翻转，然后写一个不同的章节呢：如何不变老？不是身体方面，而是精神方面。”

她承认，优雅地变老并非易事。年轻人穿着带花纹的裤子或者听黑胶唱片时，叫作“复古”，但是如果一个老年人穿得像青少年一样，叫作“可悲”。

所以，我问桑娅，如果变老是令人烦恼的事情，而且社会也不允许我做年轻人的事情，至少在被残忍地嘲笑之前是不能做的，那我还能做什么呢?

“你可以接受。”

“接受?”

“是的，你应该写‘如何接受年老’，或者诸如此类的废话。”

桑娅可能发现了什么。

“所以一个人应该如何接受年老呢?你有什么建议吗?”

“你只需要顺其自然，不要打断脑电波。”

“脑电波?”

“比喻性的脑电波，老头，是比喻。如果大脑告诉你，‘嘿，老兄，我们老了。让我们放松一下吧’，你就应该放松一下。”

桑娅的建议非常具有斯多葛学派色彩。如果像斯多葛学派认为的那样，智慧的心灵能分辨我们能控制与不能控制的事情，改变能控制的事情，接受不能控制的事情，那么年老是斯多葛学派智慧的绝佳训练场地。逐渐变老时，我们的平衡要调整一下，自己的平衡体系从改变调整为接受和顺从不同。顺从是伪装成接受的反抗。假装接受一件事如同假装爱一个人一样。

波伏娃的作品中很少出现“接受”。她一直忙于选择以及计划她的工作项目，所以很少有时间静止不动。但是项目有各种不同的形式。学会接受——不是顺从，而是真正敞开心扉地接受——本身就是一个项目，也许是最重要的项目之一。

我在左岸的弗洛雷咖啡馆里。两个令人信服的原因把我带到这里。一、我已经吃够了麦当劳，再也受不了那里了。(我把桑娅留在

旅馆，让她玩她的设备和吃东西。）二、这里是波伏娃和萨特最喜欢的咖啡馆之一，他们一起在这里谈话、喝酒、思考。

他们也在这里写书——一开始是因为他们的战后公寓没有暖气，咖啡馆有，呃，后来是因为他们喜欢在咖啡馆里写作。存在主义是一种以生活经验为基础的哲学，没有什么地方比巴黎咖啡馆里更富有生活经验了。这里是研究人类弱点和可能性的最好的实验室。在波伏娃生活的时代是这样，今天也是这样。只需看一眼咖啡馆的食客，就能看到生活的样貌，沉迷于意式浓缩的年轻情侣；卷入智力斗争的老人们；独自喝着夏敦埃酒沉思的衣着优雅的女士。

波伏娃和萨特的哲学不可避免地渗透着咖啡馆的生活。萨特在一篇关于真实性的文章中说，想想侍者。

玻璃杯是玻璃杯，钢笔是钢笔，但侍者不是侍者。并不是他的本质让他成为侍者的。他并不是简单地在某一天醒来，然后说，“我是咖啡馆里的服务员”。他选择了这样的生活，并且自愿屈服于这种生活的习俗。他不是一定要每天早上5点起床。他可以继续躺在床上，即使这意味着被解雇。他把自己的生活视作选择之外的任何东西都是在欺骗自己——都是“不诚实”的行为。

萨特对服务员的观察更仔细。他是一个优秀的服务员，有点太优秀了，我女儿会说，有些“多余”了。萨特说：“他的动作很迅速，同时有些前倾，有点太精准，太迅速了。他的身体有点过于急切地前倾；他的声音和眼光过于热切地表现出渴望顾客点单的兴趣。”萨特总结说，他不是咖啡馆里的服务员，只是在扮演一个咖啡馆里的服务员。

我们很多人都像这个服务员一样在生活中梦游。我们混淆了自己的社会角色和自己的本质。萨特说，我们“被他人控制”，并且像他人一样看待自己。我们失去了自由，也缺乏真实性。

我认为，老年人对自身权利的放弃尤其真实。别人认为他们是无助的，无关紧要的人，所以他们自己也开始这样看待自己。他们开始扮演一个老人。他们会买早鸟特惠，乘坐加勒比游轮，开着左转指示灯行驶三英里，因为，那就是老年人应该做的事。萨特说，等一下。你真的喜欢早鸟特惠吗？这是你清醒地、有目的地做出的选择，还是不经意间做出的选择呢？

不一定要这样做。想一下退休的情形。结束了一生都在扮演的角色之后——银行家、记者、服务员——我们突然失去了这些身份。那我们是谁呢？也许像托尔斯泰小说中的伊万·伊里奇（Ivan Ilyich）一样，我们开始意识到，生活一直是个谎言——更糟糕的是，这是我们自己编织的谎言。面对有限的生活，我们更愿意抛弃自己的角色，就像演出结束之后就走出角色的演员一样。也许，我们会像伊万一样，体验一下姗姗来迟的解放时刻。

我决定重新阅读波伏娃的《年岁渐长》。也许它根本没有那么黯淡。这次我用字母“B”和“G”来标记书页，“B”代表失望，“G”代表希望之光。之后，当我检查标记时，我发现“B”的数量远远多于“G”。可以结案了，是吗？

不要这么着急。我是一个自由且真实的人，是诚实做事的人。我可以选择把精力集中在哪里。我不可能不做选择，所以我选择关注标有“G”的页面。

把这些页面集中在一起之后，它们组成了一本薄了很多，但是相当愉快的书。我也读过波伏娃的回忆录，所有四本都读了，还有她的传记。

我发现了故事中的故事，就像那些用隐形墨水写的信息一样，只有把它放在某种光照下才能看出来。在不同的光线下看波伏娃时，我看到一个非常出色的变老之人，褪去了对年老的恐惧，取而代之的是安静地接受，甚至享受变老的事实。

作为一名骄傲的法国知识分子，波伏娃肯定不会屈尊罗列一份“十种最佳变老方式”的清单。但我既不骄傲也不是法国人，所以不会因此感到不安。

1. 拥有自己的过去

你怎么处理自己的过去呢？这对任何年龄段的人来说都是一个棘手的问题，但对老年人而言尤其如此。他们比我们其他人拥有更多的过去。他们无论走到哪里，都会撞上自己的过去，会被它绊倒。他们的过去占据了宝贵的壁橱空间。他们可能想丢掉自己的过去，或者捐给慈善机构。那么做是不对的。过去有其自身的价值，主要体现在两个方面：一方面是治愈性的价值，另一方面是创造性的价值。

波伏娃说：“回忆中有一种魔力，一种每个年龄段的人都能感受到的魔力。”这种魔力扎根于过去，但是盛开在现在。当下的我们总是可以体验自己的过去，无论那个过去多么遥远。

过去会让当下充满活力。波伏娃无法想象如果没有丰富多彩的过去，现在的生活会是什么样子。“如果我们身后的世界光秃秃的，那么除了阴郁的沙漠，我们几乎看不到任何东西。”

回忆不是重播，而是可以选择的。我们不仅需要记住，还需要忘记。这可以避免我们成为博尔赫斯（Borges）故事中可怜的富内斯（Funes）；他从马上摔下来之后，记起了所有大大小小的事情，因此非常痛苦。

存在主义者提醒我们，我们可以自由选择想要触发的记忆。为什么不回忆那些美好的事情呢？为什么不更像古希腊人一些呢？他们有一类词汇用来表达回顾过去的快乐，但没有相应的表达消极情绪的词：愧疚和后悔。

还有另外一种回忆，更富有创造性的回忆，我称之为“伟大的总结”。即将登上生命之巅的老人可以看得更远。他们能看出过去中隐藏的轮廓，看出年轻时的自己没有发现的叙事弧，能看到自己完整的生活。他们也开始意识到那些吉利的巧合——“多个趋同线路的汇合点”，波伏娃说道。

当我开始追溯自己的叙事弧时，我有一些意外发现。在我最需要的时刻现身的新朋友，恰好在合适的时间出现的梦寐以求的工作，以及随后上述工作的解雇，那份工作毕竟没有那么梦幻。我记起了一位名叫希尔玛（Hilmar）的冰岛作曲家曾经告诉我的话：“我遇到了每个我需要遇到的人，而且都是在我需要遇见他们的时间遇到的。”这个观察很明智，只有活了一段时间的人才会说出这样的话。

我们不仅可以在“伟大的总结”中追溯自己的叙事弧，还可以构建它，每次构建一段记忆。波伏娃用工匠般细致的语言描述了这一过程，充满触感。“目前我关心的是恢复自己的生活——复兴被遗忘的记忆，重新阅读，重新看，四舍五入地处理不完整的知识碎片，填补空隙，阐明晦涩之处，聚集起散落在各处的元素。”

但是回忆过多也不好。这样会面临被过去的自己束缚住的风险：

认为自己永远是英勇的士兵或者美丽的少女。这种过去都被冻结了，都失去了生命。

回忆的另一个风险——波伏娃被困了一段时间的风险——就是“如果陷阱”。回顾过去，她反复想自己没选的东西或者没走过的路。如果她出生在不同的区域，或者不同的家庭会怎么样呢？她可能会生病，然后永远无法完成学业。她可能永远不会遇见萨特。她最终意识到，这些想法不会产生任何结果。所以她不再想这些了。“我很满意自己的命运，我不想让它发生任何方式的改变。”她如是说道，用响亮的“再来一次”回答了尼采的恶魔提出的问题。

2. 交朋友

最近的研究证实了伊壁鸠鲁在2000年之前就得出的结论：友情是最伟大的幸福来源。在幸福的等式中，人际关系的质量是最重要的变量。波伏娃直觉地知道这些。“我和他人的关系——我的爱情，我的友谊——是我生命中最重要的东西。”她在自己的回忆录《归根到底》中写道。

年轻时，朋友很重要；年老时，朋友更重要。除了普通的好处——共同的兴趣，可以哭泣的肩膀——朋友还可以把现在的你和过去的你联系起来。这就是为什么上了年纪之后失去朋友时会格外痛苦。你不仅失去了一个朋友，也失去了自己的一段过去，一部分过去的自己。

波伏娃和萨特的爱情延续了半个世纪，这也是她最重要的情感。但是另一段友情虽然出现时间晚了很多，但其重要性仅仅稍逊于前者。

波伏娃虽然小心翼翼地守护着自己的时间，但是却很容易就答应学生的请求。所以当她收到来自布列塔尼，名为西尔维·勒邦（Sylvie Le Bon）的17岁哲学学生的来信时，波伏娃欣然同意和她见面。

她们马上建立联系，很快就形影不离了。她们几乎每天都会见面。她们读同样的书，看同样的演出，周末时在法国乡下开很久的车。她们订阅了歌剧的季票，在欧洲以及其他地方一起度假。

和这个比她小40岁的女孩的友谊让波伏娃获得了新生。"我们之间的交流让我忘记了自己的年龄，她把我带入她的未来。有时，现在也可以修复它已经失去的某个维度。"（对于两人是恋人的说法，波伏娃非常恼怒。她说，"我们是非常非常非常好的朋友"。）

当波伏娃偶然看到一篇消极的评论时，西尔维让她振作起来，帮她在青年女权主义的世界中航行。萨特去世后，也是西尔维把波伏娃从悲伤中拯救出来。

她和西尔维乘船游览了挪威峡湾。她重新开始写作。西尔维说："她好像把一切都抛诸脑后了。谈起我们的关系，她说这段关系让她尝到了生活的滋味，给了她生活的理由。她说，'我不是为你而活，但多亏了你我才能活下来，我是通过你而活'。我们之间就是这样的关系。"

3. 不要在意别人的想法

当我们老去时，会发生一些奇特和美好的事情。我们不再关心别人如何看待我们。更确切地说，我们意识到他们在一开始的时候就没考虑我们。

波伏娃就是这样的，她越来越肯定自己，越来越接受自己的风格，也越来越谦虚。她经历了自己的"哥白尼时刻"，摆脱了"自己站在世界中心的幼稚幻想"。

这让我如释重负。我们都是植物，每个人都只是一株植物，而不是太阳。我们吸收阳光，反射阳光，但不会创造阳光。

这种对他人关注度的下降有助于解释为什么老年人会获得智力的解放。波伏娃说："有一种奇怪的悖论，就是人们经常在上了年纪、变成老人之后，开始怀疑自己亲自做到完美的所有工作成果。"伦勃朗、米开朗基罗、威尔第、莫奈和其他一些人都是如此。他们不再追求赞美，而是自由地质疑自己的工作。因此，波伏娃认为他们"超越了自己"。

4. 保持好奇

这些老年人的问题不在于他们表现得太年轻，而在于他们表现得不够年轻。当他们应该效仿7岁的孩子时，他们的行为只像27岁一样。老年是重新开始好奇，或者更确切地说，重新开始惊讶的时候。毕竟，除了更富学识的7岁孩童，还有谁是哲学家呢？

梭罗说，"没有热情的人才是老人"。波伏娃从未缺少热情，从未停止惊讶。她会像专业的批评家一样谈论电影和戏剧。她会定期阅读报纸，带着真挚的热情和权威人士讨论世界性事件。她对美洲产生了新的兴趣。她鄙视罗纳德·里根（Ronald Reagan）。（健康和有力的憎恨最能阻止衰老了。）她和学者们、记者们碰面，给予各种支持，还会经常穿着自己标志性的浴袍和朋友见面。

她追求自己十年前放弃的兴趣。52岁时，她声称没兴趣去看一个"没有奇迹"的世界。但十年之后，她又踏上旅程，并且自信地说“旅行是少有的几件能给生活带来新奇感的事情之一”。她订阅了剧作家欧仁·尤内斯库（Eugène Ionesco）的剧本：在新的国家待两天相当于在熟悉的环境里待30天。旅行让波伏娃保持开放的态度，接受世界的美。旅途中的她心情平静。她说，“我居住在拥抱永恒的瞬间里，忘记了自己的存在”。

5. 追求完满充盈的生命形式

波伏娃相信，老年时期应该唤起人们的热情，而不是让人变得被动。这种热情必须指向外部。不要消遣时光，要有激情。激情给人以意义。如她所说：“只有一种方法可以让老年时期不至于变成对过往生活的滑稽摹仿，那就是继续追求赋予我们的存在以意义的目标——专注于个体或者团体，专注于事业、社会、政治、智力或者创新性工作。”

在政治方面，70岁的波伏娃比在20岁时更活跃了。数十年的迟疑之后，她的名字出现在许多事件中。她对战争进行抗议。她代表被监禁的叛乱者，被审查的艺术家，以及被驱逐的租户进行干预。

她遵循了老年行动主义的悠久传统。在写作上如此传统的伏尔泰，只有晚年时才把这种大胆付诸行动。英国哲学家伯特兰·罗素（Bertrand Russell），89岁时因为参加一次核裁军的游行，在监狱里被关了七天。（地方法官说如果他承诺之后好好表现自己，就豁免他的罪行，但是罗素回答说，“不，我不会那样做的”。）1968年时，美国著名儿科医生本杰明·斯波克（Benjamin Spock），因为反对越南战争而被判有罪。他那时已经80岁了。“在我这个年纪，为什么要害怕公开抗议呢？”这就是年老的优势之一：你能给予的东西远多于能够失去的东西。波伏娃说："老年人脆弱的身体里那种耀眼的、无畏的热情是一幅无比动人的场景。"

6. 拥有自己的习惯

我们认为老年人是习惯的奴隶，并因此怜悯他们。但我们真的应该这样做吗？波伏娃不这样认为。习惯不一定是坏的，它也有其自身的美。

我们需要习惯。没有习惯，我们的生活很有可能破碎成无数毫无意义的碎片。习惯把我们和世界联系在一起，和我们自己的世界联系在一起。习惯是有用的，前提是我们回忆起为什么形成这些习惯以及不断考察它们的价值。我们必须拥有习惯，而不是反过来被习惯左右。

波伏娃讲了一个每天下午玩纸牌的人作为例子。他自由地选择每天的这个时间到这间咖啡厅玩纸牌。这个习惯是有意义的。但是如果有一天他生气了，比如"他"的桌子有一天被别人占据了，那时这个习惯就退化成一个"毫无生气"的要求，只会限制他的自由而非扩展他的自由。

习惯不是冲动。把习惯看成一个容器——或者，如果你愿意，也可以看作一个包，一个用来装生活中各种碎片的包。这个包很有用。但是当我们混淆了包和包里的东西时，麻烦就来了。同样，我们也不能混淆习惯和习惯的意义。

60岁时，波伏娃欣然拥抱了习惯之诗。她做着一直以来都在做的事情：写作，阅读，听音乐。但是她不会读相同的书，听相同的音乐。"在这些旋律中，在我度过每一天的方式中，在我见的人中，每一天都是不一样的。在我看来，我的生活一点儿衰落的气息都没有。”波伏娃拥有她的习惯。

7. 什么都不做

有活动的时候，也有闲散的时候。凯洛斯，作为一种文化，我们重视前者，而不重视后者。波伏娃和萨特相当多产，但他们偶尔也有停止工作，让自己闲下来的时候。他们在罗马度过的夏天是一段极其无所事事的时光。波伏娃把自己的项目和无尽的努力放到一边，然后沉浸在罗马中。休憩的海狸。

虽然波伏娃不怎么用“接受”这个词，但她确实有类似的成就。她在75岁生日前夕说道：“变老毕竟还是有一些收获的。”和尼采一样，她没有什么遗憾。“在力所能及的范围内，我已经尽可能长久地享受过所有能够享受的事情。”

8. 拥抱荒诞

小时候，家里的冰箱上贴着一幅卡通画。我记不得母亲什么时候贴上去的了。在我的意识里，那幅画一直在那儿。画上描绘了一个住在房子里的疯癫的科学家，同时房子里还有各种奇形怪状、颜色各异的怪物。科学家沮丧地坐在他那巨大的激光机旁边，和他的助手说：“用了27年来制作怪物，我得到了什么呢？一屋子怪物。”

阿尔贝·加缪看到这幅画会咯咯地笑的。这个法国—阿尔及利亚作家是一种名为荒诞主义哲学思想的主要支持者。世界是非理性的，没有任何意义。我们所有的成就都会在时间毫不留情的脚步下崩溃。但我们还是坚持自己的做法，这就是荒诞，这就是生活。一部精心制作的舞台剧在空荡荡的剧院里热情洋溢地反复上演。荒诞主义者会说，波伏娃错了。老年不是滑稽地效仿生活，生活本身就是滑稽的，老年只是其中的一段妙语。

如何回应这种荒诞呢？我们可以暂时忽略它。智能手环和养老储蓄计划让我们产生一种幻觉，让我们认为自己在不断进步，认为人生充满意义。我们监视着燃烧掉的卡路里、获得的金钱收益，从而认为自己获得了某些东西。我的生活是有意义的，我能看到它明亮地在这个小小的屏幕上闪烁。但是戴着智能手环的西西弗斯和没有智能手环的西西弗斯一样荒诞。其实他变得更荒诞了，因为他被进步的幻觉所诱惑，而没有智能手环时，他是不会这样的。量化荒诞只会变得更加荒诞。

有趣的是，这和变老有什么关系呢？我们25岁的生活难道不是和75岁的生活一样荒诞吗？是的，但是在75岁的时候，我们更容易意识到生活的荒诞。我们已经积累了足够多的荣誉，储存了足够多的钱财，所以才知道这些东西多么没有意义。25岁的西西弗斯仍然抱有希望，希望那块石头这次可能不会滚下山顶。但是75岁的西西弗斯不会有这种幻想了。

西西弗斯的任务，也是我们的任务，就是接受“一种确定的破碎式命运，这种接受不带有附带在命运上的顺从感”，加缪如是说道。我们必须想象西西弗斯是幸福的。但是如何才能做到呢？一个清醒的、智力正常的人如何在这种单调且没有意义的任务中获得幸福呢？

要让自己投入到这项任务中，不是要强迫自己忍受这种没有价值的任务，而恰恰要因为它没有价值而投入进去。加缪说：“他的命运取决于他自己，那块石头就是他的事情……石头中的每个原子，夜色中山上的每片矿物，都有一个内在的世界。奋力向高处攀登的行为本身就可以填满一个人的内心。”

波伏娃并没有完全同意加缪的荒诞主义，但她确实拥抱一种她口中的“热情的英雄主义”，即因工作本身的魔力而欣喜。站在一屋子怪物中的波伏娃直到生命的最后一刻都在不断制造更多的怪物。

9. 建设性脱离

逐渐变老时，我们更加执着于生活。我们必须学会如何放手。我们需要练习我说的“建设性脱离”。这不是说要人们冷漠地转身离开这个世界，而是温柔地后退。你仍然是火车上的一名乘客，仍然关心同乘的伙伴们，但是不再因为每次颠簸和摇晃而感到不安，不再那么关注目的地的到达。

伯特兰·罗素一直活到了97岁。他建议人们扩大自己的兴趣，让这些兴趣“更加广泛，更加非个人化，直到自我的藩篱一点点褪去，然后你的生活就会越来越融合到世界中去”。

假设个人的生活是一条河流。刚开始，它在狭窄的两岸中奔流，冲过巨石，穿过桥底，越过瀑布。“渐渐地，河流变得越来越宽，两岸逐渐后退，水流越来越安静，最后，毫无间隔地融入了大海，毫不痛苦地丢掉了个体的存在。”

我认为，这就是老年最后的任务：不是缩小我们的水域，而是拓宽；不是愤怒于光泽的消退，而是相信它们会继续在他人身上存在。凯洛斯的智慧。每件事物都有它的时间，甚至生命也不例外。

10. 传递火炬

法国批评家保罗·瓦莱里（Paul Valéry）评价诗歌的话同样适用于我们的生活。它们从来都不是已完成的，而是被抛弃的。没有完成的事情并不意味着失败。相反，一个人如果离开这个世界时没有留下任何未完成的事情，那么他就没有充实地生活。

我们的未来萎缩时，其他的未来正在生长。我们未完成的事情也将由他人来完成。这种想法，也许比任何其他想法都能减轻年老的痛苦。如波伏娃所言："我喜欢年轻人。如果我在他们的计划中看到自己的计划，那我会觉得即使我进入坟墓之后，我的生命仍然会延续下去。"

当然，没有什么东西能保障下一代把我们的项目做好。年轻一代可能把我们的项目弄得一团糟，就像我们把上一代的项目搞得一团糟一样。我们没有权利提出要求。我们就像客栈里的旅客，只是经过这里，看到"禁止吸烟"的标志之后，原封不动地离开这个房间，有时可能在意见箱里留下一两句话。

我还没有做好传递火炬的准备，至少现在还没有。我还没老。但是如果——不，当——我遇到老年时，我会给自己的女儿留下什么话呢?

现在和她一起坐在另一列火车上旅行。我看了一眼女儿，发现她很快就要成为一名成年女性了。她牢牢地戴着耳塞，手指飞快地滑动着手机，并没有意识到我拿出了自己老头式的笔记本和笔，写下了这些话：

亲爱的桑娅：

质疑一切，尤其是你自己的问题。带着惊讶注视这个世界，带着崇敬和它对话，带着爱倾听它。永远不要停止学习。做所有事情，但也要留出休闲时间。从任何你想要的层次上过桥。不要咒骂你的柯林斯石，拥有它，热爱它。对了，还要减少去麦当劳的次数。

或者不这样做也可以，这都取决于你自己。

14
如何像蒙田一样面对死亡

11：27，法国高速铁路8433号列车上，从巴黎驶往波尔多。

车窗外，灰色的天空像毛毯一样包裹着法国的乡村。车内充满不确定性。我们上车时没有预定座位。所以每到一站，更多的旅客上来时，我们就要更换座位。这就成了一段不稳定的旅程。我刚刚熟悉了自己的座位，马上就又被驱逐到其他座位上去了。

这就是没有预定座位的火车旅行，哲学旅行也是这样的。当我们刚刚熟悉某一个确切的位置——比如说所有知识都来自感觉——其他一些事情就颠倒了我们的确定性，我们只好重新开始。不断逃离舒适和确定性会让人非常疲惫，但这也是必不可少的经历。

我看了一眼桑娅，她正陷在自己的数字世界里，丝毫没有因为换位置而苦恼。我在想，为什么自己不能更像桑娅呢？

我满脑子正想着这件事，适应着这件事，然后我的思考就被另外一波乘客打断了。我收起自己老头式的笔记本和笔，从容地走到过道，寻找新的居所。

想象一个巨大的游泳池：大到足够容纳70亿人的游泳池。没有人见过这个泳池，但也没有人会否定它的存在。每个人都会在某个时刻被扔进这个泳池中。多数人老了的时候才会被扔进去，但也有一些人中年时就被扔进去了，还有少数人很年轻的时候就被扔进去了。只是时间不确定而已。没有人可以避免被扔进去，还没出现过这样的人。

鉴于所有这些事实，你可能会认为公众对这个游泳池很感兴趣，会有很多相关的问题。这个泳池有多深？池水温热还是寒冷？我如何才能做好被扔进去的准备？我应该因为被扔进去而感到害怕吗？

但是人们很少讨论这个泳池，即使讨论的话，也不会直接说。有些人不会直接说“游泳池”这个词，他们会说“贮水池”，或者更隐晦地说，那个“你知道是什么的大东西”。老师们不会和学生讨论这个泳池，父母（极少例外）也不会和他们的孩子讨论这个泳池。在晚宴或其他社交场合提及这个游泳池会被认为不礼貌。人们甚至坚定地避免思考这个泳池。他们的结论是，最好还是把这个问题留给泳池专业人士吧。

但是，虽然人们试图把这个问题放到一边，但这个巨大的泳池总在那里，像一个看不见的水怪一样在他们的脑海里隐现。当他们品尝拿铁，提交费用报告，哄孩子们上床睡觉时，他们的意识中总会冒出一个微弱但不可否认的问题：今天是我被扔进泳池的那天吗？

我在旅途中遇到的所有哲学家都和我说过这个泳池。有些人说

得更大声一些，但是没有一个人像米歇尔·德·蒙田（Michel de Montaigne）说得那样大声和清晰。我最想和这位16世纪的法国人一起喝杯啤酒了。我在蒙田身上看到了自己，也在自己身上看到了蒙田。主要不是他的思想，而是他获得这些思想的方式——曲折地，尝试性地——吸引了我。他是我在哲学方面的灵魂伴侣。

蒙田的身体和心灵都很难平静下来。他喜欢旅行，但更喜欢回家。他也是强迫性的划线者和注释者。他的笔记也很残暴，经常挣扎着整理已经写好的东西。他不善于理财，在商业领域表现平平。（“我宁愿做任何其他事情都不想看一份合同。”）他不会做饭。（“即使你把厨房里所有的工具都给我，我也会饿死。”）他会参与到世界之中，但却周期性地有一种强烈的、几乎无法抗拒逃离世界的欲望。他也喜怒无常。他不喜欢写关于自己的东西，但还是写了。他有且只有两种速度：快和慢。他也害怕死亡。但是，蒙田能够直面自己的恐惧。

死亡让所有人都变成哲学家。即使最不爱思考的人也会在某个时刻想一下：我们死了之后会发生什么呢？死亡真的是一件需要害怕的事情吗？我怎么才能应对死亡呢？死亡是真正测试哲学的东西。如果哲学不能帮助我们处理生活中最重要也最可怕的事情，那它还有什么用呢？如蒙田所言：“世界上所有的智慧和推论最终都落在这一点上：教我们不要惧怕死亡。”

然而，大多数哲学家对待死亡的方式和我们其他人一样：忽视或者惧怕。无论何时想到死亡，马可·奥勒留都会陷入深深的恐惧之中。叔本华担心他走了之后，历史学家们会破坏他的思想。

伊壁鸠鲁总结道，最好不要想到死亡。“对我们来说，死亡什么都不是。”你不会每天早上醒来都担心自己出生之前的事情，所以为什么要担心死亡呢？那时你就消失了，而且你还会再次消失的。“我们存在的时候，死亡是不在场的；当死亡在场了，我们就不存在了。”

我不相信这些话。我出生之前什么都不是，这和我死去之后什么都不会是我的情况不一样。一种是永远都一无所有的空白，另一种则是曾经有过某些事物的空白，这让一切都变得不一样了。第二种空白的定义接近于过去所是的东西，以及它仍然是的东西。

蒙田读过伊壁鸠鲁以及其他哲学家对死亡的讨论，但是都觉得不满意。他们的讨论都不够深入，“几乎只是擦了一下外壳而已”，蒙田如此说道。他决心要更深入地探讨这个问题——他也确实做到了。没有哪个哲学家比蒙田更加诚实、更加勇敢地描写死亡。

他说：“我惊恐的不是死亡，而是死去的瞬间。”这个问题一直在他的脑海中盘旋，当他生病时这样，当他很健康的时候也这样，即使“当他处于生命中最放荡的时节……置身于女人和游戏中”时也摆脱不了这个问题。

在那个时候，16世纪，空气中弥漫着死亡的气息。“死亡紧紧扼住我们的喉咙。”蒙田说道。天主教徒和新教徒以惊人的速度互相残杀，而战争只是死亡的方式之一。瘟疫几乎让半数波尔多居民失去生命。蒙田的六个孩子中，最后只有一个活了下来。他的弟弟阿诺（Arnaud）去世的时候才23岁，死于罕见的网球事故。被一个网球杀死了！死亡是荒谬的。如果这不是最后的终点的话，我们可能会一笑而过。

最令蒙田痛苦的是他的好朋友博埃蒂（La Boétie）的去世。当这位朋友在32岁死于黑死病时，蒙田感觉“我好像被砍掉了一半”。

今天，死亡投下的阴影不像蒙田的时代一样那么长，但这只是一点小小的慰藉。短一点的阴影也同样阴暗。那么，就像现在一样，一个人死亡的概率正好是百分之百，误差范围为零。每个人都会被扔进泳池里。

悲伤令人崩溃，令人麻痹，但是悲伤也可以激励一个人。正是悲伤促使伤心欲绝的莫卧儿皇帝沙·贾汗（Shah Jahan）建造了泰姬陵来纪念他深爱的妻子。是悲伤——失去妻子，女儿，以及双眼的悲伤——激励弥尔顿（Milton）写出了《失乐园》。也是悲伤促使蒙田爬上三层蜿蜒的楼梯，到带着红色屋顶的塔顶，栖居在山顶上，暴露在狂风中，在那里写他的散文。巨大的苦难可以产生伟大的美。

桑娅和我爬上了一个环形楼梯，蒙田在大约450年前爬过的同一个楼梯。他就在这里品味自己的孤独。我怀疑蒙田是一个性格内向的人，但是当情况需要时，也能够得体地摹仿外向者。我也有此倾向，我们这些开朗的内向者可以欺骗整个世界，但是却会牺牲自我。所有这些弄虚作假的外向行为会抽干我们的精力，让我们精疲力竭。

这座塔大部分保持着蒙田时代的样子。可以俯视阿基坦乡村风景的三个狭窄的窗户依然在这里，这儿还有蒙田的书桌和马鞍。他喜欢这座塔里的每一件东西。他喜欢从塔里俯视家里的葡萄园，喜欢这里的安静。在这里时，无论他往哪儿看，都可以兴奋地看到书本，他喜欢这种感觉。

他珍贵的图书馆始于博埃蒂（La Boétie）的一份礼物。他坚持要蒙田收下这些书，当作“朋友的纪念品”。蒙田确实收下了，但他刚开始是不情愿的。他把这些书搬到这些弯曲的楼梯上，小心地把它们摆在书架上。他逐渐爱上了这个图书馆，随后这个图书馆也越来越大。当他去世的时候，蒙田已经收集了一千本书了。

他会在塔楼里单独和他的书以及思想待上好几个小时，好几天。对蒙田而言，距离很重要。单独待在塔楼里的时光让他可以远离外部世界，也在某种程度上远离他自己。他后退一步，这样就可以更清楚地看到自己，就像一个人在镜子前后退半步时会更全面地看到自己一样。我们离自己太近了，所以并不能看清自己的样子。蒙田写道："我们都缩成一团，把所有精力都放在自己身上，但我们的视野只有鼻子那么短。"所以，移动一下鼻子。把它放在这里，然后再放到那里。外部保持一定距离才有可能实现内部的亲近。

也是在这里，在这个他钟爱的塔楼里，蒙田结束了自己和世界的对话，开始和自己对话。他说："是时候离开伙伴们，像乌龟一样退到自己的壳里去了。"

我抬头看到了回望着我的智慧：椽木上大约刻了50句名言。在众多古代名言中，有一条蒙田自己的话："我知道什么？"这五个字很好地概括了他的哲学和生活方式。

蒙田是一个怀疑论者，用这个词的原始意义来说：他不是一个以攻击他人的思想为乐的否定者，而是追寻真理的怀疑者。正是因为蒙田的怀疑，他才能获得确切的认识。他通过怀疑来搭建自己的确切之塔。

他认为，人类永远不会知道确定无疑的真理。我们能做到的最好的程度就是捕捉那些暂时的、偶然的真理，捕捉那些碎片的真理。这些真理碎片不是固定不动的，而是变动不居的。蒙田称之为"拍动翅膀”。你可以通过拍动翅膀飞到很远的地方去，蒙田就是这样做的。

如梭罗一样，蒙田也有一些笨拙的视角。他会拾起一个想法，然后从多个视角来考察它。他会这样对待所有的事物，甚至这样对待自己的猫。他想知道是他和猫玩还是猫和他玩呢？这是纯粹的蒙田式想法。拿一个每个人都知道的事物——每个人都认为自己知道——然后测试它，和它做游戏。蒙田说，你以为你知道死亡是怎么回事，但你真的知道吗？和它玩一下游戏就知道了。

苏格拉底就这样做了。他的死亡判决下达后，他大声表示怀疑，也许死亡并没有那么糟糕。或许死亡是一段愉悦的“无梦睡眠”，或者死后真的有另一种生活。那难道不很美好吗？这位雅典的牛虻如是说道，同时想象着自己能够永远愉快地做哲学，永远用他那些烦人的问题困扰大家。

如苏格拉底一样，用蒙田自己的话说，他是一个“偶然的哲学家”，也是一个个性化的哲学家。他自娱自乐，惹自己生气，让自己惊讶。我敬佩蒙田的地方是，他不仅没有将自己的想法视作愚蠢的幻想而不予理会，而且还测试这些想法。他认真地对待自己，而非自己的哲学思想。希腊人恳求人们“认识你自己”，但是并没有告诉我们应该怎么做。蒙田告诉我们了。你这样来认识自己：抓住机会，犯错，然后像西西弗斯一样重新开始。

蒙田需要寻找一种文字形式来记录自己偶然性的哲学思想。没有现存可用的形式，所以他自己发明了一种：散文。散文（essay）来源于法语的“assay”，是“尝试”的意思。一篇散文就是一次尝试。他的散文是一个巨大的尝试。尝试什么呢？尝试认识他自己。如果不能好好生活，他就不能好好地死去，但是如果不能认识自己，他就不能好好生活。

书本上和在生活中的蒙田都不是线性的。和清少纳言一样，他践行随笔的生活方式：随毛笔而动。他会描写食人者和贞洁，懒散和大醉，胃胀和拇指，还有腌肉；他也描写自己发痒的耳朵，疼痛的肾结石；他写睡眠、悲伤、气味、友谊、孩子、死亡。但是蒙田作品的真正主题就是蒙田自己。他说，“我把自己展现给自己”，并称之为“一个狂野而可怕的计划”。

人类很擅长令人不快的真相，而无真相比死亡更令人不快。我看着死亡，就像在镜子里看着自己日渐衰老的脸。如果有的话，是侧面的。我尝试在被死亡叮咬之前给自己做一下预防，但我的尝试徒劳无功，只有绝望。

蒙田认为，逃避死亡的代价更高。当我们回避死亡时，“所有其他乐趣都会被扼杀掉”。他说，如果我们不能完全面对死亡，面对我们的死亡，我们就不能完满地生活。“让我们揭开这层陌生感，认识它，习惯它。让死亡成为我们脑海中最经常出现的东西。让我们时时刻刻都在想象中勾勒死亡的方方面面。在摇摇晃晃的马背上勾勒，在瓷砖掉落时勾勒，在最轻微的烦恼中勾勒。让我们立即考虑一下这个问题：如果这就是死亡本身呢？”

蒙田提醒我们，死亡随时都有可能发生，因为据说希腊剧作家埃斯库罗斯（Aeschylus）就是被老鹰扔的一块龟甲砸死的。“我们必须时刻准备好离开这个世界。”

我穿梭于蒙田的塔楼和圣埃美隆之间。圣埃美隆是那种完美的

法国小镇之一，它让人们想到，要是所有人都能住在法国就好了。只有我和蒙田。桑娅已经退回“青少年世界”中了，很少出旅馆。每天早上，我都会拖着长达850页的《蒙田散文全集》，在当地的咖啡馆点一杯双份的浓缩咖啡。这是一个租金低廉的地方，到处都是一个个不停吸烟的人。他们早上就会在摇摇晃晃的桌子上喝啤酒。咖啡厅也稍微做一些廉价酒的生意，还卖彩票。我就是被这里的懒散邋遢吸引过来的。他们对我的要求很低，我可以更清晰地思考。

我了解到，蒙田是一个真正的哲学家。他会散步，会骑马，会吃东西。亨利·米勒（Henry Miller）评价哲学家赫尔曼·冯·凯瑟琳（Hermann von Keyserling）的话也适用于蒙田。“他是用整个身体进行攻击的思想家，在书的结尾出现时，他的每一个毛孔都在流血。”

蒙田告诉我，他的脚步又快又稳，他的身材又矮又结实。他的头发是栗色的，脸庞“饱满但不肥胖”。牙齿是他的骄傲，因为它们又直又白。他喜欢诗，讨厌夏天的炎热。他忍受不了自己的汗味儿。他从不在晚饭后理发。他喜欢晚一些起床。他排便时需要一些时间，而且不喜欢被打扰。他除了擅长的骑马，在运动方面很差劲。他不喜欢闲聊。他喜欢象棋和西洋棋，但两种都下得不太好。他梦到自己在做梦。他的记忆力很差。他吃东西时吃得很快，很贪婪，偶尔还会咬到自己的舌头或者手指。他像古希腊人一样用水来稀释酒。

蒙田的哲学思想中缀满了各色补丁，堆满了借来的想法。他在上面盖上自己的印章，把它们变成自己的思想。蒙田在某种程度上信任自己的经验，而这种信任是我们——我——做不到的。

蒙田也是花了一些时间才做到的。他说，自己早期的散文“闻起来有点像别人的财产”，但是每写一页，他就变得更自信、更大胆。我发现自己非常支持他。即使当他发现我在他冗长的离题中打盹儿时，我都在支持他。（“是疏忽的读者弄丢了我的主题，而不是我自己。”）当他找到自己的声音时，我为他鼓掌。他说，虽然我们被训练着借贷和乞讨，但我们每个人都“比想象中的自己更丰富”。

蒙田不害怕自相矛盾。他会在大大小小的事物上转换自己的视角。比如说菜园子。刚开始他们不同意他的观点，然后同意，之后又不同意。

蒙田对死亡这个主题的看法最反复无常。在早期的散文中，蒙田相信学习和思考可以让一个人摆脱死亡的恐惧。一篇散文的主题就是《哲学思考就是学习如何死亡》。最后，他完全颠倒了这个观点。他总结道，哲学思考是学习如何活着。死亡是生命的结束，但不是生命的目的。

蒙田并不祈求死亡，他祈求活着。但是他知道，如果不接受死亡，他就不能完满地活着。我们可能会认为，活着和死亡是严格依照先后顺序的：我们先活着，然后再死去。但蒙田说，真相是“死亡自始至终都和我们的生活交融在一起”。我们不因为生病才死，而是因为活着。

蒙田以一种我认为不可能的方式来思考死亡。他不仅思考死亡，而且还和死亡游戏，甚至——我知道这听起来很奇怪——和死亡做朋友。“我希望死亡能够和我一起分享惬意和舒适的生活。这是生活中很伟大且重要的一部分。”

我难以理解这个观点。我不确定自己是否愿意让死亡成为生活的一部分，无论是伟大的部分还是其他什么样子。我想知道，我怎么才能接受死亡，同时和它保持一种安全的距离呢?

蒙田说，这行不通的。如果你不能和死亡做朋友，那你必须拔掉它的獠牙。你认为死亡是你的敌人，是外在的某些东西。这样想不对。“死亡是你自己创造的条件，是你自身的一部分。你正在逃离自己。”我们必须重新走向死亡，那不是一个“它”，你也不是它的受害者。

像甘地一样，蒙田也是一个实验者，他相信任何事情都要试一次才行。他说，“我们必须推一下门，才知道这扇门对我们来说是关着的”。没有哪扇门比死亡关得更紧了。然而，我们还是要推一下。他说，如果你没尝试过死亡，就不要嘲笑它。

米歇尔，你在说什么?我们可以排练很多事情——婚礼，受戒仪式，工作面试——但是肯定不能排练死亡。有些研究死亡和死亡瞬间的专家，但没有作为“死者”的专家。我们无法练习死亡。难道我们能做到吗?蒙田做到了。

那是1569年。蒙田正在离房子不远的地方骑马。他选了一匹温柔、顺从的马匹。这段路他已经走了很多次，所以他认为自己肯定是安全的。但是另一名骑手骑在一匹强壮的驮马上，试图以全速超过他。“他像个迅雷一样，带着所有的力量和重量撞向我和我的马，让我们都头朝下栽了过去。”蒙田回忆道。

从马上摔下来的蒙田躺在地上，受了重伤，血流不止，“像木头一样一动不动，也没有任何感觉”。路过的人觉得他已经死了。但他们之后发现蒙田轻微地动了一下。他们把蒙田扶了起来，然后他马上“吐出整整一桶血凝块”。

他回忆道，“似乎我的生命只悬挂在舌尖上”。奇怪的是，他没感到任何疼痛或害怕。他闭上眼睛，享受着放任自己的乐趣，好像慢慢进入梦乡一样。蒙田想，如果这就是死亡，那并没有那么糟糕，一点儿都不糟糕。

朋友们把他带回家。他能看到自己的房子，但是认不出来。人们给他提供了各种治疗方法，但都被他拒绝了，他确信自己受到了致命伤害。但他仍然感觉不到疼痛，也不害怕——只有“无尽的甜蜜”。他回忆说，那将是“一个愉快的死亡”。他任由自己的生命逐渐消退，不做任何挣扎。

然后他开始康复了，随之而来的是复苏的疼痛。“对我来说，似乎有一道闪电猛烈地刺穿我的灵魂，然后我又从另一个世界回来了。”

这次事故对蒙田产生了深远影响。他开始质疑自己的假设，即质疑无法练习死亡的说法。也许我们可以练习死亡，也许我们可以试一下。我们看不到死亡本身，但我们“至少可以瞥一眼，然后探索走向死亡的方式”。

死亡不像象棋或者酿酒一样，是一项我们可以掌握的技能。它不是一种技术，而是一个方向，一个与自然一致的方向。蒙田说：“自然界没有没用的事物，即使没用本身也不是没用的。”死亡不是生命的失败，而是生命的自然结果。

渐渐地，蒙田开始认为死亡是“美丽且不可避免的东西，而不是一场灾难”，如同秋天从树上掉下的叶子一样。叶子不必担心如何掉落，我们也不应该担心如何死去。“如果你不知道怎么死去，不用担心，自然将会在现场完全充分地告诉你应该怎么做。”

米歇尔，自然会这样吗？我希望是这样。她非常善变。这一刻她还盛开着樱花，下一刻就会释放五级的飓风。我不相信这种“自然之物就一定是美好的”理论。蟑螂是自然之物，地震是自然之物，鼻毛也是自然之物，但是它们都好吗?

好的死亡是什么样子的呢? 它经常（但不总是）出现在美好生活的尽头。气氛也很重要。越没有戏剧性越好。在蒙田的时代，将死之人经常处于这样的环境中，“一群面色苍白、满脸泪水的仆人，一个漆黑的房间，点着几支蜡烛；床边围着医生和牧师；简而言之，周围都是可怕和恐怖的事物”。

我距离死亡最近的经历是看着我岳父去世的时候。他通过两种方式去世：慢的方式和快的方式。一种叫作额颞叶痴呆的疾病解释了他的偏执和愤怒。他因为一次中风住进了医院，然后转移到疗养院，再之后，当肾脏衰竭之后，他又回到了医院。我们知道这是他生命的尽头了。医生也知道。但是没有人承认这件事。病房里有一个保持沉默的阴谋，我们都是未被起诉的同谋者。在这个时代，我们就是用这样的伪装来定义死亡的，假装不知道的伪装。

我看着岳父上下起伏的胸脯，因为注射了吗啡而呆滞的目光，与此同时像驾驶舱一样大的机器不断哔哔作响。我盯着一个屏幕，那里监测着他的氧合水平。45，然后是75，然后下降到40。我看着波动的数字，好像这样看着可以在某种程度上让他继续活下去。医疗技术通过分散我们的注意力让我们麻木，通过麻木让我们感到安慰。只要机器在响，屏幕在闪，一切就没有问题。

蒙田不会同意的。让他痛苦的不是姑息治疗方式，而是人们对死亡的否定。技术让我们远离了死亡的事实，这一事实和自然没什么两样。既然我们是自然的一部分，我们其实就是远离自我、逃离自我。每响一声，蒙田就看一下闪烁的监视器，发出响声的心电图，以及静脉滴注，然后清晰地看到房间里缺少的东西：接受。

不能用更长的生命来治疗死亡——就像不能用希望治疗绝望一样。两种情况都需要同一种药物：接受。如波伏娃一样，这也是蒙田最终到达的地方。不是带着厌恶的接受，而是全心全意、大大方方地接受。接受死亡，是的，但也要接受生活，接受他自己。蒙田接受自己的优点（“对自己的描述少于真相是愚蠢，不是诚实”），也接受自己的缺点，比如懒散。蒙田经常因为浪费时间而谴责自己。最终他认识到这么做多么愚蠢。“我们都是大傻瓜，我们说‘他虚度了一生’‘我今天什么也没做’，什么，难道你今天没有活着吗？”

不言而喻，人们会变成糟糕的病人。这个道理碰巧是真的。我生病时就会变成一个巨婴，蒙田也是这样。但是和我不同的是，他确实遭受病痛的折磨：他成年后的大部分时间都饱受肾结石的折磨。蒙田咒骂“这块石头”，它伤害了他的父亲，现在又来害他。

疾病是自然让我们为死亡做好准备的方式，让我们能够慢慢接触死亡。就像一颗牙毫无痛感地从口中滑落一样，我们也会毫无痛苦地离开自己。对我们来说，直接从健康走向死亡要承受的东西太多了，但是“从疼痛的生命走向没有生命时就没这么残忍了”，蒙田如是说道。

蒙田说的是一种非同寻常的“好的死亡”。我们认为一个好的死亡跟随在短暂的疾病之后，或者根本没有疾病。蒙田说，不是这样的。这个跳跃太大了。与其突然坠落，不如慢慢滑走。

蒙田的滑动理论是有意义的。慢慢滑落确实要比骤然下降好一些。但是试试和已经在下降的那些人说这个道理吧。过去的几年里，当帕金森病一点一点偷走岳母的生命时，我看着她慢慢滑落。首先，病症夺走了她沉稳的脚步，然后完全剥夺了她行走的能力。这还不够，病魔继续侵蚀她的意识，剥夺了她读书或者对话的能力。当她最后的时刻来临时，确实，这只是一个缓慢的滑落，但这只是因为到目前为止，她已经滑落了很久了。疾病可能是自然让我们为死亡做的准备，但是，我从公众演讲中了解到，这种准备也有可能过度。有时候，我们最好在不知道风险的情况下，气势汹汹地进入某种情境。所以，有时骤然降落可能比缓慢滑落更好。

和蒙田一样，我也开始逐渐远离自己。我的头发在几十年前就开始逐渐离开我了，同时还有我那洗衣板一样的腹肌，光洁无暇的皮肤。就我而言，这样的滑落就够了。我们现在可以停下来吗？不管自然怎么想，反正我不想死。我可以习惯永生的生活。或者说我真的能习惯吗？

波伏娃在她的小说《人都是要死的》中提到了这个问题。主人公是一位名叫雷蒙德·福斯卡（Raymond Fosca）的意大利贵族。多亏了他在14世纪时喝的一种药水，所以他获得了永生。刚开始时，他把永生视为一种难以置信的祝福，并且努力好好利用永生。他想提高人民的生活。但他后来逐渐认为永生是一种诅咒。他爱着的每个人都去世了。他厌倦了这样的生活。（甚至连做梦都很无聊。）他从此之后不再慷慨了。作为一个永生的人，他没有可以牺牲的东西。他的生活缺乏紧迫感，缺乏活力。我们可能会害怕死亡，但另一种选择，永生，要糟糕得多。

死亡意识促使我们更加完满地生活。古代的埃及人就知道这个道理。在宴会中间，他们会用手推车推上来一些骷髅，以此提醒诸位宾客。古希腊人和罗马人也知道这个道理。诗人贺拉斯（Horace）说："说服自己，每次新降临的这一天都将是你的最后一天，然后你就会满怀感激地度过每个小时。"

1592年9月13日，59岁的蒙田在自己的庄园里去世。享年59岁。死亡原因是扁桃体感染喉咙痛性脓肿。在最后的日子里，他不能说话。对一个把对话看作"生活中最甜蜜的行为"的人来说，这是一种特别残酷的痛苦。

在生命的最后几个小时，他召集了家里的仆人们，把自己的产业分给了他们。他的一个朋友说，蒙田"品尝死亡，并认为死亡是甜美的东西"。我们知道的并不多。那种甜蜜指的是他那次骑马事故之后说的"无限"的多样性呢——还是别的什么东西呢？蒙田最终会不会觉得自己被平白骗了几年呢？

让我们对死亡产生恐惧的不仅是害怕，还有贪婪。我们想多活几天，多活几年。当我们突破万难多活了一段时间之后，我们仍然想活得更久一点。蒙田想知道，为什么会这样呢？如果你活了一天，你就已经过完了自己所有的生活。"没有其他光照，也没有其他夜晚。这个太阳，这个月亮，这些繁星，以及它们被安排的方式，所有这些都和你的祖先们享受过的那些景象相同，而这些景象也同样会给你的子孙带去快乐。”当我的时间到来时，我希望自己可以牢牢记住蒙田的话。

不，蒙田责备道，不要记住我的话，要记住你自己的话。没有所谓的客观见解。借来的真理和借来的内衣一样，虽然合身，但很恶心。你要么从心底里懂了一些事情，要么一点儿都不懂。不要像参加标准化考试一样过自己的生活，而是像甘地一样，把生活看作一次巨大的实验。对这种个体化且活生生的哲学而言，其目的不是抽象的知识，而是个体的真理：不要仅仅为了知道而求知。两者差别很大。我知道爱是很重要的人类情感，非常有益于我们的健康。我知道我爱我的女儿。

蒙田的哲学思想可以归纳为：相信自己。相信自己的经验，也相信自己的怀疑。在它们的指引下度过这一生，迈进死亡的门槛。培养因他人和自己而惊讶的能力，逗弄自己，以开放的态度接受各种可能性中的可能性。而且，蒙田和他的同胞薇依手拉着手说，看在上帝的份上，要专心。

去了一趟蒙田的塔楼回到旅馆之后，我抓起一个笔记本和一支笔，尝试着描绘自己见过的东西。我脑子里一片空白，什么都没有。我无法专心。“该死！”我大声说道。

“给我一张纸。”一个声音回答道。

谁在说话？声音是从房间的另一头传过来的，听起来有些耳熟。

“桑娅？”

“爸爸，给我一张纸。”

她从冬眠中醒过来了。我递给她一张纸和一支铅笔。她开始写，开始画。五分钟之后，她把纸交给了我。

我被震惊了。她非常准确地描画了蒙田的塔楼，画得非常详细，还标着像“二号窗户”和“老马的三号马鞍”这样的符号。我本来以为蒙田的塔楼之旅会让她感到无聊，所以她不会好好看的。这不是第一次，也不是最后一次，我提醒自己要一直质疑假设。

几天之后，桑娅给了我另外一张纸：蒙田塔楼椽木上刻着的那些名言的翻译。我瞥了一眼纸，看到一句简短的名言，来自希腊哲学家塞克斯都·恩披里柯（Sextus Empiricus）：“它是可能的，也是不可能的。”

我盯着这句话看了很久。这是一个典型的哲学谜语，要么非常明智，要么非常荒谬，也有可能两者都是。我决定试一下这句话，写一篇蒙田风格的散文。手里拿着老头式的笔，我在老头式的笔记本上写着：

一个耳朵发痒的浮夸的16世纪法国男人不可能教给我们什么东西，同时也是有可能的。

和一个情绪变化多端的13岁的孩子来法国旅行并保持理智——甚至能学到一两件关于生和死的事情是不可能的，同时也是有可能的。

无所畏惧且亲密地面对死亡——以及，是的，生活——是不可能的，同时也是有可能的。

至少我是这么认为的，我知道什么呢？

尾声

到 达

17：42，红线地铁上，从华盛顿的特区联合车站驶往马里兰州银泉市，回家。

熟悉并不会滋生轻视，而是麻木。我们看不到近处的美景，也听不到家里的音乐。

人们很容易把责任归咎于周围的环境，我就这样。这里的地铁没有瑞士的地铁好，看不到阿尔卑斯山，在其他方面也没那么好。这里只有过于密集地站在一起的汗流浃背的上班族。我被叔本华所说的豪猪包围了，大家都伸着自己的刺，不断前进和后退，前进和后退。

目前，如果说我从旅途中学到什么东西的话，那就是观察也是一种选择。世界就是我的想法，所以为什么不把它变成一个不错的想法呢？

我出了地铁，走过几个街区。我不像卢梭那样轻快地走，也不像梭罗那样悠闲地走，而是像上班族一样匆匆忙忙地走。

我正站在街道的角落里等待步行指示灯。没有外界刺激的情况下，我连20秒都忍不了。所以我伸手去拿手机。我摸索着（我没有专心去找），然后手机从我手里掉下去了，重重地砸到人行道上，屏幕碎了。在左上角，有一个蜘蛛网般的裂缝从零点处向外辐射，还有一些向外突出的玻璃碎片。我试着给妻子发信息，但是打了几个字母就停下来了，手指流了很多血。

有些人可以沉着应对生活中的小挫折。你现在可能已经猜到了，我不属于那类人。我总结道，破碎的屏幕是一个象征，而且是不吉利的象征。我计算过，手机掉下去的时候，屏幕朝下的概率只有1/2，然而我的手机屏幕确实朝下了。结案了。整个宇宙都在找我的麻烦。像一个火车头一样，破碎的手机牵引着装满忧郁和焦虑的车厢。破碎的手机象征着破碎的生活。这是叔本华的意志在起作用，它吞噬掉路上的一切，包括我。如梭罗所说，我的“无限的部分”在哪儿呢？

之后的几分钟里，我撅嘴，咒骂，在破碎的手机上搜索“屏幕破碎”。我流的血一定有一品脱了。

然后我被自己惊讶到了。我停了一会儿，不是苏格拉底所说的“强有力的停顿”——更像是一个微小的停顿——但这也是一个开始。停顿引发了问题和疑惑。我想知道，为什么我在过去的几年里汲取了历史上14位最伟大思想家让生活更加幸福的诗歌之后，却没想到去咨询一下这些人呢？如果哲学不能帮助我解决这些小小的危机，那哲学还有什么用呢？

我听到了各种声音。安慰的声音，斥责的声音，明智的声音。苏格拉底催促我停下来质疑一下自己的假设。我假设自己的手机是我幸福的必需品，但它真的有这么重要吗？和多数人一样，我努力以更快的速度实现更强大的连接，但很少停下来质疑一下这个假设，即连接和速度本来就是好的。我不知道连接和速度是不是真的很好，苏格拉底提醒我思考这个问题。摔坏手机真的是个灾难吗？也许是，也许不是。

伊壁鸠鲁会唾弃我所谓的危机。我的手机既不是一种自然的乐趣，也不是必要的乐趣。摆脱它真好。清少纳言提醒我，手机和樱花一样，都是暂时性的东西，要接受这个事实，庆祝。斯多葛学派自然不会为我感到遗憾。如果我练习过有预谋的逆境，我就会预感到这种事情的发生。我控制不了导致手机摔坏的事情，但我可以控制自己的反应。我可以同意或者不同意自己的“预设情感”，可以生气或者不生气，这都是我的选择。拿出男人的样子！

我听到如此多的声音。它们甚至要淹没我自己的声音。我退回一个咖啡厅里：这里没什么特别的，但已经足够好了。像松鼠一样度过了梭罗所说的“逃亡时刻”，即他对迷路时那些时间段的称呼，我的目光在破碎的屏幕上徘徊着。我不会更近地观察，也不会仔细地检查，而是从不同角度来看。首先从这个角度看一下，然后再从那个角度看一下。与其说我在看手机，不如说我在和它对话。看也是一种对话——虽然通常是一种无聊的对话，但偶尔也带有一些诗意。对梭罗这种能够用眼睛流畅对话的人来说，生活就是一首连续的诗。

几分钟之后，我看到了——我知道这听起来很奇怪——艺术。不是现代艺术博物馆的艺术，但也是艺术。这些碎片以某种方式组成了各种形状和图案：三角形，长方形，还有菱形。整体来看，破碎的屏幕很像我曾经在一座佛罗伦萨的教堂里看到的那种彩色玻璃窗户。

我把自己的手机——我那美丽且破碎的手机——装进口袋里，然后走回家，同时感激自己刚刚经历的视觉之诗。我看到的不是一首完整的诗，可能是一个小节，但我也会接受，至少这是无限中属于我的一部分。

什么东西变了呢？不是我的手机，它仍然是破碎的。也不是自然规律，它们是不可变更的。我和自己的对话变了。我的想法不一样了，所以我看到了不一样的东西。这是视角上最微小的改变；真的很小，但是如清少纳言提醒我的，微小的东西里也有伟大的力量和美。

走在路上，最后一个声音盖过了其余的声音。他不是在和我说话，而是在朝我叫喊！尼采，他提醒我，我会一次又一次走过这条路。我会再次摸索自己的手机，它也会再次摔落——每次都是屏幕朝下，一直这样循环下去。我会再次流血，再次烦躁，永远都会这样。他问道，你能接受这样的生活吗？你能热爱这样的生活吗？

走在路上，我的回答出现了。陌生但熟悉，荒谬但又似乎合理，比真实更真实。

再来一次，再来一次。

致 谢

苏格拉底相信，哲学是一项集体活动。我发现，写一本关于哲学的书也是一项集体活动。在我从新德里到纽约的旅途中，朋友和类似的陌生人都带给了我很多洞见和灵感、支持和帮助。我深深地感激他们每一个人。

在我的前期研究中，斯坦福大学的肯·泰勒（Ken Taylor）教授和罗布·赖希（Rob Reich）教授亲切地给予我他们的时间和智慧。之后，蒂姆·勒邦（Tim LeBon）和我在纽约共进午餐时，引导我了解了斯多葛学派，罗伯·科特尔（Rob Colter）很友好地同意让我参加位于怀俄明州野外的“斯多葛学派营地”。在马萨诸塞州的康科德时，理查德·史密斯（Richard Smith）、迈克尔·弗雷德里克（Michael Frederick），以及汤姆·布兰丁（Tom Blanding）慷慨地和我分享他们所有关于梭罗的见解。纽约大学的莫斯·罗伯茨（Moss Roberts）教授启发了我对孔子的认识。

在更远的巴黎，甘特·高汉（Gunter Gorhan）和凯瑟琳·莫奈（Catherine Monnet）和我分享了他们关于欧蕾咖啡和羊角面包的见解。在雅典，我有幸和学者布雷迪·基斯林（Brady Kiesling）共同分享面包，还在那里见到了一对非常优秀的伊壁鸠鲁派人士：克里斯托斯·亚皮贾基斯（Christos Yapijakis）和艾丽·彭萨（Elli Pensa）。在瑞士，罗兰·凯尔（Roland Kaehr）帮助我追随卢梭的脚步，彼得·维尔沃克（Peter Villwock）则帮助我寻找尼采的踪迹。在日本，伟大的高桥顺子（Junko Takahashi）给我指路，帮我翻译，并且一直陪伴着我。

和哲学家一样，作家也需要一个思考和写作的地方。我非常感谢弗吉尼亚创意艺术中心，他们给我提供了这样一个地方。在纽约，大卫（David）和艾比·斯诺迪（Abby Snoddy）慷慨地给我提供了一间属于我自己的房间，以及清酒和友情。

我的研究助理，艾丽森·赖特（Alyson Wright）和亚历克·西格尔（Alec Siegel）为了在对的地方找到对的人，不遗余力地挖掘各种资料信息，同时还要寻找各种哲学宝石。约翰·李斯特（John Lister）和乔什·霍维茨（Josh Horwitz）阅读了这本书的早期手稿，并提出了很多有价值的建议。

众多朋友和陌生人提供的道德帮助也同样重要。一起吃饭的作家们，经常在一起品尝咖喱的时候鼓励我。我的朋友斯蒂芬·冈瑟（Stefan Gunther）、丽莎·戈德堡（Lisa Goldberg）、劳拉·布鲁曼菲尔德（Laura Blumenfeld）和杰基·莱登（Jacki Lyden）一直坚定地鼓励着我，让我没有被随时都可能发生的自我怀疑的飓风吹倒。我要特别感谢我的保加利亚出版商和朋友，内科·根切夫（Neyko Genchev），感谢他尽心尽力地翻译我的文字，并在他所在的世界角落里吸引了如此多的读者。

我的经纪人，斯隆·哈里斯（Sloan Harris）从一开始就相信这个项目，从未动摇对这个项目的支持。我非常感谢他的坚定支持和明智建议。我尤其感谢本·洛嫩（Ben Loehnen），西蒙与舒斯特出版社的编辑，感谢他对我和我的书的信任，感谢他熟练而亲切地挥舞着锋利的编辑之刀修改我的书稿。热心读者出版社的卡罗琳·凯利

(Carolyn Kelly) 用他的编辑技能熟练地处理了我的书稿。感谢“西蒙与舒斯特”的总裁兼出版人乔纳森 · 卡普 (Jonathan Karp), 感谢你是乔纳森 · 卡普。

非常感谢我的女儿，桑娅。她忍受了我不在家的时间，以及我那些烦人的哲学问题。在路上，她是一个有风度的人，即使这不是她所喜欢的。她是我的陪衬，我的缪斯。这本书也是写给她的。

多数哲学家的爱情都不顺利，但我真的是太幸运了。我的妻子，莎伦 (Sharon) 在我的思路越来越不清楚的时候一直站在我身边。她粗略地读了很多张第一页，然后带着她的爱和鼓励，让我开始了第二次、第三次、第四次尝试。没有她我不可能完成这本书的写作。